BASTEI
LÜBBE

Meinem Mann Martin,
meinen Großeltern
und meinen Schwiegereltern.

1

Der Rappe stellte die Ohren auf, ein warmer Wind wehte. Die Sonne schien, und ich spürte den festen Stoff des Jacketts über meiner Brust. Vor uns lag ein zwanzig mal vierzig Meter großes Areal. Am Boden zeichneten sich die Spuren von Hufeisen ab, Sonne und Wind hatten die Erde ausgedörrt. Weich drückten sich die ausgetretenen Mulden in den Staub wie vergessene Muscheln.

Der Rappe rührte sich nicht. Reglos stand er am Rand der Arena. Es war früh am Morgen, Stille lag über dem olympischen Gelände wie ein dickes, feuchtes Tuch. Die Luft war satt von Konzentration und Spannung. Eine feine Haarsträhne löste sich und fiel mir in die Stirn.

Ich wusste um meine Fähigkeiten. Ich wusste um seine Defizite.

Mit den Augen wanderte ich den muskulösen Hals des Pferdes entlang. Der Rappe stand wie erstarrt, nur seine Wimpern schlugen manchmal auf und nieder. Unter dem Sattel spürte ich die Bewegungen seines Bauches, seinen gleichmäßigen Atem. Seine beinahe vollkommene Ruhe. Wir waren ein Team; aber würden wir auch eine Einheit sein?

Ich neigte den Kopf. Mein rechter Unterschenkel lag fest am Sattelgurt. Auch auf der linken Seite schmiegte sich der Schenkel an das Leder. Ich sah meine Füße, doch ich spürte sie nicht. Zwei tote Tentakel. Gefühllose Anhängsel, die keiner gezielten Steuerung gehorchten, die stets zurechtgeschoben und -gezurrt werden mussten. Ich ließ die Zügel sinken und zog das Knie mit dem linken Arm ein kleines Stückchen vor; nun war die Haltung perfekt.

Einer der Richter stieg die Stufen hinauf zu seinem Richterhäuschen. Er trug weiße Hosen und ein schwarzes Jackett. Ob er sich vorstellen konnte, wie es war, seine Beine nicht bewegen zu können? Der Gedanke kam plötzlich, *out of the blue,* wie man hier in Australien sagte. Der Rappe schnaubte leise. Ich schob den Gedanken wieder beiseite.

Ich ließ mich sinken in ein Meer der Ruhe.

Waren Menschen, waren Zuschauer, war ein Publikum auf den Rängen gewesen? Vielleicht. Ich nahm nicht wahr, was um mich herum geschah. Es war nicht wichtig. Kein Ort, nirgends, kein Raum, keine Zeit. Sydney, das Lärmen und Tosen dieser quirligen Stadt – all das lag fern, weit außerhalb des Stadions. Kein Laut des Spektakels der »Paralympics« drang bis zu mir, fern der Jubel, die Medaillen, die Hoffnungen und Tränen. Alles verlor sich hinter einem Vorhang aus Stille, aus tiefer, alles umfassender Stille. Keine Gedanken mehr, keine Gefühle. Nur meditative Konzentration.

Der Wind blies meine Haarsträhne hin und her. Der Rappe drehte sein rechtes Ohr ein wenig nach außen. Ich rekapitulierte noch einmal die Lektionen. Ließ den Blick durch die Arena schweifen. Sah die weichen Spuren der Hufeisen im Sand, stille Zeugen meiner Vorgänger – auch ich würde solche Spuren hinterlassen, mich einreihen in den Kanon. Der Rappe atmete ruhig.

Ich wusste um meine Fähigkeiten, ich wusste um seine Defizite. Wir waren ein Team – würden wir auch eine Einheit sein?

Ich nahm die Zügel auf. Gab Druck mit der Hüfte, ritt vor zur Stirnseite der Reitbahn. Brachte das Pferd zum Stehen, senkte den Kopf und grüßte. Der Rappe schnaubte leise, seine Muskeln und Sehnen waren gespannt.

Die Richter gaben das Startzeichen.

Ich ritt los.

2

Großmutter war sechsundvierzig Jahre alt, und eine Oma, wie man sie sich vorstellt. Eine herzensgute kleine, etwas rundliche Person, geradezu gemütlich, wenn sie nicht von so quirligem Temperament gewesen wäre. Sie war immer in Bewegung. Saß sie einmal, sprang sie im nächsten Moment schon wieder auf, weil sie entdeckt hatte, dass etwas auf dem Tisch fehlte oder weil der Kuchen endlich fertig war, den sie gebacken und in den Ofen geschoben hatte, weil am Nachmittag Besuch kommen würde. Ihr Haar stand widerspenstig in alle Richtungen, und ihre Augen hatten die faszinierende Farbe eines klaren, kühlen Sees.

Großvater hatte fast sein ganzes Leben in der Kraftfuttermittelfabrik in Ichenhausen gearbeitet. In seiner Freizeit spielte er Fußball, und als er sich im Alter zurückzog, lief er zuweilen als Schiedsrichter mit oder trainierte die Jungen im Dorf. Er muss ein sehr guter Trainer gewesen sein, denn noch heute erinnern sich einige seiner Schüler – inzwischen selbst in die Jahre gekommen – an Fußballspiele mit Opa auf der Wiese hinterm Dorf.

Beide, Großmutter und Großvater, hätten nicht gedacht, dass sie noch einmal ein Kind aufziehen würden.

Meine Mutter war schwanger, und Vater war nicht der Mann, den Großmutter sich für ihre Tochter wünschte.

Trotzdem heiratete meine Mutter meinen Vater, denn sie sah ihn mit den Augen einer verliebten Frau. Außerdem wollte sie ihr behütetes Zuhause endlich gegen ein aufregendes Leben an der Seite eines Mannes einzutauschen, der sich jenseits aller staubigen Bürgerlichkeit bewegte.

Am 28. Januar 1971 kam ich in Ichenhausen zur Welt. Schon kurz nach meiner Geburt ging Mutter wieder arbeiten. Sie war Näherin in einer Firma, die Strampelhosen und andere Kinderbekleidung herstellte. Wenn sie zur Arbeit fuhr, gab sie mich bei Oma und Opa ab; abends holte sie mich wieder zu sich. Mein Vater entpuppte sich bald als Hallodri, mit der Treue nahm er es nicht so genau, und auch sonst war er nicht sehr solide. Mutter ließ sich scheiden. Woraufhin sie noch mehr arbeiten musste, und ich noch häufiger bei den Großeltern untergebracht wurde. Eines Tages schaltete sich das Jugendamt ein, man machte sich Sorgen um mein Wohlergehen und wollte mich in ein Heim geben.

»Das kommt überhaupt nicht in Frage!«, erklärte Großvater. »Das Mädle bleibt bei uns.«

So bekamen meine Großeltern in einem Alter, in dem sich andere schon fast auf den Ruhestand vorbereiten, noch einmal ein Kind ins Haus.

Das Leben floss dahin wie ein ruhiger Fluss.

Großmutter und Großvater wohnten in einem alten Bauernhaus mit niedrigen Decken, das einst von Großvaters Urgroßeltern erbaut worden war. Mein Zimmer lag im ersten Stock, direkt über dem alten Stall. Tiere wurden längst nicht mehr gehalten; die Landwirtschaft brachte kein Geld ein. Doch eine Zeit lang hatten wir einen Dackel. Susi und ich waren ein Herz und eine Seele.

Manchmal, wenn ich beim Spielen durch die Küche oder durch die Stube tobte, vor Begeisterung quiekte und juchzte, dass mir der Schnuller aus dem Mund fiel, schnappte der Dackel nach dem Gummiding und nuckelte daran herum wie ein kleines Kind. Dafür kroch ich später auf allen vieren zu Susi an den Napf, und wie Geschwister teilten wir uns das Hundefutter. Als Großmutter uns eines Abends dabei sah, beschloss sie kurzerhand: Das Tier muss aus dem Haus. Auch Großvater ging meine Tierliebe zu weit. Der Dackel kam zu Nachbarn, die ein paar Häuser weiter wohnten.

Mittags marschierte Opa aus der Futtermittelfabrik nach Hause. Oma kochte ihm stets etwas Deftiges zu essen, und er setzte sich an den Tisch und ließ es sich schmecken. Manchmal nutzten Oma und ich die Gelegenheit für einen kleinen Spaziergang und gingen Opa entgegen. Dabei kamen wir an dem Haus vorbei, in dem Susi mit ihrem neuen Herrchen lebte. Eines Tages im Sommer, der Dackel lebte schon seit Monaten nicht mehr bei uns, machten Oma und ich uns wieder auf den Weg in Richtung der Futtermittelfabrik. Aus der Ferne sahen wir, wie Opa um die Kurve der Hauptstraße bog. Er hatte die Ärmel seines Kittels hochgeschoben, es war heiß, die Sonne stand senkrecht am Himmel. Ich löste meine Hand aus Omas Hand und lief Großvater entgegen. Er sah mich, eilte mit Riesenschritten auf mich zu, streckte mir seine Arme entgegen, hob mich hoch und wirbelte mich im hohen Bogen durch die Luft. Im nächsten Augenblick stürzte Susi an den Zaun, sprang daran hoch und bellte und kläffte, als ginge es um ihr Leben. Sie war außer sich und nicht mehr zu beruhigen. Susi dachte, Opa wolle mir etwas antun und setzte ihre ganze Dackelehre daran, mich, ihren Menschenliebling, zu beschützen.

Von da an konnte Opa nicht mehr am Grundstück der Nachbarn vorbeigehen, ohne dass Susi kläffte und bellte.

Als ich in den Kindergarten kam, stellte sich heraus, dass ich ein musikalisches Kind war. Eines Tages bekam ich beim Spielen eine Flöte in die Finger, und es dauerte nicht lange, bis ich erste Melodien und Tonfolgen zustande brachte. Wo immer ich mich fortan aufhielt, hatte ich die Flöte bei mir, sodass die Kindergärtnerin schließlich auf Großmutter einredete, mir eine eigene Flöte zu kaufen. Mit fünf Jahren spielte ich bereits im Kirchenorchester.

Ein paar Jahre nach ihrer Scheidung heiratete Mutter wieder, einen rauen und selbstsüchtigen Mann, der im Dorf eine Gärtnerei betrieb. Bald bekamen sie Kinder, zuerst meine Stiefschwester Henriette, dann Thorsten, weitere zwei Jahre später kam Stefanie und schließlich Kirsten. Schon damals hatte ich wenig Kontakt zu meinen Stiefschwestern und -brüdern. Die Atmosphäre »dort unten« – Mutters neue Familie wohnte nur ein paar hundert Meter die Dorfstraße hinab – war ungemütlich. Ich bin dort nie gern zu Besuch gewesen. Der laute, unfreundliche Ton meines Stiefvaters verschreckte mich, ich war eine solche Art nicht gewöhnt. Zu Hause bei Oma und Opa wurde nie geschrien, es ging immer ruhig, friedlich und freundlich zu.

Nachdem ich immer erfolgreicher auf der Flöte wurde, begann ich, auch Hackbrett zu spielen. Ein Hackbrett ist ein Instrument, auf dem Volksmusik gespielt wird. Eine trapezförmige Zither, bestehend aus einem flachen

Kasten mit zwei Schalllöchern und mehreren aufgespannten Saiten. Allerdings werden die Saiten nicht gezupft, sondern mit Klöppeln angeschlagen. Bald konnte ich auch auf dem Hackbrett passabel kleine Stücke spielen und eines Tages, kurz vor Weihnachten, schlug Großmutter vor, ›hinunter‹zugehen und vorzuspielen. Oma war stolz auf ihre Enkelin, und vielleicht wollte sie auch, dass ihre Tochter, wenn sie schon so wenig Kontakt zu ihrem erstgeborenen Kind unterhielt, zumindest einmal hörte, wie musikalisch ihre Kleine war.

Wir saßen in der Küche, im Ofen knisterten Holzscheite, auf dem Tisch standen Weihnachtskekse. Doch niemand rührte sie an. Schweigsam und mit reservierten Mienen standen meine Stiefgeschwister um den Küchentisch herum. Ich schob das Hackbrett auf meinen Schenkeln zurecht, lehnte das obere Ende gegen den Tisch und begann zu spielen. Großmutter stand der Stolz ins Gesicht geschrieben. Als das erste Stück zu Ende war, klatschte sie Beifall. Niemand fiel ein.

Trotz der Wärme des Feuers war mir kalt.

»Spiel das Lied, das du neu gelernt hast und das der Opa so mag«, rief Oma. Ihre Haare standen wild in alle Richtungen. Thorsten zupfte verstohlen an einer Saite und grinste, als ein Ton erklang. Stefanie machte es ihm nach. Ich nahm meinen Schlägel, blätterte in dem Notenheft und setzte an.

Ich hatte die erste Strophe noch nicht beendet, als die Tür aufgerissen wurde und der Vater meines Stiefvaters in die Küche polterte. Abrupt sprang ich auf und presste die Schlägel vor die Brust.

»Lass uns gehen, Oma«, flüsterte ich. Großmutter sah mich verblüfft an. »Bitte!« Großmutter wusste, dass mir die laute, grobe Art nicht geheuer war, dass sie mir Angst machte, doch meine Schnelligkeit und meine Entschiedenheit überraschten sie. Sie versuchte, mich zu beruhigen. Auch Mutter bemühte sich, mich zu beschwichtigen. Doch ich war nicht zum Bleiben zu bewegen, ich wollte gehen, unbedingt, und schließlich half Oma mir in den Mantel, nahm mein Hackbrett, und wir verschwanden. Mein Stiefgroßvater, glaube ich, hat gar nicht bemerkt, was geschah. Genau wie seinem Sohn mangelte es auch ihm an Sensibilität. Dass ein Kind die Flucht ergriff, kaum dass er den Raum betrat, nahm er nicht wahr.

Dennoch überlegte meine Mutter zu jener Zeit, mich wieder zu sich zu nehmen.

Ich ging inzwischen zur Schule, und meine Lehrerin mischte sich, glücklicherweise, in die Sache ein. Sie bat meine Mutter zum Gespräch und redete ihr ins Gewissen.

»Das Kind liebt seine Großeltern. Es lebt seit Jahren bei ihnen, die beiden sind ihm längst Vater und Mutter geworden. Sie sollten gründlich darüber nachdenken, ob Sie das Mädchen wirklich aus seiner gewohnten Umgebung herausreißen wollen.« Meine Mutter hielt dagegen. Immerhin könne sie mir nun eine intakte Familie bieten, und sie müsse auch nicht mehr so viel arbeiten wie in den ersten Jahren nach meiner Geburt. Die Lehrerin blieb standhaft. »Sprechen Sie mit Ihrer Tochter, und überlassen Sie Cornelia die Entscheidung darüber, wo sie leben möchte.«

Das tat meine Mutter; und ich habe keine Sekunde gezögert, mich für Großmutter und Großvater zu entscheiden.

Meine wahren Geschwister lebten im Haus gegenüber.

Familie Wirth hatte zehn Kinder. Vier von ihnen waren bereits älter, mit ihnen hatte ich wenig zu tun. Aber mit Günter und Gabi – sie waren Zwillinge –, mit Andreas und Rüdiger – noch ein Zwillingspaar – sowie Frank und Heiner verbrachte ich fast meine gesamte Zeit. Wir wuchsen gemeinsam auf. Ich war nie allein.

Wirths führten eine Spedition und besaßen ein ausgedehntes Grundstück mit einem Parkplatz für die Lastwagen sowie einem großen angrenzenden Garten. Vorne zur Hauptstraße hin verlief ein Zaun, sodass die Erwachsenen uns immer in Sicherheit vor vorbeirasenden Autos wussten und uns weitgehend uns selbst überließen. Für uns Kinder waren der Hof und der Garten ein Paradies, in dem wir spielen und toben konnten, ohne jemanden zu stören. Von den Lastwagenfahrern borgten wir uns Werkzeug und bauten aus zwei alten Fahrrädern ein Tandem. Bei allen Spielen stellten wir mit Leichtigkeit zwei Mannschaften auf. Gabi, die etwas älter war als ich, hatte Schwierigkeiten, sich gegenüber ihren Brüdern durchzusetzen. Oft bat sie mich um Hilfe. In dieser Zeit, gegenüber fünf Rabauken, die nicht zimperlich waren, lernte ich, meine Ellenbogen zu benutzen und mich durchzusetzen. Günter trägt heute noch einige Narben, die ich ihm zugefügt habe.

Im Sommer fuhren Frau Wirth oder Oma abends mit uns Kindern nach Waldstetten zum Baden. Wir lehnten unsere Fahrräder an die Zaunpfähle der angrenzenden Äcker und sprangen ins Wasser. Später spielten wir Federball, bis es dunkel wurde. Nur ganz selten saßen wir vor dem Fernsehapparat. Wir hatten immer Besseres zu tun. Oft übernachtete ich bei den Wirth-Kindern oder

Einzelne von ihnen schliefen bei mir. Einmal rangen wir den Erwachsenen die Erlaubnis ab, in dem alten Wohnwagen, der in Wirths Garten aufgebockt war, zu übernachten. Keines von uns Kindern tat in dieser Nacht ein Auge zu. Vor lauter Angst, was uns dort draußen alles widerfahren könnte, machten wir uns beinahe in die Hosen. Doch waren wir tapfer genug, nicht mitten in der Nacht kleinlaut in unsere Betten zu schleichen.

Es war eine Kindheit wie im Märchen. Ein wunderschöner Traum, der auch noch weiterging, wenn ich am nächsten Morgen wieder meine Augen aufschlug.

Die Großmutter

Die Conny war ein angenehmes Kind, ganz leicht zu haben, wie man bei uns sagt. Ich habe mich oft gefragt, warum meine eigenen Kinder so schwierig waren. Aber so sind die Menschen eben, mit dem einen geht's leicht, und mit dem anderen ist's nicht so einfach.

Schon mit einem Jahr war die Conny sauber, hat nachts durchgeschlafen und brauchte keine Windeln mehr. Später war sie ein kleiner Wildfang, viel unterwegs, sie hat gern mit den Nachbarskindern gespielt. Gleichzeitig konnte sie sich stundenlang allein beschäftigen. Wenn Erwachsene sich getroffen haben, hat sie nicht ständig dazwischengeredet, sondern sich ruhig in eine Ecke gesetzt. Sie hat gern gelesen – mein Gott, das Kind hatte so viele Bücher! An die hundert Stück. Viele hat sie sich von ihrem Taschengeld gekauft. Wenn einmal schlechtes Wetter war, konnte das Mädle sich aufs

Sofa legen und an einem Tag ein ganzes Buch durchlesen. Ich habe immer gestaunt.

Eines Tages bekam sie im Kindergarten diese Flöte in die Finger. Zu Hause hat die Conny gebettelt, ich solle ihr eine eigene Flöte kaufen. Ich muss sagen, ich dachte da auch ans Geld. Wissen Sie, wir haben damals umgebaut, und ich habe sowieso mein ganzes Leben aufs Geld geachtet, ich bin so groß geworden. Ich wurde in Mähren geboren, und im Krieg mussten wir alle fliehen. Als ich nach Ichenhausen kam, habe ich zunächst als Dienstmädchen gearbeitet, bis ich meinen Mann kennen lernte. Auch später habe ich immer gearbeitet und sparsam gelebt. Doch dann kam die Kindergärtnerin auf mich zu und sagte: »Bitte, Frau Schlosser, kaufen's dem Kind eine Flöte!« Da hat sich gezeigt, dass das Mädle sich auch durchsetzen kann. Und was sie anfing, machte sie ordentlich. Mit fünf Jahren hat die Conny schon im Kirchenorchester gespielt! Und als sie elf war, gewann sie in der Schule den Vorlesewettbewerb. Die erste Medaille von Ichenhausen hat das Kind gewonnen, die Urkunde hängt heute noch in ihrem Mädchenzimmer.

Mein Sohn hat damals seine Lehre abgebrochen und pflegte schlechten Umgang, wenn ich das mal so sagen darf. Meine Tochter ist später durchgebrannt und wurde von der Polizei zurückgebracht. Mit der Conny – mit der war alles irgendwie ganz leicht und unkompliziert! Ich hab nie viel mit ihr schimpfen müssen. Sie hat auch immer sehr auf ihre Sachen geachtet. Keins von ihren Büchern hatte Eselsohren, ihre Puppen waren sauber und gekämmt. Einmal, da hat ein Nachbarsjunge einer Puppe den Finger abgebissen. Gott, was hat die Conny geschrien und geweint. Das war ihr ganz arg ...

Jeden Abend hab ich meine Enkelin ins Bett gebracht. Hab mich zu ihr auf den Bettrand gesetzt, und in der Ruhe vorm Einschlafen haben wir uns erzählt, was wir den Tag über erlebt hatten. Sie liebte es zuzuhören! Wie oft musste ich ihr Gute-Nacht-Geschichten, Märchen und kleine Anekdoten von früher erzählen. Meine Schwiegermutter fragte manchmal, ob mir nicht der Mund wehtäte vom vielen Reden. Doch wenn man mit der Conny sprach, war sie glücklich.

Ab und zu hat sie sich abends im Wohnzimmer auf die Couch gelegt und in ihre Decke gekuschelt. Sie tat, als würde sie schlafen, tatsächlich aber hat sie durch einen Schlitz hindurchgespäht und den Film angeschaut, den mein Mann und ich im Fernsehen sahen. Sie dachte, wir wüssten das nicht ... Manchmal ist sie dabei tatsächlich eingeschlafen, und dann habe ich sie huckepack genommen und in ihr Zimmer hinaufgetragen und ins Bett gesteckt.

Als das Kind damals zu uns kam, war ich sechsundvierzig Jahre alt. Ich habe mir immer gewünscht: Hoffentlich lebe ich so lange, bis die Kleine aus dem Gröbsten raus ist. Heute sage ich mir: Dass die Conny zu uns kam, das war das Beste, was mir je widerfahren ist. Mein Mann und ich haben so viel Freude mit ihr gehabt.

3

Die Stützräder meines Kinderfahrrads schrappten über den Asphalt, die Sonne schob sich über die Hügel, und an den Weiden hingen die prallen Knospen der Kätzchen.

»Schau nach vorne!«, rief Oma. Dicht hinter mir hörte ich das blecherne Geräusch ihrer Fahrradkette und trat in die Pedale. Vor uns lag der Aussiedlerhof, das Dorf hatten wir hinter uns gelassen.

»Oma, das Mädchen mit dem Pferd ist wieder da. Lass mich halten und das Pony streicheln!«

»Gut. Aber schau nach vorne, Kind, sonst fährst du noch in den Graben.«

Ich strampelte, Oma immer hinter mir. Ich hielt auf die Koppel zu, die an den Aussiedlerhof grenzte. Ein Auto überholte uns und warf Rollsplitt auf, ich spürte, wie er gegen meine nackten Beinen prasselte und piekte. Auf der Wiese vor der Kurve stand ein braunes Pferd. Es stand mit vorgebeugtem Kopf und rupfte Gras vom Boden. Ich bremste, zog mein Fahrrad ins Gras neben der Straße und lief hinüber zum Zaun.

»Hallo!« Das Pferd hob seinen Kopf. Einen Augenblick schien es zu überlegen, ob es weiterfressen sollte, dann siegte seine Neugier. Das Mädchen sah ebenfalls kurz herüber, als es mich rufen hörte, wandte sich aber wieder einer alten Schubkarre voller Holzscheite zu.

Oma schob ihr Fahrrad durch das hohe Gras und lehnte es gegen einen Pfahl des Zauns, der die Weide umschloss. Mit beiden Händen fuhr sie über ihren Kopf und ordnete ihr Haar. Das Pferd stand nur einen Schritt entfernt und sah mich an.

»Komm!«, lockte ich und hielt ihm eine Mohrrübe entgegen, die ich aus Omas Vorratsschrank stibitzt hatte. Ich hatte gewusst, dass das Pferd da sein würde. Seit der Winter vorüber war, stand es beinahe täglich auf der Koppel. Geschickt streckte das Pferd seinen Kopf zwischen den hölzernen Latten hindurch und schnupperte an der Mohrrübe.

»Schön den Daumen anlegen«, mahnte Großmutter. »Sonst frisst das Pferd ihn mit!« Ich presste meinen Daumen noch enger gegen die flach ausgestreckte Hand. Das Pferd griff mit seinen warmen Lippen nach der Möhre, und im nächsten Moment war sie verschwunden. Große braune Zähne malmten, bis nichts mehr übrig war. Das Pferd steckte erneut seinen Kopf durch die Streben des Zaunes und schnupperte an meinem Anorak.

»Mehr hab ich nicht für dich.« Meine Finger strichen über die glatte Nase, ich spürte die Feuchtigkeit der Nüstern. Das Pferd hielt ganz still, sah mich mit dunklen, braunen Augen an. Dann scharrte es mit dem Vorderhuf.

»Magst du Pferde?« Ich hatte das Mädchen nicht kommen hören. In der Hand einen Strick, stand es neben dem Pferd.

»Ja«, antwortete ich.

»Du schaust Lina auch ganz sehnsüchtig an.«

»Lina heißt das Pony?«, fragte Oma.

»Ja«, sagte das Mädchen. »Aber es ist kein Pony, sondern ein Kleinpferd. Ponys sind kleiner.«

»So, so«, antwortete Oma. Auch sie streckte dem Pferd nun ihre Hand entgegen, ließ es schnuppern und begann, das Fell an seinem Kopf zu streicheln. Dabei ließ sie mich jedoch nicht aus den Augen.

»Willst du dich mal draufsetzen?« Ich schaute das Mädchen an und zögerte keine Sekunde.

»Ja!«

Fragend sah ich zu Oma.

»Keine Angst, es kann nichts passieren. Ich nehme Lina an die Leine und gehe nebenher. Und du ...« Das Mädchen wandte sich mir zu. »Du hältst dich einfach an der Mähne fest.«

»Bitte, Oma!« Oma zögerte. Schließlich nickte sie.

»Dort drüben ist das Gatter«, sagte das Mädchen. »Ich heiße übrigens Susanne.«

Oma ging vor zum Gatter. Ich schlüpfte unter der untersten Zaunstrebe hindurch. Susanne zog das Pferd ein Stück weiter in die Koppel hinein. Sie war groß, sicher schon fünfzehn oder sechzehn oder noch älter, fast eine Erwachsene. Ihre Füße steckten in schwarzen Stiefeln, und sie trug eine helle Reithose, wie ich sie auch schon bei anderen Reitern gesehen hatte. Oma stapfte durchs Gras. Lina sah uns abwartend an. Ich war aufgeregt.

»Ich hebe dich jetzt hinauf, und du hältst dich an Linas Mähne fest, hast du verstanden?« Ich nickte. Ich war erst vier, aber keineswegs auf den Kopf gefallen. Im nächsten Augenblick hing ich in der Luft. Dann spürte ich das warme Fell von Linas Rücken und feste, etwas kantige Knochen zwischen meinen Beinen. Oma und Susanne standen neben Lina.

»Alles in Ordnung da oben?«, fragte Susanne. Ich

nickte. Oma sah ein bisschen skeptisch drein. Ich griff in Linas Mähne. Die Haare waren dick und drahtig und struppig. Ich sah mein Fahrrad, das noch immer neben der Straße im Gras lag, und es kam mir ganz klein vor. Die Welt sah so anders aus von hier oben.

Susanne griff nach dem Strick, den sie an Linas Halfter befestigt hatte, und zog ein wenig daran. Lina setzte sich in Bewegung. Mein Körper schwankte ein wenig. Doch nach ein paar Schritten glitt ich in einen ruhigen, gleichmäßigen Rhythmus. Im Schritttempo führte Susanne ihr Pferd an der Außenseite der Koppel entlang.

»Halt dich gut fest!«, rief Oma. Ich nickte. Meine Hände waren tief in Linas Mähne vergraben. Meine kurzen Beine passten kaum um den Pferdebauch herum, sie standen zu beiden Seiten ab wie die ausgeklappten Ruder eines Bootes. Gemächlich trottete Lina neben Susanne her.

Als wir die Weide einmal umrundet hatten, bremste Susanne, indem sie an dem Führstrick zog. Ich sah Oma an und strahlte. Susanne streckte mir die Arme entgegen, ich zog mein rechtes Bein über den Pferderücken und ließ mich hinuntergleiten. Alles um mich herum sah größer aus, als ich wieder auf meinen eigenen Füßen stand.

Von dem Tag an war ich nicht mehr zu halten. Wann immer wir mit dem Fahrrad fuhren und ich Lina auf der Weide stehen sah, bremste ich, lief zum Zaun und streichelte das Pferd. Wollte Oma einmal nicht mit mir zum Aussiedlerhof fahren, quengelte ich so lange, bis sie entnervt nach ihrem Schlüsselbund griff und stöhnte: »Also gut, fahren wir.«

Bald durfte ich jedes Mal reiten, wenn ich kam. Susanne brachte mir die Grundbegriffe des Reitens bei. Sie legte Lina eine Trense an und zeigte mir, wie man mit Zügeln umging. Sie ermahnte mich, niemals hinter einem Pferd stehen zu bleiben und es anzusprechen, sobald ich mich ihm näherte.

»Pferde sind Fluchttiere«, erklärte Susanne. »Wenn ein Pferd in freier Wildbahn erschrickt, läuft es fort. Oder es schlägt aus, um sich zu verteidigen. Es guckt sich nicht um, weil es denkt, da könnte ja ein ahnungsloser Mensch hinter ihm stehen.«

Ich half beim Putzen und schleppte Heu, und manchmal war Susanne darüber ganz froh, denn inzwischen war sie tatsächlich sechzehn Jahre alt und ging in die letzte Klasse der Realschule. Je näher der Sommer rückte, desto mehr musste sie für ihre Abschlussprüfung lernen. Ich selbst war sechs Jahre und noch zu klein, um an Linas Widerrist oder Kruppe heranzureichen. Doch ich stöberte einen Hocker auf, und wenn ich hinaufkletterte, gelang es mir problemlos, Linas Rücken zu bürsten.

Ich konnte reiten und ein Pferd putzen, lange bevor ich lesen und schreiben lernte.

Anfangs führte Susanne mich auf der Koppel herum. Dann ließ sie mich allein im Schritttempo über die Wiese reiten. Später brachte sie mir Reiten im Trab bei. Und eines Tages war ich so weit, dass wir zum ersten Mal gemeinsam ins Gelände gingen.

Susannes Eltern hielten noch weitere Pferde auf ihrem Hof, und so machten wir eines Tages Lina und Blacky, ein schwarzes Islandpony, für unseren ersten Ausritt fertig. Wir führten sie aus der Koppel, über die Straße und saßen auf. Im Schritttempo gingen die Pferde los. Der Feldweg war breit und ausgetreten. Ein Trecker hatte seine Spuren in die Erde gewalzt, das Profil der Reifen hatte Wind und Wetter getrotzt und war zu einer festen Kruste geronnen. Susanne ritt links, ich hielt mich rechts von der Spur. Beide saßen wir ohne Sattel auf unseren Pferden, wir hatten den Tieren nur Trensen angelegt und ihnen die Fesselgelenke mit Bandagen umwickelt. Susanne hatte mich in ihren Reitstunden von Anfang an ohne Sattel reiten lassen. Sie wollte, dass ich ein Gefühl für die richtige Balance bekam. »Dann wirft dich später so leicht nichts aus dem Sattel«, sagte sie.

An einer Gabelung brachte Susanne Blacky zum Stehen.

»Traust du dich, ein Stück im Trab zu reiten?«

»Lass es uns versuchen«, antwortete ich. Ich fühlte mich recht sicher.

»Dann müssen wir links entlang. Hinter dem Wald liegt eine Lichtung, da können wir ein bisschen üben.« Susanne achtete sehr darauf, mich nicht zu überfordern. Sie war eine gute Reiterin, mit Pferden aufgewachsen, und wusste, wie leicht junge Reiter leichtsinnig wurden und ihre Fähigkeiten überschätzten. Sie gab eine Parade und etwas Druck mit den Schenkeln, und Blacky setzte sich in Bewegung. Ich trieb Lina an, und wir bogen in einen schmaleren Feldweg ein, an dessen Rand blühende Brombeerhecken wucherten. Gemächlich juckelten die Pferde dahin, und ich überließ mich dem gleichmäßigen Rhythmus der Bewegung.

Auf der Lichtung saß Susanne ab, nahm ihrem Pferd das Zaumzeug ab, und während Blacky graste, ließ Susanne mich antraben und in den Schritt wechseln und korrigierte meinen Sitz und die Hilfen, die ich gab.

»Beim Antraben musst du zuerst mit dem äußeren Zügel eine Parade geben. Dann drückst du beide Beine gegen den Pferdebauch, mit gleichmäßigem Druck links und rechts. Sonst rührt sich das Pferd nicht von der Stelle. Oder es macht, was es will.« Ich war wissbegierig und sog alles auf. Was Susanne mir beibrachte, ging mir in Fleisch und Blut über.

Als wir später wieder die Koppel des Aussiedlerhofes erreichten und die Pferde mit Stroh abrieben und versorgten, sagte Susanne: »Du hast dich gut gehalten bei deinem ersten Geländeritt. Bravo.«

In der Schule lief alles leicht. Ich kam gut mit, begriff schnell, und wenn ich etwas fleißiger gewesen wäre, hätte ich wohl auch sehr gute Noten geschrieben. Doch es gab so vieles, was mich interessierte.

Wenn ich nicht mit den Wirth-Kindern unterwegs war, hockte ich in meinem Zimmer und verschlang »Hanni und Nanni«, »Nelli und ihr Hund Murks« und viele, viele Pferdebücher, eines nach dem anderen. Ich liebte es, mich in andere Welten hineinzuversetzen. An drei Nachmittagen in der Woche ging ich zum Leistungsturnen, nachdem ein Bekannter meine Großeltern angesprochen hatte. »Das Kind ist sportlich«, hatte er gesagt, nachdem er mich im Wohnzimmer hatte Kopfstand üben sehen. »Schicken Sie es doch einmal bei uns vorbei.«

An einem Nachmittag im Herbst, das zweite Schuljahr hatte gerade angefangen, legte Oma meinen Turnanzug in ihren Einkaufskorb, holte meine Gymnastikschuhe aus der Kammer, und wir gingen die Dorfstraße hinauf zur Turnhalle. Was ich sah, gefiel mir: Mädchen, die sich geschmeidig auf dem Schwebebalken bewegten, die Rad schlugen und auf blauen Matten Handstand und Überschlag übten. Ich zog mich um und machte mit. Am Ende des Nachmittags stand fest, dass ich in Zukunft regelmäßig dabei sein würde.

So hatte ich einen ausgefüllten Terminkalender: nach der Schule schnell nach Hause, essen, dann zwei, drei Stunden Leistungsturnen, später zum Reiten, zum Hackbrett spielen, und irgendwann musste ich auch noch Hausaufgaben machen. Doch hatte ich nie das Gefühl, im Stress zu leben, denn was ich tat, tat ich gern. Ein Leben ohne Sport hätte ich mir gar nicht vorstellen können.

Doch dann, eines Nachmittags, verunglückte Susanne mit Lina. Sie war bei einem Ausritt an einem Weiher entlanggeritten, als plötzlich einer der Schwäne am Ufer aufflog. Lina erschrak. Sie sprang zur Seite. In dem Moment erfasste sie ein vorbeifahrendes Auto. Lina musste noch am Unfallort erschossen werden, und Susanne, die auf die gegenüberliegende Straßenseite geschleudert worden war, lag noch immer mit Kopfverletzungen im Krankenhaus. Ich hatte um Lina geweint, als wäre sie mein eigenes Pferd gewesen. Ich war untröstlich.

Hilfe kam von einer unerwarteten Seite. Onkel Karl, der Bruder meiner Mutter, war Fernfahrer. Wann immer man ihn traf, trug er Jeans, Cowboystiefel und einen speckigen Cowboyhut mit einer schmalen schwarzen Kordel, er sah aus wie ein Asphaltcowboy. Er war häufig unterwegs, doch sobald er von einer Tour nach Ichenhausen zurückkam, ging er zum Westernreiten, und dort wirkte seine Kluft weniger deplatziert. Eines Tages kam Onkel Karl auf das Grundstück der Großeltern geritten.

Ich saß oben in meinem Zimmer und machte Hausaufgaben. Als ich das Geklapper der Pferdehufe hörte, sprang ich auf und lief zum Fenster. Draußen regnete es in Strömen, doch als ich Onkel Karl mit dem fremden Pferd sah, schoss ich wie ein Blitz nach unten. Onkel Karl grinste. Sein Cowboyhut hing ihm im Nacken, die Haare klebten am Kopf, und er sah aus, als käme er direkt aus einem Lucky-Luke-Comic herausspaziert. Er saß ab und band das Pferd an der Teppichstange fest.

»Wo hast du das denn her?«, fragte Großmutter, die im Türrahmen stehen geblieben war.

»Unterwegs aufgegriffen, sozusagen«, sagte Onkel Karl und strich sich mit beiden Händen das Regenwasser aus dem Haar. »Eine günstige Gelegenheit. Ich war mit einem Viehtransporter unterwegs in Donauwörth, und ein Bauer dort wollte es loswerden. Da hab ich zugegriffen.« Onkel Karl machte eine Handbewegung, als wolle er sagen: Was blieb mir anderes übrig? »Ist 'ne Traberstute«, sagte er und zog die Nase hoch. »Ist aber nicht besonders gut gegangen.«

»Wo willst du das Pferd unterbringen?«, fragte Großvater. »Bei dir zu Hause im Nachtschränkchen?«

»Ich dachte, ich könnte es vielleicht bei euch im Stall unterstellen.« Ich spürte, wie meine Ohren glühten.

»Der Stall ist voller Gerümpel«, antwortete Großmutter. »Und wir haben nicht einmal Stroh!«

Doch am Ende räumte Großvater im Stall eine Ecke frei und zimmerte mit Onkel Karl einen Verschlag aus Holzlatten. Großmutter holte aus dem Garten Torfmull, mit dem sie im Winter die Blumen bedeckte, und ich schwatzte einem Nachbarn, der Kaninchen züchtete, einen Arm voll Heu ab. Am Abend hatte Susel ein neues Zuhause.

Ich war selig.

Plötzlich stand ein Pferd bei uns im Haus, und ich musste nur die Treppe hinuntergehen, schon war ich bei ihm.

Ich kümmerte mich um Susel, putzte und fütterte sie und tat alles, was Susanne mir beigebracht hatte. Onkel Karl war das nur recht, denn er brach bald wieder zu langen Fahrten mit seinem Lastwagen auf. Großvater besaß weiter unten im Dorf eine große Wiese, und dorthin führte ich Susel jeden Nachmittag, sobald ich nach Hause kam. An die Wiese grenzte ein Baugeschäft, und die Arbeiter machten sich einen Spaß daraus, mir während ihrer Kaffeepause zuzusehen. Susel war nicht besonders groß, vom Boden bis zum Widerrist maß sie etwa eineinhalb Meter. Dennoch war ich zu klein, um allein aufzusitzen.

»Susel, nimm den Kopf herunter.« Ich lockte sie mit einer Mohrrübe, die ich ihr hinhielt. Susel senkte den Kopf. Ich kletterte über den Kopf und setzte mich hinter die Ohren. »Und jetzt den Kopf hoch, Susel, Kopf hoch!« Susel hob den Kopf, und ich rutschte ihren Hals hinunter. Auf dem Rücken angekommen, musste ich mich nur noch einmal um die eigene Achse drehen, dann saß ich mit dem Gesicht nach vorne, in Fahrtrichtung sozusagen. Die Männer im Baugeschäft amüsierten sich köstlich und legten ihre Pause so, dass sie das Spektakel jeden Tag verfolgen konnten. Bald funktionierte das Ganze auch ohne Lockfutter. Pferde sind sehr gelehrig.

Stundenlang übte ich, die richtigen Schenkelhilfen zum richtigen Zeitpunkt zu geben, um Susel antraben oder zurück ins Schritttempo wechseln zu lassen. Ich experimentierte und brachte mir manches selbst bei. Und ab und zu jagte ich im fliegenden Galopp über die Koppel, ohne Sattel, ohne Zaumzeug. Wenn ich absitzen wollte, ließ ich mich rücklings über Susels Kruppe hinabrutschen.

Nachts schlich ich auf Zehenspitzen, meine Decke unter dem Arm, die Treppe hinunter. Auf der Höhe des Schlafzimmers der Großeltern hielt ich die Luft an. So leise es ging, öffnete ich die Stalltür und betete, dass Susel nicht wiehern würde. Doch als hätte das Pferd es geahnt, gab es in diesen Momenten keinen Mucks von sich. Ich breitete meine Decke im Stroh aus und kuschelte mich hinein. Selig schlief ich weiter, von Susel bewacht.

Am nächsten Morgen schimpfte Oma: »Saumädle, wie du wieder stinkst. Und deine Decke, die riecht wie ein ganzer Stall!«

Ich hätte am liebsten Tag und Nacht mit Pferden zugebracht. Ihre Sanftheit faszinierte mich. Bis heute habe ich Respekt vor ihrer Größe; damals als Kind schienen sie mir riesig zu sein. Doch trotz ihrer Riesenhaftigkeit gingen alle Pferde stets sanft und umsichtig mit mir um. Nie hatte ich Angst vor einem Pferd. Pferde sind sehr einfühlsam. Sie geben Acht auf ihren Reiter. Eher passte Susel auf mich Dreikäsehoch auf als umgekehrt.

Zwei Jahre später verklagte uns die eigene Familie.

Opas Schwestern wohnten ebenfalls auf dem Grundstück. Tante Anneli bewohnte ein paar Zimmer im Haus der Großeltern. Tante Marga lebte in einem Haus, das an einer Seite direkt an den Stall grenzte, und Tante Ernestine hatte sich in einem Haus, das weiter hinten im Garten stand, einquartiert. Alle drei waren alte Schachteln, giftig und voller Missgunst. Wir hatten nie viel Kontakt miteinander. Eines Tages beschwerte sich Tante Marga,

Susel schlüge mit den Hufen gegen die Stallwand, und das sei eine unzumutbare Ruhestörung. Wir sollten das Pferd woanders unterbringen. Opa versuchte, auf seine Schwester einzureden, wollte sie in den Stall führen, um ihr zu zeigen, dass an der Wand keinerlei Hufspuren zu sehen waren und dass sie sich irren müsse. Auch ich hatte nie etwas gehört, und immerhin lag mein Zimmer direkt über Susels Box. Das Geräusch musste eine andere Ursache haben. Doch Tante Marga blieb stur. Und sie konnte sich auf die volle Unterstützung durch Tante Ernestine verlassen, die überhaupt nur aus ihrem Gartenhaus herauskam, um Böses zu tun. Tante Anneli fungierte eher als ausführendes Werkzeug. Die drei waren gut aufeinander eingespielt.

Am Ende erstatteten die Tanten Anzeige.

Onkel Karl brachte Susel nach Wattenweiler, in einen Stall, den er von seinen Fahrten mit dem Viehtransporter kannte. Der Besitzer hatte selbst zwei Haflinger, und Onkel Karl konnte Susel dazustellen. Außerdem kam er auf seinen Touren öfter dort vorbei, sodass es für ihn insgesamt eine praktische Lösung war. Der Ort lag etwa sieben oder acht Kilometer vom Haus der Großeltern entfernt. Zuerst weinte ich, tagelang. Dann radelte ich nach Wattenweiler, Berg auf, Berg ab, bei Wind und Wetter. Selbst wenn ich nicht ritt, fuhr ich doch in den Stall, um nach Susel zu sehen, um sie zu putzen und zu versorgen. Ein oder zwei Jahre vergingen so. Dann pachtete Onkel Karl einen Stall bei uns im Dorf, und fortan musste ich nur noch zwei, drei Kilometer fahren, hinüber zum anderen Ortsrand.

Immer häufiger übte ich kleine Dressurfiguren mit Susel, ritt Volten, einfache Schlangenlinien, Zirkel. Wenn

Onkel Karl das sah, verzog er spöttisch das Gesicht und sagte: »Mädle, du musst im Westernstil reiten. Englischer Stil und dieser ganze Dressurschnickschnack – das ist alberner Blödsinn für höhere Töchter.« Er ließ ungern etwas anderes gelten als das, was ihm selbst gefiel.

Innerhalb der Koppel ließen die Großeltern mich üben; doch ins Gelände durfte ich nicht allein reiten.

»Kind, du bist noch nicht einmal zehn Jahre alt. Denk einmal daran, was dir alles passieren kann im Wald!«, sagte Oma.

»Nichts passiert mir, Oma. Susel ist vorsichtig, und ich bin es auch.«

»Nein, das kommt nicht in Frage, Kind. Ich komme mit!«

Und so kam Oma mit. Sie befestigte einen Strick an Susels Halfter und marschierte nebenher. Beinahe jeden Tag, mehrere Kilometer.

»Oma, ich will nicht nur im Schritttempo reiten«, quengelte ich. »Ich will auch traben und galoppieren!« Oma hielt mit.

»Kind ...«, japste sie, atemlos und mit wild abstehenden Haaren, wenn wir wieder den Stall erreichten. »Kind, durch dich bleibe ich fit.«

Schließlich sah Oma, dass ich gut mit Susel zurechtkam und ließ mich allein ausreiten. Doch auch Großvater machte sich Sorgen, und eine Weile sah ich ihn noch auf seinem Fahrrad über die Feldwege radeln, immer in einigem Abstand zu Susel und mir.

Ab und zu setzte Opa sich auch selbst aufs Pferd. »Komm Mädle, packen wir's mal z'sammen«, sagte er dann, und wir ritten gemeinsam aus. Diese Ausritte waren für mich etwas ganz Besonderes.

Susel bekam zwei Fohlen, zuerst Dorina und im Jahr darauf Cherry. Wie jede Stute hütete sie ihre Fohlen. Wenn Großvater die Box entmisten wollte, stellte sie sich schützend vor das Kleine, bereit, es jederzeit zu verteidigen. Auch Onkel Karl ließ sie anfangs nicht an sich und ihre Babys heran. Nur mich akzeptierte sie. Nachts rollte ich mich in meiner Bettdecke ins Stroh und schlief, mit dem Gesicht an den Hals des Fohlens geschmiegt. Susel wachte über uns beide.

Als Dorina geboren wurde, wollte Onkel Karl sie verkaufen. Die Großeltern überlegten, sie ihm abzukaufen und mir zu schenken.

»Einverstanden«, antwortete Onkel Karl. »Unter einer Bedingung: Conny muss das Pferd im Westernstil reiten.« Doch ich mochte mir nicht vorschreiben lassen, wie ich ein Pferd zu reiten hatte. So nahmen Oma und Opa wieder Abstand von der Idee.

Ungefähr zu dieser Zeit bekam ich professionellen Reitunterricht. Großmutter sah, dass ich es mit dem Reiten ernst meinte; also sollte ich es richtig lernen. Mit meiner Monatskarte in der Tasche fuhr ich mit dem »roten Blitz«, unserem Regionalexpress, nach Krumbach. Dort gab es einen Reitstall mit guten Pferden, vielen netten Mädchen, die ebenfalls reiten lernten, und einem Reitlehrer, Herrn Kunzelmann, von dem ich sehr viel lernen sollte.

Eines Nachmittags kam ich wie gewohnt von der Reitstunde nach Hause und fuhr in den Stall. Susel stand nicht in der Box, doch ihr Zaumzeug hing an der Wand und Onkel Karls Westernsattel lag auf dem Holzbock daneben. Ich lief hinaus auf die Weide und rief: »Susel!« Ich wusste, sie käme angelaufen, sobald sie meine Stimme hörte. Doch nichts geschah. Ich wunderte mich. Ich beschloss, auf Onkel Karl zu warten.

Eine halbe Stunde später hörte ich einen Transporter auf den Hof rollen. Ich lief zum Tor. Onkel Karl kurbelte gerade das Fenster hoch. Hinter den Transporter hatte er einen Hänger gekoppelt, die rückwärtige Plane flatterte lose im Wind. Der Hänger war leer.

»Onkel Karl, Susel ist nicht da.«

»Nein«, sagte er, stieg aus, schob seinen Cowboyhut zurecht und steuerte eilig auf das Wohnhaus zu. »Ich habe die Stute verkauft.«

4

Die Großmutter

Was hat das Kind damals geweint.

Zuerst habe ich es gar nicht glauben wollen. Die Conny kam nach Hause, in Tränen aufgelöst, und fiel mir in die Arme. Sie konnte gar nicht sprechen, so sehr hat sie geweint. Als sie schließlich schluchzte, Onkel Karl habe die Susel verkauft, da war ich genauso überrascht und fassungslos. Es war einfach ein Schock, für alle.

Mein Mann und ich haben ihr dann ein Pferd gekauft.

Wir hatten ja gesehen, wie ernst es dem Kind war. Das Mädle hatte bewiesen, dass es sich kümmerte und gewissenhaft für ein Tier sorgte. Tiere hat meine Enkelin immer gemocht. Schon als sie ganz klein war, nahm mein Mann sie sonntags mit zu seinem Frühschoppen. Dort, hinter der Hütte, stand ein Pferd, das hat sie stundenlang gestreichelt. Der Opa und ich haben dann sehr darauf geachtet, dass die Conny verantwortungsvoll mit Tieren umgeht. Schließlich sind es Lebewesen, man kann sie nicht heute anschaffen und morgen in der Ecke stehen lassen.

Sie hat es aber auch schlau angestellt, damals. Die Conny hatte zu der Zeit Reitstunden, beim Herrn Kunzelmann, oben in Krumbach. Und sie wusste, wann immer sie etwas wollte, musste sie zuerst mich überzeugen. Der Großvater würde schon mit allem einverstanden sein. So fragte das Kind mich eines Tages, ob ich mit zum Reitunterricht käme. Ich bin sowieso ab und zu mit in den Reitstall gefahren, ich wollte ja sehen, ob alles in Ordnung ist, mit was für Leuten sie dort oben zu tun hatte, und ob sie beim Reiten Fortschritte machte. Aber da hatte ich allen Grund, stolz auf sie zu sein, das muss ich schon sagen

An jenem Nachmittag zog sie mich mit sich durch den Stall. Vor einer Box blieb die Conny dann stehen und sagte: »Schau Oma, ist das nicht ein schönes Pferd. Und so lieb ist es.« Sie streckte ihren dünnen Arm durch die Gitterstäbe hindurch und streichelte das Pferd. »Und stell dir vor, Großmutter: Das Pferd ist zu verkaufen!«

Na ja, da wusste ich natürlich, von wo der Wind wehte. Das Mädle war schon gescheit, und manchmal hatte es die Conny faustdick hinter den Ohren. Aber ich konnte es ihr nicht verdenken. Das Pferd war nicht schlecht, und vor allem habe ich gesehen: Sie hat es gern. Als ich später mit meinem Mann gesprochen habe, war er einverstanden. Ich bin also hin zu dem Reitlehrer, und wir haben über den Preis verhandelt. Die Conny sagt, ich hätte gefeilscht wie ein Bürstenbinder. Ihr sei es beinahe peinlich gewesen. Aber am Ende habe ich den Preis um tausend Mark gedrückt. Das Geld kommt ja nicht von allein rein, sag ich mir.

Als Connys Mutter und ihr Stiefvater hörten, dass wir dem Mädle ein Pferd kaufen würden, da war das Geschrei groß. Wir könnten einem Kind kein Pferd schenken, schimpften sie, das ginge nicht. Es würde sich nicht um das Tier kümmern. Es sei viel zu jung für so eine

Verantwortung. In spätestens zwei Jahre hätte sich das Interesse in Luft aufgelöst – und dann? Die beiden kannten die Conny schlecht.

Mein Mann und ich haben uns darum auch nicht beeinflussen lassen. Nur eines, haben wir gesagt, darf nicht passieren: Die Schule darf nicht darunter leiden. Und das hat die Conny uns dann auch versprochen.

* * *

Und so bekam ich Condor.

Condor war ein Tiroler Warmblut, ein wunderschöner Fuchs, dessen Fell golden glänzte, wenn die Sonne darauf schien. Von der Stirn bis zum Maul zog sich eine weiße Blesse. Herr Kunzelmann wollte Condor nicht mehr reiten, da sich der Wallach zuweilen wie ein Derwisch aufführte.

Er tat es auch an jenem Nachmittag, als Onkel Karl mit ihm auf den Platz vor dem Stall fuhr.

Ungeduldig hatte ich beide erwartet. Schon am Vormittag in der Schule hatte ich vor Nervosität kaum etwas vom Unterricht mitbekommen. Onkel Karl hatte sich bereit erklärt, Condor in seinem Anhänger aus Krumbach nach Ichenhausen herüberzuholen. Um drei Uhr hatte er da sein wollen. Inzwischen war es beinahe fünf Uhr. Nervös wie ein Tiger taperte ich über den Hof, zurück in den Stall, kontrollierte noch einmal Susels Box, die ich hergerichtet hatte, füllte noch ein wenig Heu nach und lief wieder hinaus auf den Hof. Kein Auto weit und breit.

Ich fuhr nach Hause, ging in die Küche und fragte Großmutter, ob Onkel Karl sich gemeldet habe. Nein, hat er nicht, sagte Oma. Ich radelte zurück in den Stall.

Schließlich fuhr der Transporter mit dem Anhänger auf den Hof.

Onkel Karl löste die rückwärtige Klappe und schob sich hinein zu dem Fuchs. Das Pferd trat nervös von einem Bein auf das andere, tänzelte und schlug mit dem Kopf in alle Richtungen.

»Um Himmels willen, Mädle. Was willst du mit so einem verrückten Pferd?«, rief der Besitzer des Stalls, der in einiger Entfernung auf seine Mistgabel gestützt zusah. »Der Gaul bricht dir doch das Genick.«

Ich schob mich ebenfalls in den Hänger hinein.

»Lass mich, ich mache das schon, Onkel Karl.«

»Phhh ...« Onkel Karl sah mich an, als wäre nicht nur das Pferd, sondern auch ich verrückt. Doch da der Fuchs schon beim Einladen seine Nerven strapaziert hatte, zog er die Schultern hoch, schob seinen Cowboyhut zurecht und verließ ohne ein weiteres Wort den Hänger.

Condor war unruhig, der Transport hatte ihn aufgeregt. Die neue Umgebung war ihm fremd. Im Stall in Krumbach war ich oft zu ihm in die Box gegangen. Condor hatte sich stets ruhig und freundlich verhalten. Mit leiser Stimme redete ich auf ihn ein, strich über seine Flanken und wartete, bis er sich beruhigte und mich neugierig ansah. Dann hakte ich einen Strick in sein Halfter und führte den Fuchs aus dem Hänger heraus. Der Stallbesitzer pfiff kurz und anerkennend durch die Zähne.

Im Stall setzte ich mich auf die halbhohe Mauer, die die Box umrandete, und sah dem Pferd zu.

»Alles in Ordnung, Condor. Du hast jetzt ein neues Zuhause, und warte mal ab, es wird dir schon gefallen.« Ich streckte meinen Arm aus, und nachdem der Wallach eine Weile gezögert und seine Umgebung kritisch beäugt hatte, machte er ein paar Schritte auf mich zu und schnappte nach einem Stück Apfel, das ich ihm entgegenhielt. Im nächsten Augenblick sprang er nervös zur Seite.

»Wirst schon sehen, wir zwei werden ein gutes Team«, sagte ich. Er schnaubte. Und drehte sich blitzschnell um die eigene Achse, als hätte er ein gefährliches Tier hinter sich entdeckt. Natürlich war nirgendwo etwas zu sehen. Irritiert sah der Fuchs sich um. »Alles in Ordnung, Condor. Keine Angst. Ist alles noch ein bisschen fremd für dich, aber bald hast du dich dran gewöhnt.« Ich hielt ihm eine Karotte hin.

Eine ganze Weile saß ich so auf der Mauer. Manchmal redete ich mit Condor, ruhig und freundlich, die meiste Zeit jedoch beobachtete ich ihn schweigend. Ich wartete. Allmählich beruhigte sich mein Pferd und begann, sich für mich und für seine neue Umgebung zu interessieren.

Am nächsten Tag fuhr ich wieder in den Stall. Anfangs wirkte Condor ein bisschen unruhig, doch er schien sich zu freuen. Ich holte die Kiste mit dem Putzzeug und ging in seine Box. Er beschnupperte mich vorsichtig. Ich gab ihm eine Karotte, und er zermalmte sie mit seinen Zähnen. Ich nahm eine Kardätsche und einen Striegel und begann, das Fell an Condors Hals zu bürsten. Bald reckte er genießerisch den Kopf bei jedem Strich.

Später legte ich einen Sattel auf und führte Condor hinaus auf den Platz vor dem Stall. Ich zurrte den Sattelgurt fest, zog die Steigbügel an beiden Seiten herunter und saß auf.

»Mädle, das Pferd ist ja wie ausgewechselt.« Mit den Händen in den Taschen seiner groben Hose stand der Stallbesitzer im Türrahmen des Wohnhauses. Ich nickte.

Ich hatte nie Probleme mit Condor, er benahm sich stets anständig. Ich war grenzenlos glücklich über mein erstes eigenes Pferd. Für mich war ein Traum in Erfüllung gegangen.

Ich habe Onkel Karl übrigens nie gefragt, warum er Susel so klammheimlich verkauft hat. Ich wollte weder darüber sprechen noch mich daran erinnern. Ich schob das Kapitel Susel in eine Schublade und rührte nie wieder daran. Denn ich war mir sicher: Hätte Onkel Karl nur ein Wort darüber verloren – Oma und Opa hätten das Pferd sofort für mich gekauft.

Bei uns auf dem Land war Reiten nichts Besonderes und fast alle Mädchen, deren Eltern einen Bauernhof besaßen, hatten ein oder mehrere Pferde, auf denen sie regelmäßig reiten durften. Doch kannte ich kein Mädchen, das lebte wie Annika oder ich.

Bei einem Ausritt mit Condor war ich Annika begegnet. Es gab in Ichenhausen noch einen zweiten Aussiedlerhof, er lag nordöstlich des Dorfes am Rand eines Waldes. Im Schutz einer Gruppe alter Eichen versuchte ich, Condor seitwärts gehen zu lassen, als eine Stimme rief: »Hey, du musst den Unterschenkel ein Stück weiter hinten anlegen.« Ich sah hoch, und etwa hundert Meter entfernt stand ein Shetlandpony, auf dem ein rothaariges Mädchen saß. Ihr Ton war ziemlich frech. Als sie näher kam und ich sah, dass ihr Gesicht voller Sommersprossen war, war ich mir sicher, dass sie Pippi Langstrumpfs irdische Schwester sein musste.

»Ich heiße Annika«, sagte Pippi Langstrumpfs Schwester. »Und das ist Polly.« Sie klopfte dem Pony auf den dunkelbraunen Hals. »Ein bisschen eigensinnig, aber ansonsten ein liebes Pferd.« Polly reckte den Hals. Condor war ein gutes Stück größer und sah reglos auf den Pferdezwerg herab.

»Schau, ich zeig es dir.« Annika legte ihr äußeres Bein eine Handbreit hinter dem Sattelgurt an, und getrieben von der Schenkelhilfe begann Polly seitlich nach rechts zu gehen. »Siehst du?« Die kommenden Stunden übten wir Seitengänge und andere kleine Dressurfiguren.

»Reitest du öfter hier durch den Wald?«, fragte Annika, als wir uns auf den Heimweg machten.

»Manchmal hier, manchmal bin ich beim Weiher und oft auch im Herrenforst. Und du?«

»Ich wohne am Häuslesberg und bin oft in der Gegend dort unterwegs.«

»Dann treffen wir uns doch morgen am Häuslesberg und reiten hoch zu der Lichtung im Wald.«

»Abgemacht«, antwortete Pippi Langstrumpfs Schwester.

Am nächsten Tag trafen wir uns am Fuß des Häuslesberges, und bald war es eine feste Gewohnheit geworden, dass wir nachmittags dort aufeinander warteten. Annika ritt, wie ich, seit sie laufen konnte, ihre Eltern besaßen einen Bauernhof mit Pferden, Kühen und einer Schweinezucht. Sie war drei oder vier Jahre jünger, doch unter Pferdefreunden spielt das Alter keine Rolle. Genau wie unsere Pferde beschnupperten wir uns kurz, erkannten und mochten uns. Annika war frech, forsch und mutig; ich war bedachter und weniger unbeherrscht. Gemeinsam erlebten wir unzählige Abenteuer. So entdeckten wir eines Tages mitten im Wald ein Feuer.

»Der Wald brennt!«, rief Annika, saß ab und stürzte

auf die Feuerstelle zu wie Tarzan auf eine Buschfeuerwand. Dabei war das Feuer eher klein. Am Ende konnten wir es bequem austreten und die verbrannten Zweige mit Erde zuschütten.

»Geschafft«, stöhnte Annika und tat, als wische sie sich den Schweiß von der Stirn. Ich prustete los. Doch auch ich war aufgeregt und fühlte mich wie ein Held.

Wir ritten weiter. Als wir später ein zweites Mal an der Stelle vorbeikamen, entdeckten wir einen Waldarbeiter, der sich schimpfend und fluchend an einem frisch aufgeschichteten Stapel trockener Zweige zu schaffen machte. Mühsam unterdrückten wir unser Kichern und machten uns zügig auf den Heimweg. Der Waldarbeiter hatte das Feuer absichtlich gelegt, aber das konnten wir schließlich nicht ahnen.

Ein andermal, mitten im Winter, schichteten wir auf einer Lichtung kahle Baumgerippe übereinander und trieben unsere Pferde über die Hindernisse. An allen vier Seiten grenzte ein dichter, junger Tannenwald an die Wiese. Unvermittelt hatte Polly genug von den Springübungen, machte kehrt und setzte sich, mit aller Dickköpfigkeit, zu der ein Shetlandpony fähig ist, in Bewegung. Annika war außerstande, ihr Pferd zu stoppen. Zielstrebig hielt Polly auf den Tannenwald zu, und bald hörte ich nur noch Äste knacken. Außer Annikas Pudelmütze, die sich in den Tannenzweigen verfangen hatte, war von Ross und Reiter nichts mehr zu sehen. Ich war vor lauter Lachen kaum in der Lage, ihnen zu folgen.

Über und über mit Schnee bedeckt, tauchten Annika und Polly nach einer Weile wieder auf der Lichtung auf. Auch Annika tat bald der Bauch weh vor Lachen.

Schwierig gestalteten sich stets die Abschiede. Ein

Feldweg führte zwischen den Wiesen und Äckern entlang. An einer Gabelung musste Annika links abbiegen, um nach Hause zu gelangen, während ich geradeaus in Richtung Ichenhausen ritt. Polly weigerte sich regelmäßig, allein weiterzureiten. Wir versuchten es mit einem Trick. In hohem Tempo galoppierten wir über den Feldweg, wobei ich mich hinter Annika hielt. Kurz vor der Gabelung lenkte Annika ihr Pferd leicht nach links und hoffte, Polly würde unsere Abwesenheit erst bemerken, wenn Condor und ich längst verschwunden wären. Die Rechnung ging nicht auf. Polly raste den Weg entlang, doch nach fünfzig Metern merkte sie, dass sie allein galoppierte. Sie bremste. Annika flog kopfüber aus dem Sattel. Ohne Reiterin rannte Polly hinter Condor und mir her.

Kaum ein Mädchen konnte seine Pferdeliebe und seine Begeisterung für das Reiten so ungebremst ausleben wie Annika und ich.

Unterdessen ging ich in die Realschule, und das Ende der Schulzeit war absehbar. Lange schien mein Berufswunsch klar; ich wollte Reitlehrerin werden, was sonst? In den Ferien absolvierte ich ein Praktikum in einer Reitschule in München.

Es ging dort recht nobel zu. Die Besitzer der Pferde riefen an, wenn sie zu Hause losfuhren, und die Pferdepfleger spurteten los. Kaum betrat ein Reiter dann den Stall, brachte man ihm sein Pferd, frisch geputzt und gesattelt. Die Damen und Herren saßen auf und ritten ein wenig in der Halle umher. Später wurde oben auf der Galerie Sekt gereicht. Sonntags inszenierte man einen Champagnerbrunch, und geritten wurde zu klassischer

Musik. Man hielt auf sich, und alles war sehr etepetete. Mit Reitsport allerdings, fand ich, hatte das nichts zu tun.

Die Aussicht, solchen Menschen ein Berufsleben lang Reitunterricht geben zu müssen, immer freundlich und lächelnd, setzte mir zu. Ich begann ein weiteres Praktikum in einer anderen Reitschule. Dort wurden die Pferde geritten, bis sie zusammenbrachen. Lahmte ein Pferd, wurde es gespritzt und mit Medikamenten voll gepumpt. Für den Besitzer waren die Pferde Objekte, in die er investiert hatte. Die Investitionen sollten sich amortisieren. War kein Profit mehr aus ihnen zu ziehen, brachte man sie zum Abdecker. Ich war schockiert. Für mich waren Pferde Lebewesen, denen ich mit Liebe und Respekt begegnete.

In beiden Reitställen hätte man mich vom Fleck weg engagiert. Doch ich entschied mich, das Liebste, was ich hatte, für mich zu behalten, und es weder mit arroganten Geldsäcken noch mit geldgierigen Schindern zu teilen. Reiten sollte mein Hobby bleiben, mein Geld würde ich anders verdienen.

Ich traf die Entscheidung ganz pragmatisch. Mein Beruf müsste mir möglichst viel und möglichst berechenbare Freizeit lassen. Ein Job im Schichtdienst kam also nicht in Frage. Ich hatte keine Präferenzen, keine weiteren Neigungen und erbrachte – mit Ausnahme von Stenografie – in allen Fächern nahezu gleich gute Leistungen. Eine der ersten Stellenanzeigen, die ich in der Lokalzeitung entdeckte, war die eines Zahnarztes.

Die Praxis lag mitten in Ichenhausen.

Neugierig ging ich am Morgen des ersten Tages die

Hauptstraße entlang. Ich bog in einen kleinen Seitenweg und stieg eine steile Treppe hinauf. Anstatt einer elektrischen Klingel hatte jemand einen schmiedeeisernen Ring an der Tür angebracht, der, als ich ihn gegen das Holz schlug, ein dunkles Klopfen erzeugte. Ein automatischer Türöffner surrte. Ich trat ein.

Am Ende des ersten Tages hatte ich mit Hilfe eines Lineals viele gleichmäßige Linien auf weißen DIN-A4-Blättern gezogen, es müssen hunderte gewesen sein. Meine Kolleginnen am Empfang benutzten sie als Notizzettel. Weiter gab es nichts zu tun. Das änderte sich auch in den kommenden Tagen nicht, und als ich zu Beginn der zweiten Woche eine weitere Sprechstundenhilfe fragte, ob ich die Karteikarten durchsortieren könnte, antwortete sie: »Das mache ich schon. Ich muss auch etwas zu tun haben, wenn der Chef kommt.«

Irgendwann durfte ich Instrumente desinfizieren, doch die Tage können sehr lang werden, wenn man nicht wirklich etwas zu arbeiten hat.

Nachdem ein Monat vergangen war, kündigte ich.

Ich fand sofort eine neue Lehrstelle. Diesmal war es ein Steuerberater, der inseriert hatte, und so wurde ich Bürokauffrau. Da ich auch Steuererklärungen bearbeiten durfte und mich in die Buchhaltung einarbeitete, machte mir die Arbeit Spaß. Unser Chef war jedoch ein Choleriker, und nicht wenige seiner Angestellten und Auszubildenden verließen das Büro nach kurzer Zeit wieder. Ich biss die Zähne zusammen und hielt die zweieinhalb Jahre bis zur Abschlussprüfung durch. Allerdings war ich um jeden Tag, an dem ich zur Berufsschule nach Krumbach fahren musste, froh.

Zu meiner leiblichen Mutter hatte ich mittlerweile kaum mehr Kontakt. Gelegentlich besuchte sie mich bei den Großeltern, selten ging ich jedoch »hinunter«. Wenn ich es tat, war es jedes Mal unangenehm.

Mein Stiefvater gab nach wie vor den Ton an. Alle spurten, wenn er durchs Haus polterte. Meine Stiefgeschwister waren an seine Art gewöhnt, sie hatten ihre Arrangements gemacht. Mich verletzte diese egoistische Rücksichtslosigkeit immer wieder.

Mein Stiefvater besaß ein großes Salzwasseraquarium, das den Großteil der Längswand des Wohnzimmers einnahm. Das Wasser war glasklar, und die Fische, die darin herumschwammen, leuchteten in allen Farben. Korallenfische, Labyrinthfische, Sonnenbarsche und andere bunte Schwimmer, deren Namen ich nicht kannte. Einige Fische waren selten, unter Aquarienliebhabern galten sie beinahe als Raritäten. Mein Stiefvater führte sie jedem Besucher vor, er war ungemein stolz auf seine Lieblinge.

»Fische sind etwas Besonderes«, sagte er gern. Und mit einem Seitenblick in meine Richtung schob er eine kleine Spitze nach. »Das ist ganz was anderes als bei deinen Pferden.«

»Pferde sind auch Tiere.«

»Tiere ...« Er schnaubte, holte Luft und schien einen Moment zu überlegen. »Pferde sind Pferde. Die braucht man in der Landwirtschaft. Alles andere ist Schnickschnack und verzärteltes Getue.«

»Reiten ist Sport.«

»Schmarr'n! Reiten ist ein Hobby für feine Damen, die nichts Besseres mit ihrer Zeit anzufangen wissen. Außerdem kostet das Ganze ein Heidengeld.« Es ärgerte mich immer wieder, dass er nichts gelten ließ, was nicht seiner Meinung entsprach oder jenseits seines Horizontes lag. Meist endeten unsere Streiterein damit, dass ich aufstand und ging.

Meine Mutter half in der Gärtnerei meines Stiefvaters aus. Was keine Freude war, denn seine Geschwister hörten nie auf, sie wie einen unliebsamen Eindringling zu behandeln. Im Binden von Blumengestecken besaß Mutter Talent. Ihre Sträuße zeigten ein Gespür für Farben, schlafwandlerisch traf sie den richtigen Ton, sie war kreativ. Doch die meiste Zeit über stand sie im Gewächshaus, pflanzte Stecklinge und topfte kleine Pflanzen in kleine Töpfe und größere Pflanzen in größere Töpfe um. Daneben kümmerte sie sich um den Haushalt, versorgte vier Kinder und einen Mann, der nie auch nur einen Gedanken daran verschwendete, ihr zu helfen. Eher ließ er sich mittags auf seinen Stuhl am Esstisch fallen, knurrte: »Was hast du da wieder für einen Fraß gekocht?«, und schlug sich ohne ein weiteres Wort das Essen in den Bauch.

Mein Stiefvater war der Ansicht, eine Frau gehöre an den Herd. Sie richtete das Heim hübsch her und hielt ansonsten den Mund. Was meine Mutter auch tat. Das zu sehen schmerzte mich manchmal. Sie war nicht einmal vierzig Jahre alt und sah doch aus wie eine alte Frau, verbraucht und verhärmt. Sie schuftete und ackerte. Sie ließ sich alles gefallen.

Es wollte mir nicht in den Kopf, wie man ein solches Leben stillschweigend akzeptieren konnte. Warum protestierte sie nicht, warum sagte sie nie: So lasse ich nicht mit mir umgehen?

Mein Kalkül erwies sich als klug: Mein Beruf ließ mir genügend Zeit für mein Hobby.

Inzwischen nahm ich an den Wochenenden häufiger an Turnieren teil. Anfangs war ich hauptsächlich ins Gelände geritten und hatte auf Feldwegen und Lichtungen die verschiedenen Gangarten sowie einfache Dressurfiguren geübt. Doch spätestens als ich Reitunterricht bekam, begann ich mich ernsthaft für das Dressurreiten zu interessieren. Die Harmonie zwischen Pferd und Reiter gefiel mir, die Erhabenheit in den Bewegungen. Traversalen, Galopppirouetten, Piaffen und andere Figuren, geritten von einem guten Reiter auf einem guten Pferd, waren von hoher Eleganz. Mein Reiterabzeichen hatte ich bereits in der Tasche, und auch die ersten Reiterwettbewerbe hatten Condor und ich bereits erfolgreich absolviert. Von einem richtigen Turnier kann man dabei noch nicht sprechen, es geht eher schlicht zu bei solchen Veranstaltungen. Während der Reitstunde reitet man auf Kommando verschiedene Figuren: einfache Zirkel, Schlangenlinien an der Bande entlang, Diagonalen durch die ganze Halle, im Schritt, im Trab, im Galopp. Richter benoten Sitz und Haltung sowie die Hilfen, die man seinem Pferd gibt. Am Ende bekommt man eine Schleife; Schleifen entsprechen den Medaillen oder Pokalen in anderen sportlichen Disziplinen.

Mein erstes richtiges Turnier fand in einem Reitstall im Nachbarort statt. Am Morgen wachte ich zeitig auf. Großmutter war bereits wach, ich hörte sie in der Küche hantieren. Schnell zog ich mich an und ging hinunter.

»Mädle«, sagte sie und stellte mir eine Tasse Kaffee

und ein dickes Stück Hefezopf mit Butter hin. »Bist du so nervös, dass du nicht schlafen kannst? Es ist noch nicht einmal sieben Uhr in der Früh.«

»Ich weiß, Oma«, sagte ich und biss in den weichen, süßen Teig. Ich war tatsächlich ein bisschen aufgeregt.

Gleich nach dem Frühstück fuhr ich in den Stall. Ich holte die Kiste mit dem Putzzeug und begann, Condors Fell zu bürsten. Großmutter hatte aus Stoffresten bunte Bänder genäht, die ich in seine Mähne flechten wollte. Ich begann am Kopf und striegelte und bürstete, tastete über Condors Rücken, damit später kein Dreckklümpchen unter dem Sattel drückte, arbeitete mich zur Kruppe vor, bürstete den Schweif und kratzte sorgfältig die Hufe aus. Condor genoss es, umsorgt zu werden. Er schob seine Vorderfüße vor und streckte sich, bis seine Kruppe beinahe auf der Höhe meiner Schulter war.

»Du bist das einzige Pferd, das man tiefer legen kann«, neckte ich ihn. Ich holte eine Schüssel mit Wasser und einen Schwamm und begann, Condors Hufe zu waschen. Als sie trocken waren, fettete ich sie gründlich ein. Dann machte ich mich daran, die Mähne zu vielen einzelnen Rosetten zu flechten.

»Das Pferd gewinnt den ersten Preis«, sagte eine Stimme. Ich drehte mich um. Großvater stand in der Stalltür und lächelte. In der Hand hielt er eine Dose und eine Flasche Limonade. Großmutter hatte ihm aufgetragen, mir etwas zu essen und zu trinken zu bringen. Großvater half, die Bänder in die Rosetten zu flechten.

Später machten wir uns auf den Weg zur Reithalle. Opa fuhr auf seinem Fahrrad neben Condor her. In der Halle waren schon gut zwei Dutzend Reiter versammelt.

Alle Pferde waren herausgeputzt, und an den Wänden hatte jemand bunte Girlanden aufgehängt. Lauter Menschen liefen und riefen durcheinander, es war eine lebendige, aufregende Atmosphäre.

War ich am Morgen noch aufgeregt aufgewacht, so war ich in der Prüfung ganz ruhig. Die Aufgaben hatte ich geübt, und abgesehen von ein paar kleinen Patzern ging Condor sauber durch alle Lektionen. Ich ritt Mitteltrab und Arbeitsgalopp, ein paar Volten, Zirkel und Schlangenlinien an der langen Seite, einen einfachen Galoppwechsel, eine Kehrtwendung im Schritt. Im Trab ritten wir schließlich auf die Mittellinie und kamen zum Stehen. Ich verneigte mich vor den Richtern.

Solche einfachen Übungen kann man jedem Pferd beibringen. In der Regel sind sogar ausgebildete Springpferde in der Lage, an A-Dressuren teilzunehmen. Das Dressurreiten kennt ein ganzes System von Leistungsklassen und Schwierigkeitsstufen, die mit einfachen Reiterwettbewerben beginnen und dann von der A-Dressur bis hinauf zur »Grand Prix«-Klasse führen. Um solche Spitzenturniere zu reiten, braucht man allerdings ein sehr talentiertes, gut ausgebildetes und deswegen meist sehr teures Pferd. Condor war begabt genug, um bei A-Dressuren zu starten – wobei »A« für Anfängerstufe steht, aber es wäre ein Fehler, sich diese Wettbewerbe zu einfach vorzustellen.

Gleich bei meinem ersten Turnier belegte ich den dritten Platz und bekam eine Schleife. Das spornte mich an. Es gefiel mir, ein Ziel zu haben, auf das wir hinarbeiten konnten. Doch ritt ich weiterhin aus Spaß am Reiten. Ich hegte keine verbissenen Ambitionen, nahm mir nie vor, im kommenden Jahr auf alle Fälle bei einem Turnier der nächsthöheren Klasse zu starten, wie manche Reiter es taten. Dressurreiten bedeutete für mich in erster Linie ein Training für Pferd und Reiter. Denn Dressurreiten ist keine Tierschinderei, sondern wirkt wie Gymnastik. Kein Pferd bekommt, wenn es den ganzen Tag über auf der Weide oder im Stall steht, so viel Bewegung, wie es von seiner Natur her braucht. Es zu bewegen, heißt, seine Muskulatur zu trainieren und es darüber hinaus auszubilden in seinem Können. Ein gut ausgebildetes Pferd, das leicht auf Hilfen und Kommandos reagiert, ist letztlich auch für seinen Reiter angenehmer zu führen.

In Ichenhausen gab es eine große Gemeinde von Pferdenarren. Einen davon traf ich an einem verregneten Nachmittag am Fuße eines Hochsitzes. Er saß auf einer der unteren Sprossen, sein linker Reitstiefel lag im Gras, und er rieb sich den Fuß.

»Kann ich Ihnen helfen?« Der Mann sah hoch und verzog im nächsten Moment das Gesicht. »Haben Sie sich verletzt?«

»Mhh ...«, sagte er.

»Blöde Frage, tut mir Leid. Wie ist es denn passiert?« Ich saß ab und hielt Condor am Zügel. Das Gesicht des Mannes entspannte sich, und er begann erneut, seinen Fuß zu massieren.

»Ich hab eine Sprosse verfehlt und bin ins Leere getreten. Hab mir erst vor kurzem die Bänder gezerrt. Tut verdammt weh.« Sein Fuß war dunkel verfärbt, aber kaum geschwollen. Als hätte er meine Gedanken erahnt, sagte er: »Ich hab den Stiefel ausgezogen, bevor der Fuß anschwillt. Kriegt man ja sonst für Wochen nicht mehr runter, das Ding.« Er versuchte ein Lachen, doch es wurde eher ein schmerzverzerrtes Zucken. »Könntest du ein Stück mit mir reiten, mich begleiten bis zum nächsten Dorf?«

»Klar. Ich kenne dort auch einen Arzt.«

»Wohnst du in Waldstetten?«

Ich schüttelte den Kopf. »In Ichenhausen.«

Der Mann zog seinen Strumpf über und angelte nach seinem Reitstiefel. Im nassen Gras hatte das Leder begonnen, Feuchtigkeit aufzusaugen. Ein dunkler Fleck zeichnete sich ab. »Wollen Sie ihn wirklich anziehen? Es ist nicht weit.«

»Hast wohl Recht.« Der Mann stützte sich ab und stellte sich hin, das linke Bein angewinkelt. »Wie komme ich aufs Pferd?« Fragend sah er an sich hinab.

»Versuchen Sie es doch von der Leiter aus. Ich halte Ihr Pferd fest.« Sein Pferd stand hinter dem Hochsitz und fraß nasses Gras. Ich ließ Condor los und stapfte auf das fremde Pferd zu.

»Es heißt Merkur. Und ich heiße Grundmann, Alois Grundmann«, rief der Mann.

»Conny« antwortete ich im Gehen, doch die Antwort ging in einem Schrei unter. Herr Grundmann, der sich wie ein Kleinkind Sprosse für Sprosse auf dem Hintern die Leiter hinaufschob, hatte sich versehentlich mit seinem verletzten Fuß abgestützt. Ich ging auf Merkur zu, streckte ihm meine Hand entgegen, ließ ihn eine Weile schnuppern und griff nach den Zügeln. Der Hengst folgte mir anstandslos.

Herr Grundmann saß inzwischen auf einer der mittleren Sprossen der Leiter. Ich blieb direkt vor der Leiter stehen. »Ich komme mir vor wie ein Kriegsveteran«, brummte er. Ich lachte, und im selben Moment tat es mir Leid.

»'tschuldigung. War nicht böse gemeint.«

»Nur kein Mitleid mit verletzten Greisen. Die haben es verdient. Könnten ja zu Hause im Schaukelstuhl sitzen bleiben, dann würde so was nicht passieren.«

»Wie alt sind Sie denn?«

»Zweiundvierzig.«

»Kein Alter. Mein Großvater ist fast sechzig und reitet immer noch mit mir aus, ab und zu.«

»Das spricht für deinen Großvater.« Herr Grundmann ließ sich hinabrutschen und landete mit einem satten Plumps im Sattel. Er schob seinen rechten Fuß in den Steigbügel. Ich reichte ihm den linken Bügel. Er schob seinen bestrumpften Fuß hinein. Obwohl er mir wirklich Leid tat, und ich nicht daran dachte, mich lustig zu machen, musste ich grinsen.

»Mädle, wenn ich wieder laufen kann, räche ich mich.« Doch ich sah, dass er ebenfalls lachte. Er klemmte sich seinen Reitstiefel unter den Arm. Gemeinsam ritten wir den matschigen Feldweg am Waldrand entlang in Richtung Dorf.

Der Arzt versorgte den Fuß, der inzwischen geschwollen war, und Herr Grundmann rief seine Frau an, damit sie ihn mit dem Auto abholte. Ich bot an, Merkur in den Stall zu bringen, Grundmanns Hof lag nur drei Kilometer entfernt.

Ein paar Tage später bekam ich mit der Post eine Schachtel Marzipankonfekt.

Als Herr Grundmann wieder gesund war, trafen wir uns regelmäßig mittwochnachmittags am Hochsitz und ritten gemeinsam durchs Gelände. Herr Grundmann war ein Pferdenarr. Seine Familie hatte ein großes Gestüt in Pommern besessen, doch waren er und seine Eltern während des Krieges vertrieben worden. Sie hatten allen Besitz zurücklassen müssen. Im Westen bauten die Eltern ein kleines Uhrmachergeschäft auf, lange Zeit lebte die Familie in Armut und Verbitterung über den Verlust der Güter. Erst ihm, dem Sohn, war es gelungen, wieder einen Hof zu betreiben und ein paar Pferde zu halten.

Eines Tages lernte ich Herrn Grundmanns Sohn kennen. Paul glich seinem Vater wie ein Abziehbild. Doch in ihrem Wesen waren beide so verschieden, wie es nur möglich war. Später dachte ich manchmal, das Einzige, was Vater und Sohn wirklich verband, war das Reiten.

Paul schloss sich unseren Ausritten an, immer häufiger wenn ich zum Hochsitz kam, sah ich beide mit ihren Pferden dort warten. Ich mochte Paul, er war ordentlich, zuverlässig, und ich mochte die Überlegtheit, mit der er die Dinge anging. Wochen später besuchte ich eine Freundin, Gundula, die im selben Dorf wohnte. Umständlich erkundigte sie sich nach den Ausritten mit Paul und seinem Vater, und irgendwann flüsterte sie geheimnisvoll: »Ich glaube, du gefällst ihm. Dem Paul, meine ich.«

Nun, ich hatte es bereits bemerkt.

Doch wir waren munter pubertierende Jugendliche, und darum sollte es noch ein wenig dauern. Eines Abends im Spätsommer spazierte ich gemeinsam mit Gundula zu dem Gartenhaus, in dem einer ihrer älteren Brüder freitags Platten auflegte. Der Weg führte an einem Weiher vorbei, und die ganze Zeit über kicherte Gundula und machte geheimnisvolle Andeutungen.

Allmählich begann mir ihr Getue auf die Nerven zu gehen.

»Paul kommt auch«, rückte sie schließlich mit der Sprache heraus. »Und ich glaube, er will dich heute was fragen. Aber sag bloß nicht, dass ich dir das erzählt habe!«

Er formulierte es dann schlicht und unromantisch. »Willst du mit mir gehen?«, fragte Paul, als wir auf einer Mauer saßen und zusahen, wie die ersten Leute bereits wieder aufbrachen.

Ich nickte.

Condor wurde krank. Er verlor Gewicht und war nach jedem Ausritt erschöpfter als üblich. Der Tierarzt untersuchte ihn, konnte jedoch nichts feststellen.

Großvater ging damals in Rente und verbrachte viele Stunden seiner freien Zeit im Stall. Er mistete die Box aus, fegte die Stallgasse, nirgendwo lag ein Strohhalm auf dem Boden, alles war penibel sauber. Manchmal saß er auch einfach nur da und sah Condor zu. Der Fuchs war auch Opas Pferd geworden, er lebte für ihn und kümmerte sich, wo immer er konnte. Mit Unbehagen sah Großvater zu, wie Condor abmagerte. Dr. Daschner und Herr Grundmann hatten spezielle Kraftfuttermischungen empfohlen. »Damit kannst du viel erreichen bei einem kranken Pferd«, hatte Pauls Vater gesagt. Er kannte sich aus. Zu sorgfältig festgelegten Zeiten rührte Großvater also besondere Futtermittelmischungen an, gab die teuersten Zusatznahrungen hinzu und fütterte das kranke Pferd.

Doch Condors Zustand verschlechterte sich zusehends.

Dr. Daschner, der Tierarzt, vermutete schließlich, es handle sich um eine Art Dämpfigkeit, einen Bronchialkatarrh.

»Wahrscheinlich hat er sich erkältet und einen Schaden auf den Bronchien zurückbehalten.« Doch ich hatte stets darauf geachtet, dass das Pferd keinen Zug bekam, hatte es nach jedem Ritt gründlich trockengerieben und ihm eine Decke übergelegt, sobald es schwitzte. Ich konnte mir nicht vorstellen, dass eine Erkältung Grund für seine Krankheit sein sollte.

Inzwischen war Condor so weit abgemagert, dass, selbst wenn er ruhig in der Box stand, sein gesamter Körper bebte. Er atmete schwer. Zeitweise versagten die Nieren. Er verfiel zusehends. Großmutter und Großvater, die meine Pferdeliebe immer unterstützt und dabei oft selbst zurückgesteckt hatten, gaben sehr viel Geld für die Rechnungen des Tierarztes und für Medikamente aus. Wir alle hofften immer noch, dass wir Condor retten konnten.

Schließlich begann Condor zu schnaufen und nach Luft zu schnappen. Schweren Herzens entschied ich mich, mein Pferd töten zu lassen, um ihm weitere Qualen zu ersparen. Am Tag, als Herr Grundmann mit dem Hänger auf den Hof rollte und Condor mitnahm, sah ich Großvater zum ersten Mal in meinem Leben weinen.

Bei der Obduktion stellte sich heraus, dass Condor einen für seine Größe zu kurzen Darm gehabt hatte. All die teuren Futtersorten waren umsonst gewesen, weil sein Körper sie kaum verwerten konnte.

»Was Sie getan haben, war das Beste, was Sie tun

konnten«, sagte der Tierarzt, als er uns das Ergebnis der Obduktion mitteilte. »Das Pferd hätte eines Morgens tot in seiner Box gelegen. Das, immerhin, haben Sie ihm erspart.« Doch tröstete mich das nur wenig über Condors Tod hinweg. Ich weinte, und Großmutter gab sich alle Mühe, mich zu trösten.

Die Großmutter

Um Gottes willen, hatte mein Mann gesagt, das Mädle wird den ganzen Tag daheim sitzen und plärren. Da hilft nur eins: Wir müssen ihr schnell ein neues Pferd kaufen.

Als klar war, dass Condor eingeschläfert werden musste, haben wir uns also mit einem Bekannten verabredet und sind in der Gegend umhergefahren. Überall sahen wir uns Pferde an. Bei einem Pferdehändler in der Nähe entdeckten wir dann einen Hengst. Er wollte ihn uns zuerst gar nicht verkaufen. Der Hengst sollte zum Abdecker, weil er immer stieg.

»Das Pferd steht mehr auf den Hinterbeinen als auf allen vieren«, fluchte der Mann. Doch die Conny wollte diesen Haudegen unbedingt Probe reiten.

»Wenn mein Condor schon zum Metzger muss«, sagte sie, »vielleicht kann ich dann diesem Pferd helfen.«

Ich muss zugeben, die Conny hat ein Händchen für schwierige Pferde. Mit viel Geduld hat sie Rowdy, so hieß er auch noch!, an sich gewöhnt. Und sie ist kein einziges Mal runtergefallen. Obwohl das Pferd anfangs viel getan hat, um sie abzuwerfen! Rowdy war ein kräftiges Pferd, ein Holsteiner. »Meinen Reitelefant« hat meine Enkelin ihn liebevoll genannt. Aber mir war schon manchmal mulmig, wenn ich den beiden zugesehen habe, das kann ich Ihnen sagen.

Irgendwann ließ Rowdy alles mit sich machen. Er war lammfromm, wie ausgewechselt, man hätte ein Kind draufsetzen können auf dieses Pferd. Das hätte sein ehemaliger Besitzer sich nie träumen lassen.

Die Conny war einfach besessen. Pferde, reiten – das war ihr Leben! Andere Mädchen spielen mit Puppen, doch meine Enkelin wollte immer nur in den Stall, zu den Pferden, sie wollte sie putzen und pflegen und reiten. Ich denke, dem Kind ein Pferd zu kaufen, war klug. So war das Mädle beschäftigt, und wer weiß, vielleicht hat es sie auch von manchem schlechten Einfluss fern gehalten.

5

Der Steuerberater ging wie selbstverständlich davon aus, dass ich nach dem Ende meiner Ausbildung weiter in seiner Kanzlei arbeiten würde. Doch ich mochte nicht länger mit seinem cholerischen Temperament leben und wechselte zu einer Mineralölfirma im Nachbarort.

Man setzte mich an den Empfang, und etwas, das ich bei Großmutter und Großvater als Grundregel fürs Leben gelernt hatte, kam mir zugute: Freundlichkeit. Die Leute mochten mich, die Kunden ebenso wie meine Kollegen. Auch am Telefon hieß es häufig: »Ach Fräulein, Sie san's immer so nett ...«. Mein Chef war zufrieden, und mir machte die Arbeit Spaß. Nebenbei schrieb ich Rechnungen, und wenn in der EDV-Abteilung eine Kollegin krank war oder Urlaub hatte, vertrat ich sie. Ich fühlte mich sehr wohl.

Während der ersten Wochen schickte mich die Firmenleitung in die Zentrale nach Kempten zur Einarbeitung. Ich zog es vor, zu Hause bei Großmutter und Großvater zu schlafen, außerdem besaß ich ein Pferd, um das ich mich kümmern musste, und so fuhr ich jeden Morgen die rund einhundert Kilometer nach Kempten hin und jeden Abend wieder zurück.

Ich hatte inzwischen den Führerschein gemacht und fühlte mich sehr wohl am Steuer. Im Gegensatz zu meiner Stiefschwester, wie sich am Heiligabend herausstellte. An Weihnachten trifft sich die Familie trotz aller Disharmonien bei den Großeltern, auch Onkel Karl mit seiner Frau und seinen Kindern ist dabei. Die kleinen Zimmer des alten Hauses sind zum Bersten voll, und es ist die einzige Gelegenheit, bei der mein Stiefvater nicht verächtlich über Pferde redet, denn an diesem Abend habe ich in Onkel Karl immer einen Verbündeten. Manchmal unterhalten wir uns sogar absichtlich höchst genüsslich und ausführlich übers Reiten, und Onkel Karl lässt beiläufig die Sporen an seinen Cowboystiefeln blitzen.

Am Weihnachtsfest nach Stefanies achtzehntem Geburtstag betrat ich, etwas verspätet, das Wohnzimmer. Oma zog mich beiseite. »Frag auf keinen Fall Stefanie, was sie bekommen hat«, wisperte sie.

»Schttt ...«, zischte Mutter. »Seid still, sonst geht alles von vorne los.« Kurz darauf in der Küche erzählte Großmutter, dass sie sich bei meiner Stiefschwester nach ihren Weihnachtsgeschenken erkundigt habe. Anstatt zu antworten, war Stefanie in Tränen ausgebrochen. Sie hatte Fahrstunden geschenkt bekommen; doch sie konnte sich nichts Schlimmeres vorstellen, als sich ans Steuer eines Autos zu setzen. Zum Trost schenkte Mutter ihr kurze Zeit später ein Handy.

Ich sauste unterdessen mit meinem silberfarbenen Scirocco über die Autobahn Richtung Kempten und zurück. Auf den Wagen war ich stolz. Ich hatte ihn einem Bekannten abgekauft. Der Wagen war flott, links und rechts an den Seiten liefen Rallyestreifen über die gesamte Länge. Das Auto machte – technisch und optisch – durchaus etwas her.

Ich wachte auf, als jemand mit lautem Gerumpel hereinstürmte. Pauls Haare standen wild vom Kopf ab, sein Hemd hing aus der Hose, und mit ihm zog ein Schwall von kaltem Rauch und abgestandener Kneipenluft ins Zimmer.

»Wo kommst du her?«

»Von meinen Kumpels. Bin auch gleich wieder weg, wir fahren zum Frühschoppen. Ich will nur meine Jacke holen.« Er stöberte im Kleiderschrank herum und stürzte im nächsten Moment mit der Jacke in der Hand zur Tür. »Schlaf weiter!«, rief er. Die Tür fiel ins Schloss. Ich hörte ihn die Treppe herunterpoltern. Unten wartete ein Auto mit laufendem Motor.

Szenen wie diese häuften sich. Paul schien ein anderer geworden zu sein. Wenn ich am Wochenende mit dem Pferd zum Hof seiner Eltern herübergeritten kam, war er oft mit seinen Freunden unterwegs. Manchmal ließ er sich das ganze Wochenende über nicht blicken. Wir waren seit drei Jahren ein Paar, doch in letzter Zeit kam ich mir manchmal fremd und allein vor, wenn ich mit ihm zusammen war. Pauls Vater war das Verhalten seines Sohnes unangenehm. Er mochte mich, und wenn sein Sohn mich sitzen ließ, lud er mich zu einem Ausritt ein.

Manchmal waren es Kleinigkeiten, die mich zur Weißglut trieben. Die Nachlässigkeit, mit der Paul mit offenen Schnürsenkeln herumspazierte, beispielsweise. Ich war von den Großeltern zu Ordnung erzogen worden. Auch beim Reiten war immer alles tipptopp, vom Zaumzeug bis zur exakt gerittenen Pirouette. Das Akkurate entsprach meinem Wesen, mit Schlampigkeit tat ich mich schwer. Doch genau das schien Paul zu reizen, und wenn er merkte, dass ich mich über sein unordentliches

Äußeres ärgerte, provozierte er mich, ließ seine Schnürsenkel absichtlich offen und über den Boden schleifen. »Ist doch cool«, sagte er. War Paul anfangs mir zuliebe regelmäßig zum Friseur gegangen, lief er nun mit ungepflegten langen Zotteln herum. »So sieht das lässiger aus«, sagte er knapp. Alle seine Freunde sahen genauso aus.

Vielleicht hatten wir uns zu früh aneinander gebunden. Vielleicht musste Paul noch ein paar wilde Jugendjahre durchleben, sich »ausleben«, wie er es nannte.

Ich traf mich häufiger mit Freundinnen, vor allem mit Britt, die ich – wie sollte es anders sein – durchs Reiten kennen gelernt hatte. Als ich an einem Sonnabendmittag zu ihr kam, lag sie bäuchlings auf dem Boden, vor sich ausgebreitet die Lokalzeitung.

»Ich suche ein Auto.« Ich hatte von jemanden gehört, der seinen alten Golf verkaufen wollte. Wir setzten uns in meinen Scirocco und fuhren hin.

Martin Müller

Hübsch, dachte ich, als ich sie das erste Mal sah. Sie kam mit ihrer Freundin und wollte den uralten Golf von meinem Kumpel Lars kaufen. Hübsch war sie, und sympathisch. Aber ich habe mir dann keine weiteren Gedanken gemacht. Lars und ich wollten hauptsächlich den alten Golf verkaufen, und den hat die Freundin am Ende auch genommen. Für achthundert Mark.

Eine Weile später sind wir uns wieder begegnet, und bald stellte sich heraus, dass mein Kumpel ein Auge auf Conny geworfen hatte. Na, dachte ich, bist du deinem

Freund mal ein bisschen behilflich. Und habe ihn begleitet, als er mit Conny einen Kaffee trinken wollte. Eine Woche lang habe ich ihn täglich nach der Arbeit mit dem Auto zu Conny gefahren. Lars hatte ja keinen Wagen mehr.

Dann dachte ich: Du Depp. Warum willst du deinen Freund mit einem Mädchen verkuppeln, das dir selbst gut gefällt?

Von da an haben wir beide um sie gebuhlt. Doch Conny hatte damals noch einen Freund, und manchmal, wenn wir nach der Arbeit auf einen Kaffee bei ihr vorbeikamen, saß Paul auch in der Küche.

Irgendwann haben wir sie regelrecht beschattet. Wir sind am Haus ihrer Großeltern vorbeigefahren; wir hatten gemeinsame Bekannte, die uns sagten, sie hätten sie hier oder dort gesehen; manchmal sind wir sogar bei ihrem Freund vorbeigefahren und haben geguckt, ob ihr Auto vor seiner Tür steht. Wenn Lars Frühschicht in der Weberei hatte, habe ich mich ein bisschen um sie gekümmert. Wenn ich Spätschicht hatte, hat Lars sich ein bisschen um sie gekümmert. Wir wussten immer, wo sie war und was sie tat, und wenn Conny am Wochenende in die Disco kam, waren Lars und ich schon da ...

Ein Vierteljahr ging das so. Und dann kam dieses Fohlen auf die Welt.

* * *

Cherrys Fohlen kam in der Nacht. Als ich am Morgen den Stall betrat, lag ein dürres braunes Fohlen im Stroh. Ich schob die Tür zur Box beiseite, die metallenen Rollen hallten durch die Stille, als ließe jemand mit Karacho eiserne Rollläden herab. Cherry, das zweite von Susels Fohlen, das Onkel Karl damals behalten hatte, stand neben ihrem Kleinen. Mit müden Augen sah sie hoch. Im Stroh war noch Blut zu sehen und Teile der Nachgeburt.

Ich kniete mich neben das Fohlen. Es reckte den Kopf, und ich streichelte seinen Hals. Seine Augen schauten suchend. Ich sah mich um. Etwas schien nicht zu stimmen. Cherry leckte ihrem Fohlen das Fell. Das Fohlen zitterte. Onkel Karl würde erst übermorgen von einer Fahrt mit dem LKW zurückkommen; ich beschloss, den Tierarzt anzurufen.

Als ich wieder in den Stall kam, hatte sich das Fohlen aufgerappelt. Auf klapprig dünnen Beinen stand es neben seiner Mutter. Den Kopf unter Cherrys Bauch gereckt, saugte es an einer Zitze. Ich hockte mich daneben. Der Kleine zog seinen Kopf unter dem Bauch der Mutter hervor und gab ein klagendes, mattes Geräusch von sich. Ich führte seine Lippen erneut an die Zitzen heran, der Kleine begann zu saugen. Doch es kam keine Milch. Seit es geboren wurde, hatte das Fohlen keine Nahrung bekommen.

Ich erschrak und untersuchte Cherrys Zitzen, doch es war ein hilfloser Versuch, denn ich hatte nicht die geringste Ahnung, warum eine Stute nach der Geburt keine Milch gab. Das Fohlen tat mir Leid. Seine Beine knickten ein, und als es wieder im Stroh lag, zitterte es und sah mich flehend an. Es verstand nicht, warum es hungern musste.

Als der Tierarzt kam, war seine Miene düster.

»Den Kleinen werdet ihr nicht durchkriegen, fürchte ich.«

»Doch«, entfuhr es mir. Ich wollte nicht wahrhaben,

dass das kleine Wesen vor meinen Augen verhungern sollte.

»Ich weiß nicht, warum die Stute keine Milch gibt. Das Einzige, was ich im Moment machen kann, ist, ihr eine Spritze zu geben. Mit einem Medikament, das die Milchproduktion anregt«, sagte Dr. Daschner und öffnete seine Tasche. »Ansonsten gibt es nur eine Chance, das Fohlen durchzubringen: Du musst umgehend Fohlenmilch besorgen. Milchpulver, dass du selbst anrührst. In Lauingen gibt es ein Unternehmen, das solche Futtermittel herstellt.« Ich sah auf die Uhr. Es war inzwischen Mittag, kurz nach zwei Uhr und Freitag noch dazu. Ich rannte hinüber zum Bauern und bat ihn, telefonieren zu dürfen. Ich wusste, dass Martin Frühschicht gehabt hatte. Um diese Zeit konnte er bereits zu Hause sein. Atemlos beschrieb ich die Situation.

»Kannst du mich fahren? Ich bin viel zu nervös, um mich hinter irgendein Lenkrad zu setzen.«

»Bleib, wo du bist, ich bin in zehn Minuten da.«

Als ich zurückkam, packte der Tierarzt gerade seine Instrumente zusammen. Ich setzte mich ins Stroh, mit dem Rücken zur Wand, und bettete den Kopf des Fohlens in meinen Schoß. Die Wärme seines Atems drang durch den Stoff meiner Hose.

Ich glaube, es dauerte nicht einmal zehn Minuten, bis Martin den Stall betrat. Gleichwohl war mir die Zeit sehr lang vorgekommen.

»Fahren wir?«, fragte er. Er trug noch sein kariertes Hemd und die blaue Arbeitshose aus der Fabrik. Ich schob den Kopf des Fohlens von meinen Beinen. Vorne fiel ein weiteres Mal die Stalltür ins Schloss, Schritte schlurften über den Beton. Es war Paul. Er trug einen

Kittel, auch er schien direkt von der Arbeit zu kommen. Müde lehnte er sich in den Rahmen der Tür zur Box. Sein Gesicht sah blass aus, und es lag etwas Angespanntes, Lauerndes darin. Mit flackerndem Blick sah er erst zu Martin hinüber, dann zu dem Fohlen. So hatte ich Paul noch nie gesehen.

»Das verreckt euch«, stieß er knapp hervor. Dann drehte er sich um und lehnte sich mit herablassendem Blick an die gegenüberliegende Wand. Für einen Moment fühlte ich mich, als habe mich jemand von einem Zehn-Meter-Brett gestoßen, im freien Fall stürzte ich in die Tiefe. Dann stürzte ich auf Paul zu, packte ihn am Kragen seines Kittels und zerrte ihn aus dem Stall. Draußen schrie ich, wie ich noch nie in meinem Leben einen Menschen angeschrien hatte. Ich brüllte alle Anspannung, allen Schrecken und mein Entsetzen über die Rohheit eines Menschen, der mir – vermeintlich – nahe stand, hinaus. »Nimm dein Mofa und verschwinde! Lass dich nie wieder hier blicken!« Das Blut toste durch meinen Kopf, mein Herz klopfte. Ich rannte zurück in den Stall. Draußen hörte ich, wie Paul sein Mofa startete und davonfuhr.

Dann schaltete ich um. Das Wichtigste war jetzt, rechtzeitig nach Lauingen zu kommen.

Martin fuhr, als gäbe es keine Ampeln und keine Verkehrsregeln.

Zuerst hielten wir beim Haus seiner Eltern. Sie hatten, während Martin mich vom Stall abholte, mit der Futtermittelfirma telefoniert. Man wusste, dass wir unterwegs waren und versprach, uns Fohlenmilchpulver bereitzustellen. Bis 15 Uhr wäre jemand im Büro. Wir hatten noch etwa eine halbe Stunde Zeit. Bis Lauingen waren es rund fünfzig Kilometer, doch es gab keine Autobahn, wir mussten über die Dörfer fahren. Martins Mutter schob mir einen Zettel mit der Wegbeschreibung zu.

Mit heißen Reifen landeten wir zehn Minuten nach drei Uhr vor dem Haupttor. Der Pförtner erklärte mir den Weg zum Büro, wo eine Frau mit frischer Dauerwelle gerade den Gürtel ihres Trenchcoats zuzog. Auf dem Tisch standen zwei Pakete.

»Meine Güte, Sie haben ja einen Blick, als sei der Teufel hinter ihnen her«, sagte die Frau. Ein wenig kam ich mir tatsächlich so vor.

Mit dem Milchpulver fuhren wir zurück. Ich versuchte, während der Fahrt die Anleitung für das Anrühren zu lesen, doch jedes Mal, wenn ich drei Zeilen gelesen hatte, wurde mir schlecht. Ich gab es auf.

Rund zwanzig Stunden nachdem es auf die Welt gekommen war, bekam das Fohlen zum ersten Mal Nahrung. Doch damit war der junge Hengst noch nicht über den Berg.

Alle zwei Stunden musste er gefüttert werden. Jemand musste Fohlenmilch anrühren und ihm die Flasche geben. Wie selbstverständlich bot Martin an, zu bleiben und mir zu helfen. Erschöpft fuhr ich kurz darauf nach Hause. Seit ich am Vormittag den Tierarzt angerufen hatte, hatte ich nichts mehr von mir hören lassen. Die Großeltern machten sich sicher Sorgen. Als ich kam, saß Großvater in der Stube und schaute im Fernsehen ein Fußballspiel an. Großmutter hatte Schupfnudeln mit Sauerkraut bereitet. Dankbar ließ ich mich auf einen Stuhl sinken. Großvater, der im Flur Stimmen gehört hatte, erschien im Rahmen der Küchentür. Jetzt spürte ich, wie mir der Schreck in den Gliedern saß. Hastig erzählte ich, was geschehen war.

Nach dem Essen radelte ich mit einem Stapel Decken und Schlafsäcken zurück in den Stall, wo Martin gerade das Fohlen fütterte. Es hatte nicht mehr diesen flehentlichen Blick, doch es wirkte müde und matt. Ich nahm Martin die Nuckelflasche ab und reichte ihm eine Schale mit Schupfnudeln. Er löffelte sie im Stehen, an die Stallwand gelehnt.

Die kommende Nacht, den nächsten Tag, die darauf folgende Nacht und den gesamten Sonntag hielten wir Stallwache. Alle zwei Stunden fütterten abwechselnd entweder Martin oder ich das Fohlen mit der Babyflasche. Zwischendurch versuchten wir, auf einem provisorischen Lager ein wenig zu schlafen. Ich versorgte Rowdy, der in der Box nebenan stand, und brachte ihn hinaus auf die Koppel. Zum Reiten war ich zu müde. Irgendwann in der zweiten Nacht schlief ich so tief, dass ich nicht einmal mehr den Wecker hörte. Obwohl ich an der Reihe gewesen wäre, kroch Martin unter der Decke hervor und gab dem Fohlen die Flasche.

Zusätzlich mussten wir dem Neugeborenen Einläufe mit heißem Öl verabreichen, denn wenn ein Fohlen keine Muttermilch bekommt, löst sich das Fohlenpech nicht, und es kann seinen Darm nicht entleeren. Es war eine unappetitliche Angelegenheit. Doch Martin, der von Pferden keine Ahnung hatte, ließ sich nichts anmerken. Ab und zu dachte ich an Paul, versuchte mir vorzustellen, was geworden wäre, wenn Martin nicht gekommen wäre.

Das Fohlen überlebte.

Als der Tierarzt am Montagmorgen kam, war seine

Miene deutlich freundlicher. Der junge Hengst bekam den Namen Chico. Und Martin ... – nun, irgendwie schien alles ganz klar zu sein.

Martin Müller

Als sie fragte: »Hilfst du mir?«, da musste ich keine Sekunde lang überlegen. Und als der Tierarzt erklärte, wir müssten dem Fohlen das so genannte Fohlenpech aus dem Darm pulen, weil sich das nur von selbst löst, wenn das Neugeborene Muttermilch bekommt, da habe ich die langen Handschuhe übergezogen und mit angefasst. Ich bin daheim mit Tieren aufgewachsen, und wenn ein Tier in Not ist, muss man ihm helfen. So einfach ist das.

Jedem anderen, der mich um Hilfe gebeten hätte, hätte ich ebenfalls geholfen. Doch ich war nicht böse darum, dass es ausgerechnet Conny war, die mich anrief. Für mich war das ein Zeichen. Dass sie sich in so einem Moment an mich wandte, hieß doch, dass sie an mich dachte und mir vertraute.

Wir haben dann das ganze Wochenende im Stall verbracht. Als das Fohlen endlich über den Berg war, fielen wir uns erleichtert in die Arme. In der Zeit, die wir gemeinsam um das Neugeborene gezittert hatten, war etwas zwischen uns entstanden. Etwas war anders als vorher.

In der Nacht von Sonntag auf Montag stand mir schließlich die schlimmste Nachtschicht meines Lebens bevor. Zwei Tage und Nächte hatte ich praktisch nicht geschlafen. Ich war unendlich müde und schlief im Stehen an der Werkbank in der Weberei ein.

Ich wachte wieder auf, als ich mit dem Kopf auf den

Boden schlug. Zwei meiner Kollegen kamen sofort angelaufen. Ich habe dann erst mal eine Pause gemacht und sehr, sehr viel Kaffee getrunken. Danach ging ich zurück in meine Abteilung und sah wohl alle zehn Minuten auf die Uhr. Es kam mir vor wie eine Erlösung, als um sechs Uhr der Gong zum Schichtwechsel ertönte. Ich fuhr nach Hause und schlief bis zum späten Nachmittag. Danach fuhr ich wieder zu Conny in den Stall.

* * *

Von Paul hörte ich in den kommenden Wochen nichts. Erst drei Wochen später besuchte er mich.

»Wollen wir es nicht noch einmal versuchen?«, fragte er, nachdem er sich entschuldigt und lange nach den passenden Worten gesucht hatte. Dabei erinnerte mich sein Blick an den des Fohlens an jenem Morgen im Stall.

Doch die Entfremdung, die zuvor bereits begonnen hatte, hatte in Pauls Bemerkung im Stall ihren Höhepunkt gefunden. »Ich kann nicht mehr mit dir zusammen sein«, antwortete ich nach einer Weile. »Aber wir können Freunde bleiben. Wir waren lange Zeit zusammen, haben viel miteinander erlebt, viel Schönes auch.« Ich wollte nicht im Streit auseinander gehen. Ich fühle mich nicht wohl, wenn Unstimmigkeiten in der Luft hängen. Ich wollte verzeihen und Paul meine Freundschaft anbieten, denn das machte es auch mir möglich, innerlich einen Strich zu ziehen.

Kurze Zeit später ging Paul.

Martin und ich haben drei Jahre später geheiratet.

Martin Müller

Conny hatte mir ziemlich bald klipp und klar erklärt, ich müsse zwar nicht selbst reiten, aber ich müsse akzeptieren, dass sie reite. Also habe ich sie einfach begleitet, wenn sie in den Stall fuhr. Dass man sich Pferden mit Vorsicht nähern und sich als Reiter keinesfalls überschätzen sollte, lernte ich als Erstes.

Ich hatte schon ein- oder zweimal auf einem Pferd gesessen. Ich mochte Pferde, sie waren groß und schön und interessierten mich irgendwie. Eines Nachmittags lehnte ich am Zaun der Koppel und sah Conny beim Reiten zu. Sie hatte damals ein Pferd namens Rowdy. Irgendwann stoppte sie, saß ab und bat mich, Rowdy einen Moment lang zu halten. »Ich muss schnell etwas aus dem Stall holen«, sagte sie, drückte mir die Zügel in die Hand und verschwand.

Also führte ich das Pferd eine Weile auf der Weide herum. Bis ich dachte: Blödmann, setz dich doch mal drauf, anstatt bloß nebenher zu laufen. Wie man aufsitzt, hatte ich gesehen. Es war auch gar nicht schwierig, schwuppdiwupp saß ich oben im Sattel. Jetzt mal los, dachte ich. Das Pferd seinerseits dachte auch, es dachte: Oh, da sitzt jemand, der von Tuten und Blasen keine Ahnung hat. Die Gelegenheit nutze ich. Und setzte sich in Bewegung.

Rowdy lief schnurstracks auf den Stall zu, dorthin, wo Conny verschwunden war, und er ließ sich durch nichts bewegen, stehen zu bleiben. Ich hatte auch nicht die leiseste Ahnung, was man tun musste, um ein Pferd zum Stehen zu bringen. Es wurde brenzlig. Rowdy war groß, er maß vom Boden bis zur Schulter einen Meter siebzig. Plus Sattel. Plus Reiter. Die Stalltür war eher niedrig. Und das Pferd steuerte unverändert auf diese Tür zu.

Ich sah es kommen.

Mir blieb gerade noch Zeit, den Kopf einzuziehen. Mit dem Rücken schrubbte ich unter dem Türrahmen hindurch. Das Pferd blieb stehen, als es Conny entdeckte. Die wiederum schaute mich erstaunt an. »Was soll der Blödsinn?«, fragte sie unverblümt. Ich sagte nichts, ich erholte mich noch von meinem Schrecken.

Anschließend brachte Conny mir das Reiten bei.

Bald hatten wir also ein gemeinsames Hobby. Mit dem Unterschied, dass Conny es wesentlich intensiver betrieb. Manchmal, wenn am Wochenende die Sonne schien und ich gern mit ihr baden gegangen wäre, fuhr sie in den Stall. Wenn meine Clique nach München zum Oktoberfest fuhr, fuhr Conny in den Stall. Wenn es am Wochenende regnete und kalt und ungemütlich war, sodass man sich am liebsten unter die Bettdecke kuscheln wollte, stand sie auf und fuhr in den Stall.

»Musst du schon wieder zum Pferd? Können wir nicht was anderes unternehmen?«, fragte ich. »Einmal?«

Die Antwort kam prompt. »Du musst nicht mitreiten, aber du musst akzeptieren, dass ich reite.« Ich akzeptierte es. Sie hatte es mir ja gesagt. Alle weiteren Überredungversuche wären ohnehin ins Leere gelaufen, sie war sehr konsequent. Und ich mochte Conny. Meine Zuneigung war so groß, dass ich nicht sagen wollte: Dann geh du reiten, und ich geh meine Wege.

Ich fuhr mit ihr in den Stall.

Bald kauften wir ein zweites Pferd, Pünktchen, eine Schimmelstute, und ritten gemeinsam. Wir hatten viel

Spaß. Wir unternahmen Wanderritte über mehrere Tage. Oder ritten mitten in der Nacht zu Lars und besuchten ihn auf ein Glas Bier.

* * *

Onkel Karl sah immer noch mit Skepsis zu, wenn ich mit Rowdy Dressurfiguren übte, wenn ich seine Gelenke bandagierte und die Mähne zu ordentlichen Rosetten flocht. Immer wieder ließ er Spitzen fallen, nannte meine Art zu reiten affektiert und forderte mich auf, endlich einmal »richtig« zu reiten. Obwohl ich Rowdy umsonst in dem Stall unterstellen konnte, den Onkel Karl gepachtet hatte, war unser Verhältnis nicht das beste.

Eines Nachmittags begegneten wir einander im Gelände. Onkel Karl kam mir auf Cherry entgegen. »Reitest du mit hinüber zum Herrenforst?«, fragte er, als unsere Pferde auf gleicher Höhe waren.

»Einverstanden.«

Eine Weile ritten wir nebeneinander her, ohne dass einer von uns etwas gesagt hätte. Onkel Karl saß schaukelnd in seinem Westernsattel, die Zügel hielt er mit einer Hand. Ich ritt ohne Sattel und hatte nur eine Decke über Rowdys Rücken gebreitet. Vor uns lag das Donautal, grau-gelbes Licht, und nasse Wolken hingen über den Wiesen.

»Lass uns ein Stück galoppieren«, rief Onkel Karl und schlug Cherry die Sporen in den Bauch. Ich gab eine Parade, schob den äußeren Schenkel eine Handbreit zurück, drückte beide Beine gegen Rowdys Bauch. Rowdy jagte ihnen hinterher. Als der Weg sich gabelte, bremste Cherry. Unvermittelt stemmte sie ihre Hufe in den Boden. Onkel Karl flog über ihren Hals, er überschlug sich beinahe. Die Zigaretten, die in seiner Brusttasche gesteckt hatten, wirbelten durch die Luft, das Feuerzeug landete mit einem schmatzenden Geräusch in einer Pfütze. Onkel Karl lag am Boden wie eine Witzfigur, sein Hemd voller Matsch, der Cowboyhut zerknautscht. Ich machte mir beinahe in die Hosen, so komisch war das Bild.

Onkel Karl richtete sich auf. »Verfluchter Gaul!«, schimpfte er. »Was ist bloß in dich gefahren?«

Ich biss mir auf die Lippen. Mein Bauch zuckte, und ich konnte das Lachen kaum unterdrücken. Onkel Karl starrte mich wütend an. Dann wurde ihm das unfreiwillig Komische der Situation wohl auch bewusst, und er verzog den Mund zu einem Lachen, doch es klang verletzt und rau. Mit ungehaltenen Bewegungen wischte er den Dreck von seiner Hose und beulte den Hut aus. Cherry stand noch immer an der Stelle, an der sie abrupt gebremst hatte, den Kopf erhoben, der Blick unschuldig. Mit ausholenden Schritten marschierte Onkel Karl auf das Pferd zu, zog an den Zügeln und stieß einen kurzen, halblauten Fluch zwischen den Zähnen hervor. Dann saß er auf. »Weiter?«, fragte er knapp.

Ich nickte. Wir ritten den nassen Weg entlang in Richtung Donau. Die Pferde trabten nebeneinanderher. Onkel Karl schnaufte. Er hielt dicht auf mich zu. Im nächsten Moment schnellte sein Arm herüber und gab mir einen Stoß. Ich drückte meine Beine gegen Rowdys Bauch, schwankte kurz mit dem Oberkörper nach rechts und fand im nächsten Augenblick mein Gleichgewicht zurück.

»Hey ...!«

»Alle Wetter«, sagte Onkel Karl, und in seinem Gesicht lag echtes Erstaunen. »Das hätte ich nicht gedacht.«

»Was soll das, was ist los mit dir. Bist du so sauer, dass ich gelacht habe über deinen Kunstflug?«

»Ja. Bin ich. Und ich muss sagen, ich hätte nicht gedacht, dass du dich im Sattel hältst.« Er musterte mich. »Immerhin hast du ja nicht mal einen.«

»Eben, Onkel. Und weil ich nicht wie in einem Schaukelstuhl auf meinem Pferd sitze, kann ich mich auch gut darauf halten.«

Von dem Tag an hat Onkel Karl meine Art zu reiten nicht mehr kritisiert.

Man hatte mir versprochen, sobald eine Stelle in der EDV-Abteilung frei würde, bekäme ich sie. Nach sieben Monaten bekam eine Kollegin im Verkauf ein Kind, und die Mitarbeiterin aus der Datenverarbeitung übernahm ihren Posten. Die Stelle, die ich anstrebte, war vakant. Doch was mir bislang Sympathien eingetragen hatte, geriet mir nun zum Nachteil. »Sie sind so freundlich zu den Kunden. Ich wäre dumm, wenn ich Sie von der Rezeption wegholen würde«, sagte mein Chef.

Ich kündigte und bewarb mich bei einer Firma, die Jalousien herstellte. Wenig später fand ich bei einem Schwertransportunternehmen in der nahe gelegenen Kreisstadt meinen Traumjob. Das Unternehmen expandierte, und die Buchhaltung, die bislang der Steuerberater des Hauses mit erledigt hatte, sollte nun zu einer eigenständigen Abteilung ausgebaut werden. Die Firmenleitung suchte jemanden, der diese Abteilung aufbaute. Ich bekam den Job sofort, und in den kommenden

Monaten fuhr ich oft morgens eine Stunde eher ins Büro und nahm abends Arbeit mit nach Hause, so voller Eifer stürzte ich mich in die neue Herausforderung. Ab und zu wurde ich ohnmächtig, doch ich schob das auf die frühen Morgenstunden.

Martin war, nachdem wir schon eine Weile als Paar lebten, mit in mein Mädchenzimmer bei den Großeltern eingezogen. Oma und Opa hatten ihn von Anfang an gemocht, sie schätzten seine Freundlichkeit, seine Hilfsbereitschaft und dass er sich zu benehmen wusste. Martin half beim Tapezieren, als Oma und Opa renovierten. Er ging ihnen zur Hand, wann immer etwas repariert werden musste. Großmutter ließ nie etwas auf Martin kommen. Nur als er das allererste Mal bei mir übernachten wollte, hatte Oma erklärt: »Ich geh schnell und richte das Nähzimmer auf dem Dachboden her.« Ich hatte sie angeschaut, wortlos. Großmutter sah nicht glücklich aus, verlor aber kein Wort mehr darüber. Eine Weile später gehörte Martin mit zum Haushalt.

Doch fünfzehn Quadratmeter zwischen Bett und Schreibtisch, zwischen Pferdepostern und Lesewettbewerbsurkunde waren auf Dauer ein bisschen eng, und so zogen wir nach Riedheim, in ein Haus, das gemeinsam mit zwanzig weiteren ursprünglich als Ferienanlage konzipiert und gebaut worden war. Die Häuser lagen am Rand eines Waldes, direkt an einem See, idyllisch, abgeschieden und ruhig. Nach und nach hatten sich mehrere Hausbesitzer entschieden, ihren Besitz das gesamte Jahr über zu bewohnen oder zu vermieten. Es gab einen Tennisplatz, eine Sauna mit Solarium und ein Klubzimmer mit einem Billardtisch, in dem man immer ein paar Nachbarn traf.

Kaum umgezogen, schafften wir uns als Erstes einen Hund an, Dennis, ein Mischling: ein bisschen Husky, ein bisschen Schäferhund, die Zeichnung vom Rottweiler. Einen Hund hatten Martin und ich uns beide gewünscht, und Dennis war eine Seele. Außerdem besaßen wir zwei Pferde – Rostock, ein bayerisches Warmblut, das wir gekauft hatten, weil Rowdy zwar ein Freizeit-, aber kein Turnierpferd war. Und Petite Fleur, Martins neues Pferd. Wir waren häufig im Stall, fuhren an den Wochenenden zu Turnieren und unternahmen viel mit unseren zahlreichen Freunden. Wir verreisten nach Kuba, nach Mexiko und Sri Lanka, in die Dominikanische Republik.

Selbst im Kontakt zu meiner Mutter und meinem Stiefvater begann eine Zeit des Friedens. Man einigte sich stillschweigend darauf, bestimmte Themen zu meiden. Ich finde, innerhalb einer Familie sollte es zwar nicht nötig sein, derartig herumzulavieren; doch streite ich auch nicht gern. Mutter und ihr Mann mochten Martin, und am Ende, dachte ich, ist sie eben doch meine Mutter. So nutzten wir die Gunst der Stunde und bemühten uns um einen regelmäßigeren Kontakt. Zu unserer Hochzeit, einem rauschenden Fest, bei dem unsere Reiterfreunde Spalier standen und Hafer – statt Reis – warfen, waren Mutter und ihr Mann mit ihren vier Kindern gekommen, und während des ganzen Festes hatte ich meinen Stiefvater nicht einmal meckern hören.

Martins Eltern hatten mich ausgesprochen herzlich in ihrer Familie aufgenommen. Seine Mutter war eine warmherzige, offene Frau, die es einem leicht machte, sie zu mögen. Sein Vater war ein reservierter und sehr korrekter Mensch. Er arbeitete bei einer Bank, und so akkurat wie er täglich Zahlen addierte und Kredite prüfte, war er auch privat. Er pflegte zwei Hobbys, beide mit Leidenschaft: er wusch und wienerte sein Auto, und er putzte gern Schuhe. Martins Vater hielt bestimmte Werte hoch, Ordnung gehörte dazu. Außerdem freute ihn, dass ich katholisch war. Nur einer von Martins beiden Brüdern hatte eine Frau geheiratet, die derselben Konfession angehörte wie die Familie Müller.

Als ich Martins Eltern zum ersten Mal besuchte, wenn man einmal von der allerersten und aufgeregten Begegnung in der Nacht nach der Fohlengeburt absieht, parkte ich meinen Scirocco auf dem Hof vor dem Haus. Ein Stück entfernt war Herr Müller gerade dabei, sein Auto zu waschen. Mit einer Bürste schrubbte er tote Fliegen vom Kühlergrill. Wir begrüßten uns, und mit einem Blick über meine Schulter sagte Herr Müller: »Dein Wagen klebt voller Insekten. Soll ich Bürste und Eimer stehen lassen, wenn ich fertig bin?«

Ich gebe zu, ich war ein wenig überrascht, so direkt auf Kfz-pflegerische Unzulänglichkeiten hingewiesen zu werden, reagierte aber diplomatisch und sagte: »Das wäre sehr nett.«

Als ich kurze Zeit später aus dem Haus kam, um eine Zeitschrift aus dem Auto zu holen, kniete Martins Vater vor dem Spoiler meines Sciroccos und kratzte tote Insekten aus den Rillen. Als ich wieder in die Küche kam und Martin davon erzählte, stellte seine Mutter ein Kännchen mit Kondensmilch auf den Tisch und sah mich an. »Du hast bei meinem Mann einen Stein im Brett«, sagte sie.

Das Leben floss dahin wie einst in der Kinderzeit. Wir waren glücklich und freuten uns über jeden Tag.

6

Ich fuhr früh los. Die Straßen waren leer, das Dorf wachte gerade erst auf. An der Baustelle am Ortseingang brannten noch die Warnlampen von der Nacht, der Bagger stand am Straßenrand wie ein totes Tier. Ich fuhr langsam, denn auf der Straße lag Rollsplitt.

Im Büro hing kalter Rauch. Die meisten meiner Kollegen waren Raucher. Die schlechte Luft schlug mir auf den Magen. Ich schob meine Handtasche in den Seitenschrank des Schreibtischs, schaltete den Computer an und gab das Passwort ein. Neben dem Bildschirm lagen die Unterlagen für die neue Software, die die Monatsendabrechnungen vereinfachen sollte. Solange es ruhig war im Büro, konnte ich mich gut auf solche komplexen Dinge konzentrieren. Wenn erst meine Kollegen kamen und die Hektik des Alltags begann, war daran nicht mehr zu denken.

Ich stand auf und ging hinüber zum Fenster, um zu lüften. Im nächsten Moment fiel ich um.

Etwa eine Viertelstunde, vielleicht auch länger, lag ich am Boden, zusammengesunken. Dann betrat unser Disponent, Herr Huber, das Büro.

Das Erste, woran ich mich erinnere, ist ein fernes Schütteln. Ein dumpfer Schlag auf die Wange. Ich kam zu mir, sah unscharf, wie in einem Rausch, das Gesicht meines Kollegen. Sein Mund bewegte sich. In meinen

Ohren, in meinem Kopf blieb alles ganz still. Herr Huber gestikulierte. Mir war übel. Ich schloss die Augen.

Ich spürte, wie ich hochgehoben wurde. Herr Huber trug mich eine Treppe hinunter. Draußen, endlich, frische Luft, ich atmete durch. Vorsichtig bugsierte Herr Huber mich auf den Beifahrersitz seines Autos.

»Geht es so?« Ich nickte.

Er setzte sich ans Steuer, ließ den Motor an, bog vom Hof auf die Hauptstraße. Ich sah die bekannten Häuser, die gelb-blauen Reklameschilder der Tankstelle, die Molkerei gegenüber. Alles lag da, wie in Watte gepackt. Die Menschen bewegten sich langsam, und die Geräusche waren gedämpft, als hinge eine dicke wollene Decke über den Dingen.

Dr. Stadlhuber fühlte meinen Puls, legte seine Hand auf meine Stirn, maß den Blutdruck. Mit dem Stethoskop hörte er die Brust ab. Ich lag auf dem Behandlungstisch, registrierte mechanisch, was geschah. »Ich möchte, dass Sie gründlich untersucht werden. Im Krankenhaus.« Wie nasse Würmer krochen seine Worte in meine Ohren, dick und zäh. Ich nickte.

Wieder saß ich auf dem Beifahrersitz, den Kopf gegen die Scheibe gelehnt. Draußen schlichen Wiesen vorbei und Zaunpfähle, wie Schnecken in einer langen Spur. Alles geschah unendlich langsam.

In der Aufnahme der örtlichen Klinik saß eine Schwester und telefonierte. Eine ältere Frau in einem Mantel stützte sich auf den Empfangstresen. Auf den Stühlen an der Wand saßen Leute, ein großer bulliger Kerl lehnte an der Wand neben einer Glastür, auf der in schwarzen Lettern »Neurologie« stand. Alles war still. Eine Szenerie wie in einem Film, in dem jemand den Ton abgestellt hat.

Die Schwester legte den Telefonhörer beiseite, schrieb etwas auf einen Zettel und schob ihn der alten Frau hin. Dann zog sie ein Formular aus einer Schublade. Ihre Lippen bewegten sich, langsam wie alles in dieser seltsamen Welt. Sie sah mich an. Sie wandte sich an Herrn Huber. Von fern hörte ich Herrn Huber sagen: »Müller. Ihr Name ist Cornelia Müller.« Er sah mich an. Und lächelte.

Später legte man mich in ein Bett auf dem Flur. Reglos lag ich zwischen den Welten und wartete. Beinahe gefühllos.

Irgendwann beugte sich eine Ärztin über mich. »Haben Sie verstanden?«, fragte sie. Ich schüttelte den Kopf.

»Ich habe gesagt, ich werde Sie jetzt in den Rollstuhl hier setzen und zur Untersuchung fahren. Wir müssen Sie untersuchen!« Ich nickte. Ihre Worte klangen wie unter Wasser.

Die Ärztin hievte mich aus dem Bett. Ich half nach Kräften, doch jede Bewegung war mühsam. Als ich saß, löste die Ärztin, eine ältere Frau mit vielen Falten und Grübchen, die Bremsen des Rollstuhls. Sie schob mich den Gang hinunter. Gläserne Türen öffneten sich, vollkommen automatisch. Vor einer blauen Tür mit der Aufschrift »Behandlung 1« blieben wir stehen. Die Ärztin griff nach der Türklinke und stieß die Tür auf. Drinnen standen eine Liege, ein kleiner Schrank, an dessen Seiten die Emaille abgesplittert war, ein Hocker. Es war nüchtern, spartanisch. Die Ärztin kontrollierte meinen Puls, maß den Blutdruck, hörte Brust und Rücken ab.

»Wie ist es geschehen? Erinnern Sie sich daran, wie Sie ohnmächtig wurden?« Ich schüttelte den Kopf. So gut ich die paar Versatzstücke zusammenbekam, erzählte ich, was geschehen war. Es schien sehr lange zu dauern.

Doch machte die Ärztin keinen ungeduldigen oder ungehaltenen Eindruck. Im Gegenteil, sie war sehr freundlich.

»Ich möchte Ihre Reflexe testen.« Sie nahm einen kleinen, chromglänzenden Hammer aus dem Emailleschrank. Eine Schwester klopfte, trat ein und reichte der Ärztin einen Umschlag. »Danke«, sagte diese. Die Schwester zog die Tür hinter sich zu. Mit dem Hammer klopfte die Ärztin meine Arme ab, hämmerte leicht gegen die Ellenbogen, an den Beinen entlang, gegen die Knie, die Füße. Der Umschlag lag auf einem Hocker. Jemand hatte in krakeliger Handschrift einen Namen darauf geschrieben. Quer über die Seite prangte, schwarz und fett, das Wort »Vertraulich«.

»Wir sind fertig.« Die Ärztin sah mich an. »Hören Sie mich?« Ich nickte.

»Ich bringe Sie zurück auf die Station. Später werden wir noch einen Bluttest machen. Und ich werde eine Computertomografie anordnen. Das dauert allerdings ein wenig, bis wir da einen Termin finden.«

Sie schob mich den Flur entlang zurück auf die Station.

Ich lag im Bett auf dem Gang und wartete. Ringsherum liefen Leute, den Gang hinab, den Gang hinauf, Patienten, Schwestern, Ärzte, wehende Kittel. Ich sah alles wie in Zeitlupe. Noch immer hatte ich das Gefühl, als sei meinem Film der Ton abgestellt worden. Ich lag einfach da und wartete.

Irgendwann kam ein Pfleger und half mir in den Rollstuhl. Er schob mich zum Fahrstuhl, wir fuhren hinab in den Keller. Vor einer Tür mit der Aufschrift »CT« stellte er mich ab. Niemand war zu sehen. Niemand nahm Notiz von mir. Zum ersten Mal drängte sich ein Gefühl durch diese Nebelwand. Ich fühlte mich abgestellt. Abgestellt, wie ein Stück Lebendfleisch, fertig zur weiteren Verarbeitung. Was war mit mir geschehen?

Es war die Ärztin, die irgendwann die Tür öffnete und mich in einen abgedunkelten Raum hineinschob. In seiner Mitte stand eine große stahlgraue Röhre. In der Wand hinter der Röhre war ein kleines Fenster eingelassen. In dem angrenzenden Raum brannte helles Neonlicht.

»Sie brauchen keine Angst zu haben«, sagte die Ärztin und schob den Rollstuhl direkt neben eine Liege, die aus der Röhre herausragte. »Die Untersuchung tut nicht weh.«

»Hm.« Ich fand die Röhre bedrohlich. Ich versuchte, mich von ihrer Größe und der kalten Atmosphäre in diesem Raum nicht beängstigen zu lassen.

»Der Computertomograf wird ein Röntgenbild Ihres Gehirns erstellen. Davon erhoffen wir uns weitere Erkenntnisse.« Die Ärztin half mir aus dem Rollstuhl. Unter meiner Haut spürte ich das kühle Metall. Als ich lag, beugte die Ärztin sich über mich. »Leiden Sie unter Platzangst?«, fragte sie. Ich schüttelte den Kopf.

»Es ist ein bisschen eng in der Röhre«, sagte die Ärztin.

»Sie werden mich ja nicht den Rest des Tages darin stecken lassen.« Sie lächelte.

»Nein. Aber ich möchte, dass Sie keine Angst haben und sich sicher fühlen. Zumal ich Ihren Kopf in dieses Gestell legen werde.« Sie deutete auf ein Metallgestell am Kopfende der Liege. »Es ist wichtig, dass Sie ganz still halten. Nur dann bekommen wir aussagekräftige Aufnahmen.« Ich nickte. »Drinnen sind Sie über eine

Sprechanlage mit mir verbunden. Sie können jederzeit etwas sagen, ich höre Sie.

»Hm.«

»Ich könnte Ihnen auch eine Beruhigungsspritze geben.«

»Nein, es ist schon in Ordnung.«

»Gut.«

Langsam setzte sich die Liege in Bewegung. Mit einem leisen gleichmäßigen Geräusch glitt sie in die Röhre hinein.

Drinnen war es dunkel. Die Metallwand war nur ein paar Zentimeter von meinem Gesicht entfernt. Ich spürte meinen eigenen Atem. Ein Käfig, ein Sarg. Ich schloss die Augen.

Ich dachte an Rostock. Wie ging es ihm wohl? Und Martin – wo war er? Ob Großmutter daran denken würde, mir Seife mitzubringen?

Nach einer unendlich langen Zeit sagte eine Stimme: »Die Untersuchung ist beendet. Ich werde die Liege nun wieder aus der Röhre herausfahren.«

Erleichtert öffnete ich die Augen.

Die Ärztin brachte mich zurück auf die Station. Wieder lag ich im Bett auf dem Flur. Eine Schwester kam und sagte, wenn ich etwas bräuchte, solle ich rufen. Ich nickte. Ich lag da und wartete. Allmählich lösten sich Geräusche aus dem dumpfen Einerlei, drangen wieder näher. Schritte, Stimmen, vereinzelt ein Lachen. Der Nebel begann sich zu lichten. Zum ersten Mal registrierte ich, dass ich kein Gefühl in den Beinen hatte. Unterhalb des Knies waren beide Beine taub. Mein Verstand erfasste, wo ich war. Ich wusste, was geschehen war. Doch ich begriff nichts.

Ich versuchte, ruhig zu bleiben. Nur nicht panisch werden.

Es mussten Stunden vergangen sein, als mein Chef neben dem Bett stand, lächelnd. Er hielt meine Umhängetasche in seinen Händen, ein fremder Gegenstand, mit dem er nichts anzufangen wusste. Schließlich stellte er sie ans Fußende des Bettes.

»Wie geht es Ihnen?«, fragte er.

»Es geht.«

»Wieder eine von Ihren Ohnmachten? Die kommen ja langsam regelmäßig ...«

»Wird schon wieder.« Ich bat ihn, Martin anzurufen.

Ich starrte auf einen Fleck an der Wand, als eine Stimme sagte: »Ich nehme Ihnen jetzt Blut ab.«

»Oh nein ...« Im Nu war sie da, die alte Angst.

»Doch. Das muss sein. Haben Sie Angst vor Spritzen?« Die Schwester trug einen Knoten wie eine Ballerina und hielt eine silberne Schale in den Händen.

»Ja.«

»Ich werde ganz vorsichtig sein«, sagte sie, stellte die Schale auf meine Bettdecke und zog einen Gurt aus der Tasche ihres Kittels.

»Geht es nicht ohne?«

»Tut mir Leid. Frau Doktor hat einen Bluttest angeordnet. Ihre Werte müssen analysiert werden.« Ich zwang mich zur Ruhe. Atmete tief. Ich würde ganz still bleiben und es über mich ergehen lassen.

Ein einziges Mal in meinem Leben war ich im Krankenhaus gewesen. Im Kindergarten hatten wir Vater-Mutter-Kind gespielt und aus den Schoten eines Goldregenstrauchs ein Mittagessen bereitet. Die Erbsen in den schmalen Schoten schmeckten süß. Mein Cousin hatte eine Hand voll in seine Hosentaschen gesteckt. Als seine Mutter sie später entdeckte, brachte man uns mit Blaulicht ins Krankenhaus. Zum Magenauspumpen war es zu spät. Ich bekam Abführtee und viele, viele Spritzen. Ich musste übers Wochenende in der Klinik bleiben, und immer wieder kam eine Schwester mit einem neuen Spritzenbesteck. Ich heulte, mein Arm lief blau an, es tat weh. Gleichzeitig zeigte der Tee Wirkung. Manchmal kam ich nicht mehr schnell genug auf die Toilette und machte ins Bett. Die Schwestern bezogen das Bett neu und schimpften.

Wieder zu Hause war ich blass und schwach und konnte kaum laufen. Wann immer ich später eine Spritze sah, wurde mir flau, und ich bekam feuchte Hände.

Die Schwester löste den Gurt und klebte ein Pflaster auf die Einstichstelle. »Fertig! War doch nicht schlimm, oder?«

Ich nickte.

Als Martin kam, witzelte er: »Endlich hat dich ein mutiger Mensch ins Krankenhaus verfrachtet. Auf den eigenen Mann hörst du ja nicht, wenn er dir sagt, du sollst deine Kreislaufprobleme untersuchen lassen.«

Ich war unendlich froh, sein vertrautes Gesicht zu sehen.

Martin Müller

Ich war sehr spät eingezogen worden; gerade als ich dachte, ich müsste nicht mehr hin, kam das Schreiben von der Bundeswehr. Die ersten drei Monate der Grundausbildung verbrachte ich in Murnau, dann wurde ich in eine Kaserne bei uns in der Nähe versetzt. Zu meinem dortigen Spieß hatte ich ein gutes Verhältnis. Er wusste, dass er sich jederzeit auf mich verlassen konnte, und dass ich, wenn Not am Mann war, ohne ein Wort Überstunden machte. Im Gegenzug genoss ich einige Freiheiten. Als ihr Chef in der Kaserne anrief und sagte, Conny sei ohnmächtig geworden, dachte ich, es sei wieder eine ihrer Kreislaufschwächen. Trotzdem sprach ich mit meinem Vorgesetzten und fuhr sofort ins Krankenhaus. Mit einem munteren Spruch auf den Lippen betrat ich die Station. Als ich Conny dort auf dem Gang liegen sah, blieben mir meine Späße im Halse stecken. Sie sah schlecht aus, sehr schlecht. Sie war ungeheuer blass.

Ich versuchte, ruhig zu bleiben, die Fassung zu bewahren und einen klaren Kopf. Fragte, wie es ihr ginge, und ob die Ärzte sie schon untersucht hätten? Conny nickte. Ob die Ärzte schon eine Diagnose gestellt hätten? Conny schüttelte den Kopf. Dann sagte sie: »Ich spüre meine Beine nicht.« Mir lief es siedend heiß den Rücken hinunter.

Conny weinte, und ich versuchte, sie zu trösten. Dabei jagten mir tausend Fragen durch den Kopf, alle auf einmal: Was ist das, was muss man machen, warum sagen die Ärzte nichts, was machen die hier mit ihr, wird sie wieder gesund? Am meisten regte mich auf, dass man sie einfach auf dem Flur hatte liegen lassen.

* * *

Bis Martin kam, hatte ich durchgehalten. Nun fiel ich in ein Loch. Ich lag in einem Bett auf dem Stationsflur,

Leute gingen vorüber, manche achtlos, manche schauten neugierig. Ich weinte. »Was ist bloß los? Warum spüre ich meine Beine nicht mehr?«

»Sie werden es herausfinden.« Martin wischte mir mit einem Taschentuch über die Wangen.

»Es muss etwas Schlimmes sein, wenn sie all diese Untersuchungen machen. Die Computertomografie und so.«

»Sie untersuchen dich eben gründlich. Das ist doch nur gut.«

»Was kann es sein?«

»Ich weiß es auch nicht.« Martin zog die Schultern hoch.

»Mir fallen lauter schlimme Krankheiten ein.«

»Mmhh. Mir auch.« Er sah aus wie ein verletztes Tier.

»Ich ...« Das Wort war gefährlich, wie glühend heißes Eisen lag es da, ließ sich nicht beiseite wischen, nicht ignorieren. Ich zögerte. Dann sprach ich es aus. »Krebs?«

Martin zuckte mit den Schultern. Und schwieg.

Ich putzte mir die Nase. Ich musste ruhig und vernünftig bleiben. »Das ist alles völlig hypothetisch«, sagte ich, und irgendwie klang meine Stimme sogar einigermaßen entschlossen. »Noch steht gar nichts fest.« Was nützte es, wenn ich mich verrückt machte, solange ich nichts Genaues wusste?

Kurze Zeit später bekam ich ein Zimmer. Es war ein Zweibettzimmer, in dem anderen Bett lag eine dicke türkische Frau. Martin half der Schwester, mein Bett hineinzuschieben. Zu zweit bugsierten sie mich neben das Fenster. Die Schwester fixierte die Bremsen. Ich hätte viel für ein bisschen Privatheit gegeben. Es war mir unangenehm, dass nicht einmal einen Meter entfernt ein fremder Mensch unseren Gesprächen zuhörte.

Martin schob ein zweites Kissen unter meinen Kopf, sodass ich in den Garten hinaussehen konnte. Im Schatten der alten Bäume blühten Rosen. Eine Frau in einem hellblauen Bademantel schlurfte, auf eine Gehhilfe gestützt, über einen rot gepflasterten Weg.

»Als ich auf dem Flur lag, habe ich gar nicht realisiert, dass ich meine Beine nicht mehr spüre. Selbst als die Ärztin die Reflexe getestet hat, habe ich zwar gesehen, dass meine Beine und Füße kaum auf die Schläge reagiert haben, ganz anders als die Arme. Aber ich habe einfach nicht erfasst, was das bedeutet! Ich saß da, sah zu, dachte: Seltsam – aber es war, als würde ich jemand anderem zusehen. Das Ganze war unwirklich. Irgendwie nicht real.«

»Du hattest einen Schock. Das ist normal.« Martin saß auf einem Hocker neben dem Bett.

»Ich dachte, das vergeht gleich wieder. Aber irgendetwas stimmt doch nicht ...« Ich flüsterte und hoffte, die türkische Frau würde nicht verstehen, worüber wir redeten.

Die Tür ging auf, die Ärztin kam herein.

»Wie geht es Ihnen?«

»Besser«, antwortete ich. Die Ärztin begrüßte Martin, wechselte ein paar Worte mit der Türkin und setzte sich dann auf den Rand meines Bettes.

»Wir haben die ersten Ergebnisse aus dem Labor bekommen. Die Auswertung der Computertomografie deutet auf die Möglichkeit einer Entzündung hin. Genaueres lässt sich zum jetzigen Zeitpunkt noch nicht sagen. Wir werden morgen eine Lumbalpunktion vornehmen, dann wissen wir mehr.«

»Eine Lumbal...?«

»Eine Lumbalpunktion. Eine Routineuntersuchung. Man sticht mit einer Nadel in die Lendenwirbel und zieht etwas Nervenwasser heraus.« Sie sah mich an. »Das klingt schlimmer, als es ist. Der Einstich erfolgt unterhalb des Rückenmarkkanals, daher ist die LP weder gefährlich noch schmerzhaft. Mit einer Rückenmarkpunktion oder etwas Ähnlichem hat das nichts zu tun. Die Lumbalpunktion tut auch nicht weh. Sie spüren den Einstich, ein kurzes Pieken, das ist alles. Manchmal klagen Patienten anschließend über Kopfschmerzen. Solche Beschwerden treten aber recht selten auf.«

»Können Nerven verletzt werden?«, fragte Martin.

»Nein. In der Lendenwirbelsäule verlaufen nur noch einige wenige Nervenwurzeln.« Ich sah der Ärztin ins Gesicht. Es war ein Gesicht, das das Alter schön gemacht hatte.

»Versuchen Sie, sich nicht allzu viele Sorgen zu machen«, beschwor sie mich. »Ich weiß, so etwas sagt sich leicht. Aber ich meine das überhaupt nicht leichtfertig. Schauen Sie, ich habe hier jeden Tag mit kranken Menschen zu tun, und ich erlebe immer wieder, dass es nicht immer so schlimm kommen muss, wie man im ersten Moment denkt.« Sie strich mit einer flüchtigen Bewegung über meine Hand. Ihre Wärme tat mir wohl. »Im Augenblick können wir leider nichts tun, als die weiteren Untersuchungen abzuwarten.«

Als die Ärztin sich verabschiedete, gab sie Martin die Hand und nickte der türkischen Patientin zu. »Wir sehen uns morgen«, sagte sie. »Ich werde die Lumbalpunktion selbst durchführen. Vielleicht beruhigt es Sie, das zu wissen.« Das tat es. Wenn ich nicht einmal wusste, was mit mir los war, wollte ich mich zumindest in Hände begeben können, denen ich vertraute.

»Martin?« Er starrte gedankenverloren auf die Tür, durch die die Ärztin soeben verschwunden war. »Martin?« Er zuckte und wandte sich mir zu.

»Egal, was es ist – wir werden damit leben müssen.« Martin sah mich an. Seine Stimme hatte etwas Kratziges, als säßen Dornen in seinem Hals. Er war blass.

Ich schluckte.

Eine Weile sagte niemand etwas. Dann räusperte ich mich. »Martin, ich muss mal auf die Toilette.«

»Wo ist denn eine?« Seine Stimme klang wieder, wie ich sie kannte.

»Irgendwo auf dem Flur wird sicher eine Toilette sein.« Martins Blick wanderte erst zu dem Rollstuhl, dann zu mir.

»Ich trage dich hin.« Er schob die Bettdecke beiseite, legte einen Arm unter meine Beine und umfasste die Knie. Mit der anderen Hand fasste er unter meiner Schulter hindurch. »Fertig?« Ich nickte, und Martin hob mich aus dem Bett.

Auf dem Flur war niemand zu sehen. Martin sah mich an. »Links oder rechts?«, fragte er.

»Links«, antwortete ich. Ich schmiegte meinen Kopf an seine Schulter. Es war ein Spiel, dass wir immer spielten, wenn wir mit dem Auto an einem Bahnübergang halten mussten. Jeder riet, aus welcher Richtung der Zug wohl käme. Links oder rechts – wer die Wette gewann, brauchte einen Tag lang nicht abzuwaschen.

An einer Tür am Ende des Flures stand »Damen«. Martin ging ein wenig in die Knie, und ich drückte die Türklinke herunter. Drinnen war niemand. Vor der mittleren der drei Türen setzte Martin mich ab. Augenblicklich sanken meine Beine in sich zusammen. Ich suchte Halt, griff ins Leere, meine Hand traf auf eine lackierte Wand, rutschte, mir wurde schwindelig. Martin fing mich auf.

Mit watteweichen Beinen, die keinem Kommando gehorchten, versuchte ich, mich hinzustellen. Martin stützte mich. Ich lag halb in seinen Armen, als ich meine Hose aufknöpfte. Es war eng in der Kabine, und wir standen uns gegenseitig im Weg, als ich versuchte, die Hose hinunterzuschieben und mich so zu drehen, dass ich mich auf die Toilettenbrille setzen konnte. Mein Kopf dröhnte. Martin stand, zwischen Toilette und Wand eingepresst, und wartete. Es war nicht das erste Mal, dass er mich auf dem Klo sitzen sah. Doch dieses Mal war etwas anders. Ich hätte es nicht geschafft, allein zu gehen. Dennoch reagierte Martin, als mache es ihm gar nichts aus.

»Muss ich einen Termin machen, um Dennis impfen zu lassen, oder meinst du, der Tierarzt nimmt ihn einfach zwischendurch dran?«, fragte er plötzlich. Ich riss ein Stück Toilettenpapier von der Rolle.

»Ich glaube«, sagte ich, »du solltest besser einen Termin machen. Hilfst du mir hoch?« Martin fasste mich unter beiden Armen. Ich zog meine Hose hoch und knöpfte sie wieder zu. Martin griff unter meine Beine, hob mich hoch und stieß mit dem rechten Fuß gegen den Toilettendeckel. Polternd klappte er zu. Ich zog an der Strippe der Spülung, und wir machten uns wieder auf den Weg.

Ich war froh, als ich wieder im Bett lag.

Es war inzwischen später Nachmittag, und als erneut

die Tür aufging, dachte ich einen Augenblick lang, es käme die Schwester mit dem Abendessen. Ich hatte Hunger. Doch wer kam, war ein Mann mit so feuerroten Haaren und leuchtenden Sommersprossen, dass ich spontan an Pumuckl dachte.

»Ich bin Dr. Pohl.« Sein Händedruck war weich wie Buttercremetorte in der Nachmittagshitze.

»Sie sind Arzt?«

»Ja. Ich bin Ihr Stationsarzt.« Er sagte es mit einem schnippischen Unterton.

»Und die Ärztin?«

»Dr. Seifert? Sie nimmt verschiedene Untersuchungen vor. Aber zuständig für die Patienten auf dieser Station bin ich.«

Ich wusste nicht, was ich sagen sollte. Alles in mir wehrte sich gegen diesen Mann.

»Ich wollte kurz nach Ihnen sehen. Wir sprechen uns morgen, nach der Untersuchung.« Ohne mir noch einmal seine weiche Hand zu geben, verließ Pumuckl das Zimmer. Martin und ich sahen uns an. Ich merkte, wie die Sicherheit, die mir eben noch die Ärztin gegeben hatte, schwand. Ich wollte nicht von einer Witzfigur behandelt werden, von einem, der aussah wie ein Kinderspielzeug.

Martin Müller

Die Ärzte redeten viel unverständliches Zeug. Wenn ich fragte: Was hat meine Frau?, gaben sie ausweichende Antworten. Vertrösteten uns auf einen späteren Zeitpunkt, redeten von Laborergebnissen, die noch abgewartet werden müssten. Das alles machte mich ziemlich wütend. Am Ende des Tages hatte Conny mehrere Untersuchungen hinter sich gebracht, und keiner, aber wirklich niemand dort in dem Laden konnte uns sagen, was ihr fehlte. Beeilt euch, hätte ich am liebsten gerufen. Macht hin! Alles ging so verdammt zögerlich.

Am Nachmittag hatte Conny versucht, sich hinzustellen. Dabei waren ihre Beine weggesackt. Als wären sie aus Gummi! Weich und haltlos wie Wackelpeter. Als ich das sah, bekam ich einen Riesenschreck. Als sie auf die Toilette musste, habe ich sie hingetragen. Hab sie aufs Klo gesetzt, gewartet, sie wieder ins Bett gebracht. Ich habe gar nicht darüber nachgedacht, ob die Situation seltsam oder komisch oder was auch immer ist.

Ich dachte nur: Verdammte Scheiße, es muss etwas geschehen!

* * *

Martin blieb, bis eine Schwester kam und ihn bat zu gehen. Da war es acht Uhr abends.

»Morgen früh komme ich wieder. Das kriege ich schon hin in der Kaserne.« Er umarmte mich, hielt mich eine Weile, ohne ein Wort zu sagen. Dann gab er mir einen Kuss. »Kopf hoch, das stehen wir gemeinsam durch.« Ich versuchte, nicht wieder zu weinen.

Als Martin gegangen war, schwirrten die Gedanken durch meinen Kopf wie ein Schwarm aufgeregter Hornissen. Wenn mich jemand gefragt hätte, hätte ich gar nicht beschreiben können, was ich eigentlich dachte. Es herrschte ein lautes, gefährlich brummendes Chaos. Darunter lag Angst. Doch ich war entschlossen, sie zu beherrschen. Disziplin, hatten Großmutter und Großvater mich gelehrt. Sich nicht gehen lassen, nur weil es einem einmal nicht gut geht. Dem fühlte ich mich verpflichtet. Ich zwang mich, ruhig zu bleiben.

Irgendwann schlief ich ein.

Am nächsten Morgen bekam ich zu spüren, was es hieß, behindert zu sein.

Noch immer hatte ich keinerlei Gefühl in den Beinen, unterhalb der Knie war alles taub. Ich zwickte mich mit den Fingern in die Haut, versuchte meinen rechten Fuß zu bewegen. Ich spürte nichts.

»Guten Morgen!« Eine Krankenschwester stürmte herein, als würde sie dafür bezahlt, Energie und gute Laune zu verbreiten. »Wie geht's uns denn heute?« Mit einem Ruck riss sie die Gardinen zu Seite. Draußen war der Himmel grau.

»Danke, es geht.« Ich zog mir einen Zipfel der Bettdecke über den Kopf. Mit der Energie eines Bulldozers walzte die Schwester zurück zur Tür, nahm einen Waschlappen und ein Handtuch von dem kleinen Wagen, den sie draußen auf dem Flur hatte stehen lassen, kam zurück ins Zimmer und streckte beides der Türkin hin, die still und ergeben unter ihrer Decke lag.

»Ich hole eben einen Rollstuhl, dann fahre ich Sie ins Stationsbadezimmer«, sagte sie zu mir gewandt. »Dort können Sie sich waschen und so weiter.«

Ich überlegte noch, was sie mit »und so weiter« meinen könnte, als die Schwester erneut ins Zimmer stürmte. Ihre Sandalen quietschten laut und satt über das Linoleum. Sie schob einen Rollstuhl neben mein Bett und schlug die Bettdecke zurück. Es lag etwas Militärisches in ihren Bewegungen.

»Und hinein mit Ihnen!« Sie half mir, mich aufzurichten. Mit beiden Händen griff sie von hinten unter meine Arme. Wie ein nasser Sack rutschte ich vom Bett hinunter in den etwas durchhängenden Sitz. Die stürmische Schwester stellte meine Beine auf die dafür vorgesehenen Stützen, löste die Bremsen, und ehe ich mich versah, hatte sie das Gefährt um hundertachtzig Grad herumgewirbelt, und wir fuhren durch die Tür hinaus auf den Flur. Die Türkin lag reglos in ihrem Bett und sah zu.

Am Ende des Stationsflur lag das Bad. Ein schmaler Raum, weiß gekachelt bis unter die Decke. Eine Lampe warf grelles Licht auf die Fliesen am Boden. Neben der Tür hing, als würde sie schweben, eine Toilette an der Wand, daneben waren links und rechts Stangen mit Haltegriffen befestigt. Das Waschbecken an der gegenüberliegenden Wand war ungewohnt tief montiert. Vom Rollstuhl aus hatte es gerade die richtige Höhe. Neben dem Wasserhahn lag ein Stück Seife, weiß und prall.

»Ich lasse Sie jetzt allein.« Die Schwester stürmte davon.

Ich sah mein Gesicht im Spiegel, blass und müde. Ich hatte schlecht geschlafen, unruhig. Ich drehte den Wasserhahn auf und ließ kaltes Wasser in meine Hände laufen. Ich rutschte so dicht es ging an die Kante des Waschbeckens heran und tauchte mein Gesicht in das kühle Wasser. Für einen Augenblick war alles ganz still und friedlich.

Ich wusch mich, so gut das im Sitzen ging, putzte mir die Zähne und kämmte meine langen Haare. Sie flogen in alle Richtungen, der Kamm lud sie bei jedem Strich elektrostatisch auf.

»Siehst aus, als hättest du in eine Steckdose gefasst,

Rapunzel«, flüsterte ich. Mein Spiegelbild starrte mich ausdruckslos an. Kein Lachen, kein Schmunzeln. Der übernächtigte Blick eines stummen Gegenübers.

Ich verstaute den Kamm und die Zahnbürste und die Zahnpasta in meiner Kosmetiktasche und drückte auf die Klingel neben dem Waschbecken. Ich sah in den Spiegel und versuchte mir zuzulächeln. Es kommt nicht immer so schlimm, wie man anfangs denkt. Hatte die Ärztin doch gesagt. Kopf hoch. Warte erst einmal ab, was die Untersuchungen ergeben.

Ich wartete auf die stürmische Schwester. Bei ihrem Tempo müsste sie ja fix hier sein. Mein Spiegelbild grinste verstohlen. Wahrscheinlich riss sie noch irgendwo die Gardinen auf und schlug wehrlosen Patienten ihr »Wie geht's uns denn?«, um die Ohren. Ich drückte ein zweites Mal auf den Klingelknopf.

Der Raum war hoch und schmal, wie ein Schlauch. Wie eine Gefängniszelle, durchfuhr es mich, als ich hinaufsah zu dem schmalen rechteckigen Fenster, das über dem Waschbecken in die Wand geschlagen war. Das Fenster war geschlossen, und wahrscheinlich wurde es auch nie geöffnet, wie hätte man das anstellen sollen? Nirgendwo war ein Griff oder ein Hebel zu sehen.

Wo blieb die stürmische Schwester?

Ich löste die Bremsen des Rollstuhls. Außen an den Rädern liefen kreisrunde metallene Bügel um die Gummireifen herum. Ich umgriff sie und rollte rückwärts über den Fliesenboden. Man brauchte Kraft, um das Gefährt von der Stelle zu bewegen. Ich drehte die Räder in die entgegengesetzte Richtung und rollte vor, wieder an das Waschbecken heran. Die Reifen verursachten ein Geräusch auf dem Steinboden, so als würde jemand auf

Gummischuhen leise über die Fliesen schlurfen. Ich spürte die Anstrengung der ungewohnten Bewegung in den Armen. Ich griff nach dem Kulturbeutel am Waschbeckenrand und legte ihn mir auf den Schoß. Das Zimmer war zu schmal, um zu wenden, der Raum war kaum breiter als einen Meter.

Wo blieb die Schwester?

Ich klingelte erneut, ein paar Mal hintereinander in kurzen Abständen. Saß sie beim Frühstück? Hörte mich niemand?

Draußen nahten Schritte, schwere Stiefel, die über den Flur marschierten. Sicher ein Besucher. Dann quietschende Gesundheitssandalen – ich hielt den Atem an. Doch der Türgriff blieb still, reglos. Ich starrte ihn an. Er bewegte sich nicht.

Ich rief. »Hallo!«

Draußen blieb es still. Man hatte mich vergessen.

Man hatte mich im Bad am Ende des Ganges abgestellt und vergessen. Ich sah in den Spiegel, wütend, empört. Ich wollte aufstehen. Aufstehen und gehen. Die Schwester zusammenstauchen und diesen ganzen Laden hier verlassen, auf Nimmerwiedersehen! Weg hier, weg! Ich starrte auf meine Beine und spürte, wie mir die Tränen in die Augen stiegen.

So kann man mit einem Menschen nicht umgehen.

Ich starrte hinauf zu dem Fenster, rollte vor und zurück, presste die Hand auf den Klingelknopf. Ich war schier ohnmächtig vor Wut.

Ich erinnere mich nicht, wie viel Zeit verging, bis jemand die Tür öffnete. Eine schmale blonde Schwester kam herein.

»Sie haben geklingelt?«

»Ja«, fauchte ich. »Vor zwei Stunden schon.«

»Oh, das tut mir Leid. Hat das denn niemand gehört? Meine Kollegin hätte sich doch um Sie kümmern müssen.«

»Das finde ich auch. Aber offensichtlich ist es die ganze Zeit über niemandem ein- bzw. aufgefallen, dass ich im Bad am Ende des Flures verrotte.«

»Nun regen Sie sich nicht so auf. Ich kann ja verstehen, dass Sie wütend sind. Aber wir haben auch wirklich viel zu tun.«

»Ach, gehen Sie also mit allen Leuten so um?«

»Nein. Und nun beruhigen Sie sich.« Sie zog mich rückwärts aus dem Bad heraus, wendete den Rollstuhl auf dem Gang und schob mich zurück ins Zimmer. Dort machte die stürmische Schwester das Bett. Als sie mich sah, grinste sie. Bevor sie zu einer ihrer launigen Bemerkungen ansetzen konnte, fuhr ich ihr über den Mund. »Warum haben Sie mich nicht abgeholt, als ich geklingelt habe?«

»Ich habe gar nicht mitbekommen, dass Sie geklingelt haben.« Sie grinste immer noch, doch mischte sich eine Spur von Betroffenheit dazu. Oder von schlechtem Gewissen. »Wir haben hier eine Menge zu tun«, sagte sie und schüttelte die Bettdecke, dass die Blüten der Mohnblumen auf dem Nachttisch unter dem Luftzug bebten. Ich sah sie an, glühend vor Zorn.

»Können Sie sich vorstellen, wie das ist, wenn man auf dem Klo geparkt und vergessen wird?« Es entsprach nicht meiner Gewohnheit zu brüllen.

»Entschuldigung. Es tut mir Leid.« Sie stellte ein Tablett mit Kaffee und Brötchen auf den Nachttisch.

»Ich wünschte, das würde Ihnen mal passieren.« Ich

hatte meine Stimme wieder unter Kontrolle, doch die Wut brodelte weiter. »Damit Sie wissen, wie es ist.«

»Ich kann Sie verstehen«, sagte die stürmische Schwester und half mir ins Bett. Ich sank zurück, zog die Decke über mich und sah aus dem Fenster. Die Schwester strich über den Bettbezug und löste die Bremse des Rollstuhls neben dem Bett.

»Bitte«, sagte ich. Sie schaute herüber. »Bitte tun Sie so etwas nie wieder.«

Sie nickte und ging.

Ich frühstückte, und es dauerte nicht lange, bis Martin kam. Er hatte sich in der Kaserne freigenommen.

»Dennis habe ich zu Oma gebracht. Opa hat ihn gleich mit auf einen Spaziergang genommen.« Martin zog ein Buch und eine Tafel Schokolade aus einem Leinenbeutel und legte beides auf den Nachttisch. Dann setzte er sich auf den Rand des Bettes. »Die beiden machen sich Sorgen um dich.«

Bei dem Gedanken an die Großeltern kamen mir beinahe wieder die Tränen. Ich nahm einen Schluck Kaffee und reichte Martin die Tasse. Er trank und sah mich an. »Vielleicht bringe ich Oma morgen mit. Sie möchte dich sehen.« Ich nickte und nahm noch einen Schluck Kaffee.

Die Tür ging auf, und Pumuckl kam herein, mit einer ganzen Entourage weiß gekleideter Lakaien. Sie bauten sich um das Bett der Türkin herum auf, Pumuckl ließ sich Unterlagen reichen und kontrollierte den Puls der Frau.

»Besser. Es geht Ihnen besser als letzte Woche.« Er ließ ihre Hand sinken. »Verstehen? Besser!« Pumuckls Stimme wurde lauter, als läge die Frau nicht vor ihm, sondern in einem fremden Land, weit weg. Sie sah ihn an und schüttelte den Kopf. In ihren Augen standen Tränen.

»Der Doktor meint, es geht Ihnen besser«, sagte eine Schwester und legte ihre Hand auf die Hand der Türkin.

»Wie soll man sich denn mit der Frau verständigen«, blaffte Pumuckl. »Hat sie keine Kinder, die übersetzen können?«

»Sohn später«, sagte die Türkin.

»Ihr Sohn kommt später«, sagte die Schwester und sah zu Pumuckl hinüber. »Der Sohn und der Mann kommen meist am späten Nachmittag vorbei.«

»Dann habe ich keine Zeit für Patientengespräche. Dann muss eben morgen jemand eine von den Putzfrauen aufhalten und zur Visite bestellen. Irgendwie muss man doch mit seinen Patienten reden können.« Pumuckl klappte die Mappe zu und reichte sie einem jungen Assistenten. Dann wandte er sich mir zu. Für eine Witzfigur mit butterweichem Händedruck konnte er ziemlich aggressiv werden.

»Und?«, sagte er. »Wie geht es uns?«

»Danke. So weit ganz gut.« Ich reichte Martin die Kaffeetasse und den leeren Frühstücksteller. Pumuckl ging ans Bettende und klappte die Decke zur Seite.

»Was ist mit Ihren Beinen. Immer noch kein Gefühl?«

»Nein. Es fühlt sich alles an wie gestern – taub.«

Er nahm meinen linken Zeh und bog ihn in alle Richtungen. Seine Bewegungen sahen grob aus. Doch ich spürte sie nicht.

»Schließen Sie die Augen.« Ich schloss die Augen.

»In welche Richtung zeigt der Zeh? Nach oben? Oder nach unten?« Ich wusste es nicht. Ich lag da, versuchte den Bewegungen nachzuspüren, doch nichts regte sich in meinem Fuß. Ich schlug die Augen auf und sah Pumuckl, vorgebeugt und mit versunkenem Gesichtsausdruck, an meinen Zehen drehen und tasten. Sein orangerotes Haar leuchtete wie blühende Kapuzinerkresse. Die ganze Entourage folgte den Bewegungen und beobachtete aufmerksam meinen linken Fuß. Ich fühlte, wie sich Sehnen und Muskeln an der Kniescheibe und im Oberschenkel dehnten. Ich konzentrierte mich und versuchte, die Bewegungen mit den Auf- und -Abs meines Zehs in Verbindung zu bringen. Bog man meinen großen Zeh nach vorne, spannten sich die Muskeln im Oberschenkel an, als würden sie verkürzt. Wurde der Zeh nach hinten gebogen, ließ die Spannung nach. Ich schloss die Augen.

»Wohin zeigt Ihr Zeh gerade?«, fragte Pumuckl.

»Ich glaube, nach oben. Aber ich weiß es nicht genau.« Ich schlug die Augen auf. Mein Zeh zeigte kerzengerade in die Höhe. Pumuckl sah mich an, mit einem Blick wie ein Reptil. Lauernd, undurchdringlich.

Er ließ einen seiner Assistenten meinen Blutdruck messen. Während der junge Mann die Manschette um meinen Oberarm legte, fiel mir das Namensschild an der Brusttasche seines Kittels auf. Er hieß Müller. Seltsam, dachte ich, kaum jemand vom Personal hatte sich bislang vorgestellt. Die Einzigen, die ich mit Namen kannte, waren Pumuckl und die nette Ärztin.

Nach zehn Minuten war der ganze Zauber vorbei. Ohne ein weiteres Wort, eine Erklärung oder ein paar tröstende Sätze verließen Pumuckl und seine Spielzeugmannschaft das Zimmer.

Der Türkin standen noch immer Tränen in den Augen. Mit leerem Blick sah sie hinüber zum Fenster.

»Komm«, sagte Martin, »ich fahre dich hinaus in den Garten.« Draußen hatten sich die grauen Wolken verzogen, und der Himmel leuchtete blau wie ein Aquamarin.

Man hatte die Lumbalpunktion für den frühen Nachmittag angesetzt.

Als Dr. Seifert das Zimmer betrat, wusste ich nicht, ob ich mich freuen oder fürchten sollte. Einerseits war ich froh, dass, nachdem Pumuckl mich als Patientin übernommen hatte, es dennoch sie war, die die Untersuchung vornehmen würde. Gleichzeitig fuhr mir ein Schauer über den Rücken, als ich die lange Nadel in der Nierenschale liegen sah.

Die Ärztin zog einen Hocker an mein Bett. Martin trat beiseite, lehnte sich mit dem Rücken gegen das Fensterbrett und sah zu. Ich schlug die Bettdecke zurück und schob mit beiden Händen meine Beine über den Rand des Bettes. Wie zwei leere Hüllen baumelten sie in der Luft.

»Es ist besser, wenn Sie auf dem Hocker Platz nehmen. Die Matratze ist zu weich, auf der sitzen Sie nicht fest genug.« Dr. Seifert stützte mich, als ich die Füße auf den Boden stellte. Martin schob mit einer schnellen Bewegung den Hocker unter meine Beine. Ich ließ mich sinken. Aus dem Augenwinkel sah ich die Nierenschale. Spontan schloss ich die Augen.

»Es tut mir Leid«, sagte Dr. Seifert. »Aber wir müssen das machen.«

Mit beiden Händen arrangierte ich meine Beine, sodass sie angewinkelt vor mir standen. »Es wird nicht lange dauern«, sagte die Ärztin. »Und ich verspreche Ihnen: Ich werde ganz, ganz vorsichtig sein.« Martin lächelte mir zu. Mir war mulmig, mein Magen fühlte sich an wie Watte, mir war, als säße ich in einer Achterbahn, oben, ganz, ganz oben auf dem Gerüst, die Luft eisig und dünn, und gleich, gleich in ein paar Sekunden, würden die Gondel und ich und alle in die Tiefe stürzen, hinab in die gnadenlose, grausige Tiefe.

Ich bin kein Held. Nicht im Krankenhaus, nicht, wenn man mir mit Spritzen kommt.

»Sie müssen sich nun vorbeugen und einen runden Rücken machen. Einen Buckel, sozusagen.« Dr. Seifert strich mir über den Rücken. Ich schob mein Nachthemd hoch und beugte mich vor.

»So ist es gut. Ach, ganz wunderbar machen Sie das. Ich wünschte, alle meine Patienten wären so gelenkig.« Mein Kopf lag beinahe auf meinen Knien, die Arme hingen zu beiden Seiten herab. Ich fügte mich. Ich fürchtete nicht, Dr. Seifert könne danebenstechen. Ich hatte nur einfach lausige Angst vor der Spritze.

»Wenn ich gleich mit der Lumbalpunktion beginne, kann es sein, dass Sie so etwas wie einen leichten elektrischen Schlag in Ihrem Bein spüren. Ein kurzes Zucken. Sie brauchen darüber nicht zu erschrecken. Ich hätte dann zufällig eine Nervenwurzel berührt. Das ist aber vollkommen ungefährlich.« Ich gab ein Geräusch von mir, das ein bisschen wie ein »Ja« klang. Meine Finger ballten sich zu Fäusten, und ich spürte, dass ich feuchte Hände hatte.

Ich zuckte, als ich den Einstich spürte. Ich wartete auf einen Schmerz, auf einen elektrischen Schlag, auf irgendetwas. Doch es geschah nichts. Still begann ich zu zählen. Eins, zwei, drei, vier ... Konzentrierte mich auf jede Ziffer, zählte langsam und monoton und stumm vor mich hin. Als ich bei »vierundzwanzig« angekommen war, sagte Dr. Seifert: »Fertig.« Sie zog das Nachthemd über meinen Rücken, ich richtete mich auf. »Sie haben es überstanden.«

»Gott sei Dank.« Angstschweiß bedeckte wie ein Film meinen gesamten Körper.

»Sie legen sich jetzt am besten sofort wieder hin. Es ist wichtig, dass Sie sich ausruhen.« Martin half mir ins Bett.

Am nächsten Morgen riss die stürmische Schwester die Gardinen auf.

»Na, wie geht's uns heute?«, rief sie und zog die Bettdecke beiseite.

»Gut«, murmelte ich. Meine Augen öffneten sich nur widerwillig. Die Schwester verfrachtete mich in den Rollstuhl. Fünf Uhr dreißig, da war man eben wach, der Zeitplan sah es so vor. Die Türkin gähnte und entblößte dabei ein paar goldene Zähne.

Auf dem Flur herrschte Betrieb, wie ich es um diese Uhrzeit nicht für möglich gehalten hatte. Die Schwester rollte mich an hektischen Pflegern den Flur hinunter zum Badezimmer. »Wie lange brauchen Sie ungefähr?«, fragte sie. »Falls ich die Klingel wieder überhören sollte, weiß ich jedenfalls, wann ich nach Ihnen gucken muss.« Sie grinste, aber diesmal lag etwas Sympathisches darin.

Pünktlich nach einer Viertelstunde holte sie mich ab. Mir tat es ein wenig Leid, dass ich sie am Vortag angeschrien hatte.

Nach dem Frühstück kam Martin, und bald darauf erschien Dr. Seifert.

»Wir haben die Ergebnisse der Lumbalpunktion aus

dem Labor bekommen. Ihre Immunglobulin G-Werte sind erhöht, das ist ein weiteres Indiz für eine Entzündung.« Das war nicht allzu überraschend. Dennoch spürte ich einen Moment lang Angst aufflackern.

»Ist in den vergangenen Wochen irgendetwas Ungewöhnliches in Ihrem Leben geschehen?«, fragte Dr. Seifert, schob einen Blumentopf mit einem staubigen Usambaraveilchen beiseite und setzte sich auf das Fensterbrett. Sie trug flache, grasgrüne Ballerinas. »Denken Sie einmal gründlich nach. Vielleicht fällt Ihnen etwas ein, irgendeine Kleinigkeit. Jedes Detail kann wichtig und aufschlussreich sein.«

Martin seufzte und sah mich an. »Was haben wir in der letzten Zeit gemacht?«, fragte er.

»Wir haben gearbeitet, waren im Stall, spazieren, bei Freunden, einkaufen. Was man eben so macht im Leben.«

»Letzte und vorletzte Wochen waren wir im Urlaub. Im Bayerischen Wald.«

»Sind Sie viel spazieren gegangen?« Dr. Seifert beugte sich vor und schlug die Beine übereinander.

»Klar. Es ist schön dort.«

»Ich weiß. Mein Mann und ich haben ein Wochenendhaus in der Nähe von Straubing. Aber was mich interessiert, ist etwas anderes. Der Bayerische Wald ist eine Gegend, in der es viele Zecken gibt. Hat Sie eine Zecke gebissen?« Sie sah mich an, fragend.

»Nein.« Ich zuckte mit den Schultern. »Es sei denn, so etwas passiert, ohne dass man es merkt.«

»Das kann vorkommen«, antwortete Dr. Seifert. Ich sah zu Martin.

»Wir sind ja nicht durchs Unterholz gekrochen«, sagte

er. »Wir sind auf den Waldwegen entlanggegangen, wie alle Spaziergänger. Und wir sind geritten. Das kann doch nicht lebensgefährlich sein.« Wenn Martin nervös wurde, trat eine Ader an seiner Schläfe hervor.

»Natürlich ist es nicht lebensgefährlich, spazieren zu gehen«, beruhigte Dr. Seifert. »Allerdings sind Zecken tückisch und ihre Bisse nicht ungefährlich. Aber ich will Sie gar nicht beunruhigen. Ich suche nur nach weiteren Anhaltspunkten, mit deren Hilfe wir die Symptome besser einordnen können.« Dr. Seifert ließ sich von der Fensterbank gleiten und sah auf ihre grünen Schuhe. Dann blickte sie auf ihre Armbanduhr.

»Machen Sie sich keine Sorgen«, sagte sie und legte ihre Hand auf Martins Arm. »Ich muss jetzt zu einem Patienten, aber ich komme später noch einmal vorbei. Denken Sie noch einmal gemeinsam nach, ob Ihnen etwas einfällt, was für die Diagnose wichtig sein könnte.«

Ich beobachtete die Ärztin. Sie suchte nach der Ursache meiner Beschwerden und war gleichzeitig bemüht, mich nicht unnötig zu verunsichern. Doch hatte ich kurz das Gefühl, als wisse sie mehr, als sie sagte.

Martin und ich sprachen noch lange über die Zeckenbiss-Theorie. Immer mehr verfielen wir in beängstigende, nervöse Spekulationen. Später fuhr Martin in den Stall und versorgte die Pferde. Als er zurückkam, hatte er Großmutter dabei. Ich sah sie zur Tür hereinkommen und begann, gleichzeitig zu weinen und zu lachen.

Die Großmutter

Wissen's, wie es mir damals gegangen ist?

Ich hatte zu Hause ein Buch, das hatte ich mal bei uns im Ort gekauft. Ein Buch über Krankheiten, alles in alphabetischer Reihenfolge, von A bis Z. Das hab ich aufgeschlagen und hab nachgelesen. Ich bin beinahe verrückt geworden. Die meisten Krankheiten endeten tödlich. Meine Enkelin schimpft heute noch mit mir, das sei ein völlig veraltetes Buch gewesen, und überhaupt sei es besser, gar keine Bücher über Krankheiten zu lesen. Es wird einem doch nur unheimlich bei all dem, was da steht. Aber damals – mir liefen ständig die Tränen.

Es war eine ganz schlimme Zeit.

Eine Ärztin, die ich kannte, sagte, man könne mit gelähmten Beinen leben, nur sollte die Conny bloß nie Kinder kriegen. Sie hatte mal so eine Patienten gehabt. Ihr erstes Kind war leicht behindert, das zweite stark. Ich habe oft nachts nicht schlafen können, wenn ich daran gedacht habe.

Als ich meine Enkelin dann zum ersten Mal im Rollstuhl hab sitzen sehen, da hat's mir das Herz zusammengedrückt. Sie war immer so ein aktives Mädle gewesen, fidel und munter – und nun das. Ich war schon manchmal verzweifelt. Aber ich habe mir Mühe gegeben, mir nichts anmerken zu lassen. Ich wollte das Kind ja nicht noch zusätzlich belasten. Also habe ich meinen Kummer für mich behalten. Nur mit meinem Mann habe ich gesprochen, manchmal.

Ich habe meinen Mann in all den Jahren kaum jemals weinen sehen. Aber als die Conny dort im Krankenhaus lag, da sind ihm die Tränen gekommen. Mein Mann sagt nicht viel, wissen Sie. Er macht alles mit sich allein ab. Nur an seinem Benehmen sehe ich, wie ihm zumute ist. Und damals war er sehr, sehr still und in sich gekehrt. Wenn ich aus dem Krankenhaus zurückkam, fragte er: »Wie geht's Conny?« Und ich zuckte jeden Tag mit den Schultern, was sollte ich denn sagen? Mei, mir kommen heute noch die Tränen, wenn ich daran denke ...

Der Martin hat sich wunderbar um sie gekümmert. Er hat die Conny einfach genommen und hierhin und dorthin getragen. Der Martin ist sowieso mein Ein und Alles, dem koche ich immer Leberknödelsuppe, wenn er kommt. Wenn irgendwas ist – der Martin ist immer da.

Aber was habe ich geweint, damals.

* * *

Ich erwachte. Laute Stimmen drangen vom Flur herein, eine von ihnen gehörte der stürmischen Schwester. Gleich würde sie hereingewalzt kommen. Mein Körper zog sich zusammen. Ich war müde.

»Guten Morgen, wie geht's uns denn heute?« Ich wünschte mich ans Ende der Welt. Wünschte die stürmische Schwester ans Ende der Welt. Mit einem Ruck zog sie mir die Decke vom Kopf, und ein Schwall lauter Worte stürzte über mich herab.

»Guten Morgen! Ab ins Badezimmer! Der Rollstuhl steht schon bereit, wenn Sie bitte einsteigen wollen, junge Frau.« Sie griff mir unter die Arme, bevor ich mich aufrichten konnte. Ehe ich mich versah, saß ich im Rollstuhl und wurde den hell erleuchteten Flur hinuntergeschoben. Ich war froh, als die Schwester die Tür hinter sich schloss. Ich atmete durch und genoss die Ruhe.

Im Spiegel sah ich ein müdes Gesicht. Ich zog das Nachthemd über den Kopf. Ich putzte die Zähne und fuhr mit dem Waschlappen über Arme und Beine. Unterhalb der Knie spürte ich nach wie vor nichts. Nicht die Bewegung mit dem Waschlappen, nicht das Rubbeln des Handtuchs. Ich versuchte, die Zehen zu bewegen, und was dabei herauskam glich den ungelenken Bewegungen eines Spastikers. Nichts gehorchte meinem Willen, kein einziger Zeh, kein Fuß, keiner der beiden Unterschenkel ließ sich gezielt und koordiniert bewegen.

»Verdammte Scheiße«, entfuhr es mir. Es war der dritte Morgen, und nichts hatte sich geändert. Ich konnte nicht laufen, nicht stehen, nichts ging ohne fremde Hilfe. Und niemand erklärte mir, was geschehen war. Was war los, was geschah mit meinem Körper?

Als eine Schwester das Frühstück brachte, fragte ich sie, wann Visite wäre.

»Gegen zehn Uhr kommt der Doktor auf die Station.«

Als Pumuckl mit seinem Gefolge erschien, war Martin bereits da. Er hatte Brombeeren mitgebracht, die Großvater auf einem seiner Spaziergänge gepflückt hatte. Großmutter hatte am Morgen frische Pfannkuchen dazu bereitet. Wir ließen uns beides schmecken.

Pumuckl steuerte auf das Bett der Türkin zu, warf einen Blick auf die Unterlagen, die sein Assistent bereithielt, murmelte etwas und wandte sich ab. Mit leicht vorgebeugten Schultern, die Hände in den Tiefen seiner Kitteltaschen vergraben, steuerte er auf mein Bett zu. Am Fußende blieb er stehen und sah mich mit seinem Reptilblick an. Ich erwiderte den Blick, und für ein paar

Sekunden herrschte Schweigen wie bei einem stillen Schlagabtausch.

»Ich möchte wissen, was mit mir los ist«, sagte ich. Noch immer hielt ich seinen Blick. Er war es, der schließlich den Kopf zur Seite wandte, in Richtung seines Assistenten, der ihm sofort ehrerbietig eine Mappe reichte. Pumuckl blätterte darin herum. Mit einer fahrigen Handbewegung strich er eine Strähne seines feuerroten Haars zurück. Er sah hoch. Im Licht der Spätsommersonne, die durch das Fenster fiel, stachen die Sommersprossen in seinem Gesicht hervor. Wie Hasenkacke auf frischem Schnee.

»Nun ...«, sagte Pumuckl. Er blätterte erneut in den Papieren. Es vergingen Minuten, ohne dass jemand ein Wort sagte.

Ich wurde wütend. Was war das für ein Theater?

»Ich möchte wissen, was los ist« wiederholte ich, bemüht, meine aufsteigende Wut zu unterdrücken. Pumuckl sah von seiner Mappe hoch.

»Nun ...«, sagte er und räusperte sich. Dann klappte er die Mappe zu, reichte sie seinem Assistenten und schickte sich an zu gehen. »Ich denke, als Sie ohnmächtig wurden, ist Ihnen der Schreck in die Beine gefahren. Ein bisschen Krankengymnastik, und dann wird das wieder.« Er nickte seinem Gefolge zu und verließ das Zimmer.

Martin und ich starrten uns an.

Martin fand als Erster die Sprache wieder. »Der Schreck in die Beine gefahren ...« Er holte tief Luft.

»Das kann doch alles nicht wahr sein. Meine Beine sind ohne Gefühl, ich kann nicht stehen, nicht gehen – und alles, weil ich einen Schreck bekommen habe! Das ist ja wie in einem schlechten Film.« Ich biss mir auf die Lippe, ich kochte vor Empörung.

»Ich rede noch mal mit dem«, sagte Martin. »Das muss er uns schon genauer erklären.«

Als Martin zurückkam, hatte auch er seine Ruhe verloren. »Der Typ ist genauso glibschig wie sein Händedruck«, schimpfte er. »Ich glaube es noch gar nicht, aber ich habe tatsächlich keine klare Aussage aus diesem Kerl herausbekommen! Der blockt einfach ab. Ich habe ihn drei Mal aufgefordert, mir klipp und klar zu sagen, was die Untersuchungen ergeben haben und wie die Diagnose lautet. Keine Antwort. Nur Gefasel, von wegen Schreck und so. Das Gespräch war ein einziges Kasperletheater ...«

»Was will man von einem Pumuckl auch erwarten?«, entfuhr es mir.

»Nur eines hat er unmissverständlich erklärt: dass du heute Nachmittag entlassen wirst.« Martin zog eine Packung Zigaretten aus der Tasche. Dann fiel ihm ein, wo er war, und er steckte sie wieder ein. »Nehmen Sie Ihre Frau mit nach Hause, hat er gesagt.«

»Immerhin.«

»Ich hab ihn gefragt, wie ich dich überhaupt hier rausbekomme. Er sagte, wir könnten Krücken bekommen. Ich muss ihn angestarrt haben wie ein Idiot. ›Krücken? Meine Frau kann nicht einmal stehen, was soll sie mit Krücken?‹ Daraufhin hat er geantwortet, dass er zu einem Termin müsse.«

Krücken, dachte ich – ich sollte sie Pumuckl über seinen Feuerschädel schlagen. Ich schäumte vor Wut und Ohnmacht.

Martin ließ sich aufs Bett fallen. Im nächsten Moment

sprang er wieder auf. Er schnappte nach Luft. »Ich glaube, die verkaufen uns hier für blöd. Speisen einen ab mit irgendeinem fadenscheinigen ...«

»Blödsinn.« Ich hatte genug. »Lass uns fahren«, sagte ich.

Ich war froh, diesen Ort verlassen und wieder nach Hause zu können.

7

Darin können Sie Ihr Butterbrot einwickeln!« Dr. Stadlhuber war ungehalten. »Es ist das Papier nicht wert, auf dem es geschrieben ist.« Sein Gesicht färbte sich rot. Er warf den Umschlag auf den Tisch, hievte seinen schweren Körper aus dem Ledersessel und ging hinüber zur Tür. »Theresa! Rufen Sie Dr. Marx an, und stellen Sie das Gespräch bitte zu mir durch.«

Franz Stadlhuber ließ sich zurück in seinen Sessel sinken, zog ein Taschentuch aus seiner Hosentasche und wischte sich über die Stirn. »So eine Diagnose habe ich in fünfundzwanzig Berufsjahren noch nicht gelesen.« Martin beugte sich vor und griff nach dem Umschlag. »Der Herr Kollege schreibt, ich solle Ihrer Frau ein bisschen Krankengymnastik verordnen, dann käme alles wieder in Ordnung!«, wetterte der Doktor. »Mein Gott, mir sträuben sich die Nackenhaare, wenn ich ›Kollege‹ sage«, schimpfte er und faltete sein Taschentuch.

Ich hatte noch nie erlebt, dass er die Ruhe verlor; in der Regel wirkte der Doktor beinahe phlegmatisch, wenn er sich zurücklehnte, über seinen Bauch strich und gemächlich überlegte, was bei diesem oder jenem seiner Patienten am besten zu tun sei. Doch beruhigte es mich auf eine seltsame Art, ihn so außer sich zu sehen.

Dr. Franz Stadlhuber schlug mit der Hand auf die losen Blätter auf seinem Schreibtisch und schnaufte. Dann klingelte das Telefon. Ich saß auf einem afrikanischen Stuhl, den Stadlhubers Bruder von einer Reise nach Benin mitgebracht hatte. Die hohe Lehne und der schmale Sitz bewirkten, dass man sehr aufrecht saß. Ich sah zu, wie der Doktor telefonierte. Als er aufgelegt hatte, schaute er uns über den Rand seiner Brille hinweg an. Er wischte sich erneut über die Stirn und sagte dann in fast feierlichem Ton: »Mädle, morgen kommst du in ein vernünftiges Krankenhaus.«

Wenn ich geahnt hätte, was auf mich zukommen würde – ich hätte es vielleicht vorgezogen, nicht eingewiesen zu werden. Doch damals war ich froh und voller Hoffnung, in kompetente Hände zu gelangen. Zu Ärzten, die mir halfen, meine Beine wieder zu bewegen.

Die Klinik lag inmitten von Wiesen am Endes des Ortes. Eine weiße Villa, umgeben von mehreren frei stehenden kleineren Gebäuden, die alle durch rot gepflasterte Wege miteinander verbunden waren. Martin trug mich eine lang gezogene Auffahrt hinauf. Die Eingangstür zur Villa öffnete sich automatisch, als wir einen kleinen Pfeiler mit einem Infrarotsensor passierten, der zwischen weiß und gelb blühenden Rosen eingelassen war. Hinter einem Fenster im ersten Stock stand ein Mann in einem gestreiften Bademantel und sah hinaus. Ein paar Spatzen stritten um einen Keks, den jemand vor der Tür hatte fallen lassen. Erst als wir bis auf zwei Schritte an sie herangekommen waren, flogen sie auf.

Im Foyer standen vier große, schwere Sessel aus braunem Leder. An einer der Längsseiten befand sich eine breite gläserne Schiebetür, in dem angrenzenden Raum sah man eine Frau mit kastanienrotem Haar Briefumschläge sortieren. Martin setzte mich in einen der Sessel und ging hinüber in die Aufnahme. Ich sah mich um. Für ein Krankenhaus mutete das Gebäude sehr vornehm an. Es wirkte eher wie ein Kur-Hotel in einem altehrwürdigen Seebad. Eine geradezu edle Ruhe herrschte, und das, fiel mir jetzt auf, war wohl das Ungewöhnlichste. An den Wänden hingen Bilder, moderne Malerei in abstrakten Formen und pastellenen Farben. Mit einem kaum hörbaren Schwung flog eine Tür am gegenüberliegenden Ende der Halle auf. Eine Weile geschah nichts, dann erschien ein Pfleger, der eine Frau ungefähr in meinem Alter im Rollstuhl schob. Die Frau sah neugierig zu mir herüber. Ich lächelte ihr zu. Martin kam aus der Aufnahme zurück. Er hielt ein Formular in den Händen.

»Hast du einen Stift?«, fragte er, ließ sich in einen der ledernen Sessel fallen und streckte die Beine aus. In meiner Tasche suchte ich nach einem Kugelschreiber. Martin fächerte sich mit dem Formular Luft zu. Nacheinander beantworteten wir ungefähr fünfzig Fragen nach Krankheiten, Beschwerden und Anomalien meines bisherigen Lebens. Als wir fertig waren, brachte Martin den Bogen hinüber zu der Dame mit dem kastanienroten Haar. Zehn Minuten später erschien eine Schwester.

»Frau Müller?« Ich nickte.

»Wenn Sie mir bitte folgen wollen.« Sie machte Anstalten zu gehen. Martin hob mich aus dem Sessel.

»Oh«, sagte die Schwester. »Möchten Sie, dass ich einen Rollstuhl hole?«

»Kommt darauf an, wie weit wir es haben«, antwortete Martin.

»Nicht weit. Die Neurologie liegt im zweiten Stock, und wir können mit dem Fahrstuhl fahren.« Dabei drückte sie auf einen Knopf neben einer Tür, die mir zuvor gar nicht aufgefallen war.

»Ist ja alles sehr modern bei Ihnen«, sagte Martin. »Von außen denkt man noch, man landet in der Vergangenheit.«

»Ja«, lächelte die Schwester. »Die Villa wurde 1890 erbaut, aber vor drei Jahren innen gründlich renoviert.«

»Ich denke, die Kommunen und die Krankenkassen haben kein Geld.«

»Nun, in dem Fall fand sich ein Sponsor. Und das war auch nötig, nachdem einem Patienten der Putz auf den Kopf gerieselt war.«

»Hoffentlich nicht während der Operation?«

»Nein, das dann doch nicht.« Die Schwester lachte. Beinahe lautlos öffnete sich die Fahrstuhltür.

Ich bekam ein Zimmer nach hinten hinaus, mit Blick auf den Garten. An den Seiten rahmten alte Birken eine Wiese, auf der mehrere Stühle standen. In manchen saßen Patienten in der Spätsommersonne.

Die Klinik wurde von Dr. Marx geleitet, jenem Arzt, den Franz Stadlhuber nach der Lektüre von Pumuckls Bericht angerufen hatte. Dr. Marx war ein hoch gewachsener Mann mit lichten Schläfen und den schmalen Händen eines Klavierspielers. Schon als ich ihn das erste Mal sah, mochte ich ihn. Anders war es mit Dr. Felten, dem Leiter der neurologischen Abteilung. Felten war schon äußerlich ein Gegenpart zu Marx – gedrungen, mit einem großporigen, beinahe grobschlächtigen Gesicht. Auch in puncto Macht, das sollte ich später merken, war er Marx' Gegenspieler. Felten sägte am Stuhlbein des Klinikleiters.

Die ersten Tage waren ausgefüllt mit Untersuchungen.

Man nahm mir Blut ab. Man hämmerte meine Arme, Beine und Füße entlang, um Reflexe zu testen, bog Zehen in alle Richtungen und verfolgte meine Reaktionen. Während dieser Tests begann ich, mehr und mehr auf die Bewegungen der Muskeln und Sehnen am Knie und in den Oberschenkeln zu achten. Ich nahm wahr, wann sich beispielsweise die Kniescheibe bewegte. Ich registrierte eine Anspannung oder ein Sichlösen der Muskeln und brachte sie mit der jeweiligen Stellung meiner Zehen in Verbindung. Allmählich verfeinerte ich mein Gefühl, und ich begann, eine regelrechte Technik zu entwickeln. Bewegte sich mein rechter großer Zeh nach unten, spannten sich im Oberschenkel die Muskeln an. Also musste, sobald ich diese Spannung im Oberschenkel spürte, mein großer Zeh tiefer stehen als die anderen vier. Ich wurde sensibler für Bewegungen und Vorgänge in meinem Körper, die ich bislang nicht bewusst wahrgenommen hatte. Wie ein Blinder, der sich durch die Welt tastet, begann ich, einen Ausgleich für mein Manko zu schaffen.

Dr. Felten ordnete eine zweite Lumbalpunktion an. Als eine Schwester mir den Termin mitteilte, wunderte ich mich, immerhin war es gerade eine Woche her, dass man mir Nervenwasser entnommen hatte. Die Ärzte konnten die Untersuchungsergebnisse jederzeit anfordern. Auch graute mir vor der erneuten Prozedur. Ich besprach mich mit Martin; doch stimmten wir zu. Die Ärzte würden wissen, was sie taten. Und wir wollten endlich Klarheit.

Dr. Felten nahm die Untersuchung selbst vor. Er redete nicht viel, das war auch nicht nötig, ich wusste, was mich erwartete. Ich setzte mich auf einen Stuhl, zog mein Nachthemd ein Stück hoch und beugte mich vor.

»Es kann sein, dass es in Ihrem Bein zuckt. So, als bekämen Sie einen elektrischen Schlag.«

»Ich weiß.« Ich versuchte, mich zu konzentrieren. Begann, wie beim letzten Mal, zu zählen. Stoisch. Eins, zwei ...

Dr. Felten stach zu, und im selben Moment schoss ein brennender Schmerz durch mein Bein, als wäre ich mit dem Fuß auf eine bloßliegende Leitung getreten.

»Nicht bewegen«, rief Dr. Felten, doch das Zucken, das mich durchfuhr, war eher ein Reflex als eine willentliche Entscheidung. Ich bemühte mich, stillzuhalten. Meine Selbstbeherrschung war verflogen, ich hatte Angst vor dem, was noch kommen würde. Ich fühlte mich ausgeliefert und hilflos. Hier war niemand, dem ich vertrauen konnte.

Ich biss die Zähne zusammen.

»Fertig«, sagte Dr. Felten kurze Zeit später und legte die Spritze in eine Schale. »Sie können sich wieder hinlegen.« Er griff mir unter die Arme, um mich zu stützen. Ich stand auf. Im selben Moment wurde mir speiübel. Mein Kopf zerflog in tausend Teile, und mein Magen zerbarst, ich sah nichts, mir war schwarz vor Augen, und die Geräusche in meinem Körper schwollen an zu einem lauten, drohenden Fanal. Etwas in mir explodierte. Meine Beine gaben nach. Ich spürte, dass Dr. Felten mich hochhob und ins Bett legte.

Kaum lag ich flach und ausgestreckt, ließ das allgewaltige Tosen nach.

»Haben Sie Kopfweh?«, fragte Dr. Felten. Ich konnte nicht nicken, nicht sprechen, es war höchstens ein Hauchen, das aus meinem Mund kam.

»Bleiben Sie ruhig liegen. So etwas kann passieren,

nach einer Lumbalpunktion. In ein paar Stunden ist alles wieder vorbei.« Er nahm die Schale mit der Spritze und ging.

Am Abend fütterte Martin mir das Abendessen in den Mund. Ich versuchte, im Liegen zu essen, was nicht einfach war, denn es gab Suppe. Doch sobald ich mich bewegte, mich aufrichtete, tobte ein Schmerz durch meinen Schädel, wie ein tosender Orkan. Auf die Toilette zu gehen war eine Tortur, es bedeutete drei bis fünf Minuten aufrechte Haltung und trieb mich an meine Grenze. Ich bin nicht wehleidig. Doch einen solchen Schmerz kannte ich nicht.

Auch am nächsten Tag löste jede noch so kleine Bewegung in Sekunden eine Schmerzkaskade aus, ein Höllenfeuer. Martin verbrachte jede freie Minute an meinem Bett.

Am späten Nachmittag des vierten Tages schien sich mein Körper allmählich zu beruhigen.

Ich lag im Bett. Martin las aus einem Roman vor, den seine Mutter mir geschenkt hatte. Ich sah aus dem Fenster, wanderte mit dem Blick zu Martins Gesicht, beobachtete seine Züge, die Bewegung seiner Augen, während seine Pupillen über die Zeilen glitten. Er trug noch seine Uniform, er war direkt aus der Kaserne ins Krankenhaus gekommen.

»Lass uns hinunter in die Cafeteria fahren und einen Kaffee trinken«, sagte Martin und klappte das Buch zu. »Meinst du, das geht?« Er war müde, denn er hatte für einen Kollegen die Frühschicht übernommen.

»Einverstanden.« Ich schob die Bettdecke beiseite. »Es wird mir auch gut tun, mal aus diesem Zimmer herauszukommen.« Martin half mir, mich aufzurichten.

Kaum saß ich aufrecht, begannen die Schmerzen erneut. Weniger brachial und brutal als in den ersten Tagen. Doch die Ruhe während des Liegens war trügerisch. Der Schmerz stand lauernd in der Ecke, noch immer bereit, jederzeit von der Leine gelassen zu werden und loszustürzen.

»Warte einen Augenblick.« Einen Moment lang presste ich beide Hände gegen die Schläfen, als würden der Druck oder die Kühle der Haut das Gebrüll dort drinnen besiegen. Dann riss ich mich zusammen. »Okay. Lass uns fahren.« Ich wollte Martin diesen kleinen Gefallen nicht abschlagen. Ich musste ja nichts tun, mich kaum bewegen, einfach nur eine Viertelstunde in einem Stuhl auf der Terrasse im Schatten sitzen. Das sollte doch zu schaffen sein.

Wir hatten die Zimmertür noch nicht erreicht, als ich Martin bat, mich wieder ins Bett zu legen. Ich hielt das Martyrium nicht aus.

Es dauerte eine Woche, bis die Schmerzen endlich verschwunden waren.

In der zweiten Woche führte man eine Messung der Nervengeschwindigkeit durch.

Martin war dabei, als ein Pfleger kam, um uns in den Untersuchungsraum im Erdgeschoss zu führen. Es war ein junger Österreicher, Emil, kaum älter als zwanzig Jahre. Er zog sein linkes Bein nach. Seine Schritte ließen sich gut von denen der anderen Pfleger, Ärzte und Schwestern unterscheiden. Ich hatte mich manchmal gefragt, was der Grund dafür sein mochte, traute mich aber nicht, Emil darauf anzusprechen.

Im Untersuchungsraum wartete bereits Dr. Felten.

Emil schob den Rollstuhl dicht neben die Untersuchungsliege in der Mitte des Raumes. Durch die Jalousien vor den beiden Fenstern drang Mittagssonne herein. Von den Plastiklamellen zerteilt, malte sie Querstreifen von Licht und Schatten auf die gegenüberliegende Wand. Dr. Felten saß an einem kleinen Tisch und machte Notizen. Emil verabschiedete sich, und Martin half mir, mich aus dem Rollstuhl heraus auf den Behandlungstisch zu ziehen. Dr. Felten stand auf und ging hinüber zu einem Metallschrank neben der Tür. Er öffnete eine Schublade, nahm einige Instrumente heraus und legte sie auf ein Tablett. Dann zog er sich einen Hocker an das Fußende des Behandlungstisches. Er griff nach meinem rechten Fuß. Ich sah, wie er ihn massierte, dann zurücklegte, den linken Fuß griff, ihn ebenfalls kurz knetete und wieder zurücklegte. Ich begann, mich daran zu gewöhnen, dass ich alles, was mit meinen Füßen und Unterschenkeln geschah, sehen musste, um es zu registrieren.

»Ich werde die Leitungsgeschwindigkeit Ihrer Nerven untersuchen.« Er nahm eine sehr lange, feine Nadel von seinem Tablett. Martin schluckte. Ich auch. Ich sah, wie Dr. Felten in meinen Fußrücken stach und spürte – nichts. Langsam wanderte Dr. Felten aufwärts, stach immer wieder mit der Nadel in die Haut. Den Fuß hinauf, das Schienbein entlang bis knapp unterhalb des Knies. Ich ließ es geschehen. Es war Martin, der am Ende der Untersuchung blass und mitgenommen aussah. Später erzählte er mir, ich hätte zeitweise sogar geblutet.

In den folgenden Tagen sah ich Dr. Felten nur kurz während der Visiten. Als ich ihn auf die Ergebnisse der Untersuchung ansprach, antwortete er knapp: »Das war schon in Ordnung.«

Dennoch wurde ich zu einer Nachmessung bestellt. Diesmal fuhr Emil mich nicht direkt ins Untersuchungszimmer, sondern zuerst zu Feltens Assistentin, Frau Wiele, die auf derselben Etage ihr Büro hatte. Wir waren uns schon ein paar Mal auf dem Stationsflur begegnet.

»Hallo, wie geht es Ihnen?«, rief sie, als Emil mich in ihr Büro schob.

»Danke. Die Kopfschmerzen nach der LP sind verschwunden. Die waren wirklich fürchterlich.«

»Ja, ab und zu kommt es vor, dass Patienten nach einer Lumbalpunktion Beschwerden bekommen. Aber eigentlich sehr selten.«

»Dann hatte ich wohl doppeltes Pech. Die Untersuchung mit den langen Nadeln war dagegen ein Spaziergang. Und glücklicherweise ist ja auch alles in Ordnung.«

»Alles in Ordnung ...?« Frau Wiele sah mich an, verdutzt. Im selben Moment klingelte das Telefon. Frau Wiele nahm ab, und während sie sprach, gab sie Emil ein Zeichen zu warten. Als sie den Hörer wieder auflegte, reichte sie dem Jungen einen Zettel und bat ihn, ihn schnell der Oberschwester zu bringen. »Und von Ihnen brauche ich noch ein paar Auskünfte für die Krankenakte«, sagte sie und zog dabei eine Mappe aus der Schublade ihres Schreibtischs.

»Was ist mit meinen Messwerten?«

»Nun, das wird der Doktor mit Ihnen besprechen. Es tut mir Leid, aber ich darf Ihnen dazu nichts sagen.«

Dr. Felten, als ich ihn das nächste Mal sah, sprach nur von ungenauen Daten, die noch einmal überprüft werden müssten. Vorläufig könne man nichts verifizieren oder falsifizieren. Ich müsse mich schon gedulden.

Abends, wenn die Besuchszeit endete und Martin sich verabschieden musste, überkam mich manchmal das Gefühl, über einem Abhang zu schweben. In diesen Momenten war ich weich und verletzbar.

Nach wie vor gelang es mir, mich zu beherrschen. Ich blieb vernünftig. Noch ist alles offen, sagte ich mir, und so lange besteht kein Grund, in Panik zu geraten. Ich übte mich in Disziplin, wie ich es eben gelernt hatte. Reagierte ruhig und gelassen. Doch wenn Martin sich aufmachte zu gehen, blitzte die Angst hervor. Ich weinte. Martin versuchte, mich zu trösten. Machte mir Mut, machte mich glauben, dass es schon weitergehen würde. Vielleicht sprach er sich dabei auch selbst Mut zu.

Mehrere Male hatte Martin seinerseits versucht, mit Dr. Felten zu sprechen, etwas Konkretes in Erfahrung zu bringen; er war genauso abgespeist worden wie ich.

Martin Müller

Wir haben beide lange geglaubt, das würde alles schon wieder werden. Conny würde gesund werden, wieder laufen können und reiten, und wir würden weiterleben wie bisher.

Ich hatte anfangs auch kaum Zeit, mir Gedanken zu machen. Ich war so beschäftigt mit den täglichen Fahrten ins Krankenhaus, in die Kaserne, in den Stall, ich musste die Pferde versorgen, mich um den Hund kümmern, zu den Großeltern fahren – all das hielt mich davon ab, nachzudenken. Nur manchmal, spätabends, wenn ich allein zu Hause saß, kamen die Gedanken. Was würde werden? Wie ginge es weiter? Wie würde unser

Leben aussehen, wenn Conny nicht gesund würde? Wenn sie gar nie wieder laufen könnte? Wenn sie den Rest ihres Lebens auf den Rollstuhl angewiesen wäre? Wie ginge es dann auch finanziell weiter? Irgendwann platzte mir beinahe der Kopf. Ich fand einfach keine Antworten.

Auch in dieser Klinik hielten uns die Ärzte hin. Wir wollten wissen, was Conny fehlte, doch die Zeit verging, und man vertröstete uns. Es ist leichter, einen Pudding an die Wand zu nageln, als einen Arzt zu einer Aussage über die Gesundheit seines Patienten zu bewegen, das ist meine Erfahrung. Ich habe immer wieder versucht, mit dem behandelnden Arzt zu reden oder auch mit dem Klinikleiter. Es war hoffnungslos. Sie hielten mich mit ihren Fachausdrücken auf Distanz, ich begriff nichts, wurde vertröstet und schließlich aus dem Zimmer komplimentiert.

So verging Tag um Tag, Woche um Woche. Wir hingen fest. Wir hielten uns fest – aneinander und an dem Glauben, alles würde wieder gut werden. In Wirklichkeit traten wir auf der Stelle, als hätten wir Kaugummi unter den Schuhsohlen. Es gab kein Entrinnen. Und es gab keine Klarheit.

* * *

Die Zeit verging. Schließlich wurde ich auf die Reha-Station verlegt; Emil kam und holte mich ab. Er half, meine Sachen zusammenzupacken, und fuhr mich hinunter in die erste Etage. Wieder bekam ich ein Zimmer für mich allein.

Jeden Morgen nach dem Frühstück brachte man mich

zur Krankengymnastik und später zur Wassertherapie. Im Wasser fühlt sich der Körper leicht an, die Muskeln entspannen sich, und mit Unterstützung der Krankengymnasten gelang es mir in dem Wasserbecken sogar, für kurze Zeit zu stehen. Nachmittags wurde ich erneut zur Krankengymnastik gebracht. Dreimal pro Woche standen außerdem Massagen auf dem Behandlungsplan. Alles in allem ein straff organisierter Tagesablauf. Emil gab mir ein kleines Heft, in dem sauber aufgelistet war, wann ich mich wo auf dem Klinikgelände zu welcher Anwendung einzufinden hatte.

In den Lücken, die blieben, bekam ich Besuch.

Großmutter sah täglich vorbei, und viele Freunde, die während der vergangenen Wochen nur mit Martin oder den Großeltern telefonieren konnten, kamen nun, um nach mir zu sehen. Ich freute mich über die Anteilnahme und Unterstützung, fühlte mich geborgen und sicher. Meine Freunde, meine Familie und vor allem mein Mann gaben mir viel Kraft. Martin besuchte mich, sobald er Feierabend und im Stall die Pferde versorgt hatte. Manchmal, wenn er mich umarmte, roch ich den Geruch der Pferde in seiner Jacke. Eine tiefe Sehnsucht erfasste mich. Würde ich eines Tages wieder reiten können? Im selben Moment wischte ich die Gedanken beiseite. Sie waren zu heikel, als dass ich sie zu Ende denken wollte.

Von morgens bis abends war ich beschäftigt und niemals allein. Es war immer jemand da, mit dem ich reden konnte. Und das war gut so.

Sobald sich eine Möglichkeit ergab, ließ ich mich in den Garten oder in die Cafeteria rollen. Meine Freunde und Bekannten hatten keinerlei Berührungsängste, sie halfen mir in den Rollstuhl, schoben ihn durch die Gänge, und der ein oder andere probierte auch aus, wie es ist, in so einem Gefährt herumzufahren. Ich habe stets darauf geachtet, niemandem zur Last zu fallen. Ich denke, die Menschen können leichter mit einem Behinderten umgehen, wenn der- oder diejenige nicht ständig klagt und sich bemitleidet. Meine eigene Geduld würde so etwas ungeheuer strapazieren, und diesen Maßstab lege ich auch in meinem eigenen Umgang mit meinen Mitmenschen an. Ich versuchte also, möglichst unbefangen mit der neuen Situation umzugehen. Und bald hatten alle akzeptiert, was ich auch akzeptieren musste: dass ich – erst einmal – im Rollstuhl saß.

Einer der Zivildienstleistenden auf der Station, Klaus, fuhr Einrad. Manchmal führte er mittags auf dem Stationsflur Kunststücke vor. Wenn wir applaudierten und eine Zugabe forderten, rief Klaus: »Alle Rollis in eine Reihe!«

Wir bildeten eine Schlange, jeder hielt sich an den Griffen der Rollstuhls, der vor ihm stand, fest. Klaus fuhr mit seinem Einrad dann hinter den letzten Rollstuhl in der Kette und schob uns von hinten an. Es war nicht leicht, die Kette geschlossen zu halten, der eine oder andere Rollstuhl scherte aus, und sein Fahrer musste kurbeln, um wieder aufzuschließen. Am Ende war die halbe Station irgendwie in die »Reha-Rallye« involviert, jeder versuchte jeden abzudrängen oder zu überholen. Mit Karacho rollte ein Dutzend Rollstühle durch die Flure und Hallen. Wir hatten einen Heidenspaß. Kamen Besucher, wurden sie sofort zu Linienrichtern oder Boxenwarten oder Anschiebern ernannt. Anfangs waren es vor allem die Jüngeren auf der Station, die mitmachten. Doch den

Älteren gefiel es ebenfalls, dass die Tristesse des Krankenhausalltags durchbrochen wurde, dass Lachen durchs Haus tönte und etwas Abwechslung einzog. Der ein oder andere schloss sich bald selbst der »Reha-Rallye« an. Patienten, die sich hängen ließen, versuchten wir mitzureißen und ein wenig aufzumuntern.

Mit einigen Patienten freundete ich mich an. Jeder hatte seine Geschichte. Ruth hatte in einer Einkaufszone einen Handtaschenräuber in die Flucht geschlagen, war dabei gestolpert und auf einen städtischen Blumenkübel aus Waschbeton gestürzt. Seither war sie von der Taille abwärts gelähmt. Claus-Christian war an der Wirbelsäule operiert worden und lernte nun mühsam wieder gehen. Burckhardt konnte zwar gehen, aber er hatte nach einem schweren Skiunfall einen Gehirnschaden davongetragen und zeigte unterschiedlichste Ausfallerscheinungen. »Sein Hirn hat auf der Piste gelegen«, erklärte sein Vater in einer Mischung aus bemühter Komik und blanker Verzweiflung. Beide Eltern waren zutiefst verstört darüber, dass ihr erwachsener Sohn sich wie ein Kleinkind gebärdete. Im Allgemeinen hatte er eine gutmütige, liebe Art; doch wenn ihm etwas widerstrebte, wurde Burckhardt aggressiv. Wann immer seine Gefühle ihn überrollten, gab er ein lang gezogenes, gutturales »na-na-na-naaa« von sich.

Und dann war da Siggi. Siggi lernte ich eines Tages in der Cafeteria kennen.

»Kannst du mal meinen Strohhalm halten?«, fragte eine Stimme hinter mir. Als ich mich umdrehte, blickte ich in ein Paar blauer Augen, die unverwandt auf mich gerichtet waren. Darunter ein unwiderstehliches Lachen.

Das Gesicht braun gebrannt, schwarze, wilde Haare – ein richtiger Frauentyp.

»Meinen Strohhalm«, sagte der Sunnyboy und deutete mit einem Nicken auf einen Becher mit Orangensaft, der vor ihm auf dem Tisch stand.

Ich nahm den Strohhalm und führte ihn ihm zum Mund. Siggi trank. »Danke«, sagte er. Und: »Ich bin Siggi.«

»Conny«, antwortete ich.

»Warum bist du hier?«

»Wenn ich das bloß wüsste. Ich habe kein Gefühl mehr in meinen Beinen. Besser gesagt: nur noch bis zum Knie. Darunter spüre ich nichts.«

»Und noch keine Diagnose?«

»Nein. Die Ärzte lassen sich Zeit. Aber lass uns lieber über etwas anderes reden. Was hast du denn?«

»MS.« Er sah mich an, erst freundlich, dann fragend. »Multiple Sklerose.«

»Habe ich schon mal gehört. Aber eigentlich weiß ich nichts Genaues darüber.«

»Multiple Sklerose ist eine Erkrankung des zentralen Nervensystems. Entzündungen zerstören die äußere Schutzhülle der Nerven, was am Ende dazu führt, dass Nervenimpulse nicht korrekt weitergeleitet werden können.«

»Klingt, als hättest du das schon ziemlich oft erklären müssen«, sagte ich und lachte. Siggi nickte und lachte ebenfalls.

»Dein Körper streikt, an den verschiedensten Stellen. Du bekommst Muskelschwäche, Verkrampfungen oder Gleichgewichtsstörungen, deine Hände zittern, deine Haut kribbelt, du siehst unscharf, hast deine Blase nicht mehr unter Kontrolle. Wie beim Glücksspiel: alles ist möglich!« Siggis Aussprache war manchmal undeutlich, ich musste mich konzentrieren, um ihn zu verstehen.

»Seit wann hast du das?«

»Genau weiß ich es nicht. Es hat lange gedauert, bis man die Krankheit überhaupt festgestellt hat. Angefangen hat es damit, dass ich meine Arme plötzlich nicht mehr bewegen konnte. Eine Weile später waren es die Beine, die Füße. Und dann war wieder alles in Ordnung. Meine Eltern sind mit mir zu allen möglichen Ärzten gerannt. Manche von denen haben gesagt, ich sei ein Simulant. Bis ich eines Tages beim Baden fast ertrunken wäre. Jemand hat mich gerettet, ich wurde ins Krankenhaus geflogen, und dort fand eine Ärztin heraus, dass ich MS habe.

»Wie lange ist das jetzt her?«

»Als die Ärztin mir sagte: ›Siggi, du hast MS‹, da war ich fünfundzwanzig. Das war vor fünf Jahren. Wie alt bist du?«

»Zweiundzwanzig.«

»Seit man mich damals aus dem Krankenhaus entlassen hat, ist mein Zustand schlechter geworden, ziemlich kontinuierlich. Ich habe mehrere schwere Schübe gehabt. Heute kann ich meine Beine gar nicht mehr und meine Arme und Hände nur noch eingeschränkt bewegen. Ich habe zeitweise Sehstörungen – manchmal bin ich beinahe blind. Dann wieder sehe ich alles doppelt. Die Sehbeschwerden bilden sich allerdings jedes Mal zurück. Es gibt Tage, an denen fühlt sich meine linke Gesichtshälfte taub an, wie nach einer Betäubungsspritze beim Zahnarzt. Dann kann ich nicht einmal selbstständig essen und trinken.« Er grinste und deutete mit dem Kopf auf die Villa hinter uns. »Inzwischen kenne ich den Laden hier schon ganz gut. Gibt ein paar nette Leute hier. Hältst du noch mal den Strohhalm?«

Ich griff nach dem Becher und hielt den Strohhalm, während Siggi mit den Lippen danach tastete. Er trank, bis der Becher leer war.

»Sie müssen mich füttern. Aber weißt du was, Mädchen? Ich nehme mit, was ich vom Leben noch kriegen kann. Und ich komme ganz gut zurecht. Zu Hause habe ich einen Zivi. Der macht alles, was ich nicht kann, und wenn ich irgendwohin will, muss er mich hinfahren. Ein- oder zweimal im Jahr fliege ich in den Urlaub. Ich suche mir ein behindertengerechtes Hotel, bezahle dem Zivi Flug und Unterkunft und werde vor Ort versorgt. So sehe ich noch ein paar schöne Flecken von der Welt. Lass mir gemütlich die Sonne auf den Kopf scheinen – alles kein Problem.« Er lachte breit. »Ich kann dir gern ein paar Tipps geben, wenn du möchtest.«

Ich lachte ebenfalls. Es war leicht, sich von Siggis Charme mitreißen zu lassen. Doch am meisten beeindruckte mich sein Lebenswille.

Unten im Garten sah ich Ruth mit schnellen Bewegungen den Weg hinaufrollen. Ihr Haar verdeckte das Gesicht, doch etwas an ihren Bewegungen gab mir das Gefühl, dass sie aufgeregt war. Ich zog eine Strickjacke über und fuhr mit dem Fahrstuhl hinunter.

Wir begegneten uns am Rand der Café-Terrasse. Als Ruth mich sah, steuerte sie auf mich zu. Jetzt sah ich, dass sie weinte.

»Hast du Zeit für einen Kaffee?«, fragte sie.

»Natürlich. Warte einen Moment hier, ich hole zwei Tassen. Nimmst du Milch?« Sie nickte.

Als ich mit dem Kaffee zurückkam, hatte Ruth sich die Nase geputzt. Sie verstaute das Taschentuch in ihrer Gürteltasche. Ich schob ihr eine Tasse hinüber. »Was ist passiert?«

Ruth schluckte und griff nach der Kaffeetasse. Ich sah sie an, schweigend. Ruth trank, setzte die Tasse ab. Griff wieder nach der Tasse, trank noch einen Schluck. Wickelte die Hände um die Tasse und starrte hinein, als suche sie dort nach einer Lösung. Dann hob sie den Kopf und sah mich an.

»Er sagt, er kann das nicht.«

»Rolf?«

»Hm.«

»Dann hast du also mit ihm gesprochen?«

»Hm.« Tränen liefen ihr über die Wangen.

»Meinst du nicht, es ist besser so?«

»Wahrscheinlich.« Das lautlose Weinen ging in ein heftiges Schluchzen über. »Aber es tut so weh.«

»Ja.« Auf dem Rosenbeet landete eine Amsel. Drinnen kreischte die Kaffeemaschine, jemand schäumte Milch für einen Cappuccino auf. Wie banal, dachte ich. Alles geht weiter seinen Gang.

»Er sagt, er kann sich nicht vorstellen, mit einer Frau zu leben, die den Rest ihres Lebens im Rollstuhl sitzen wird«, schluchzte Ruth. »Er sagt, er hat lange darüber nachgedacht und versucht, es so normal wie möglich anzugehen. Aber es sei nicht das Leben, das er sich für sich vorstellt.«

Arschloch, dachte ich. Und fragte: »Noch einen Kaffee?« Ruth nickte.

Ich rollte hinein zum Kaffeeautomaten. Ich suchte nach Kleingeld und merkte, dass Rolfs Worte mich wütend machten. Was sollte das heißen: »Nicht das Leben, das er sich für sich vorstellt«? Er konnte morgen gegen einen Baum fahren und selbst querschnittsgelähmt sein. Das wäre auch nicht das Leben, das er sich für sich vorstellte. Aber wäre er deswegen ein anderer Mensch, weniger wert, weniger liebenswert?

Als ich zurückkam, kramte Ruth in ihrer Tasche.

»Er will kein Leben voller Einschränkungen führen, in dem man immer auf fremde Hilfe angewiesen ist.«

»Man? Er ja nicht ...« Ich wurde zynisch. Zugegeben, es ist eine schwierige Situation, und es macht einen Unterschied, ob man mit jemandem zusammenlebt oder ob man mit einem Behinderten locker befreundet ist, aber jederzeit in seine heile, normale Welt zurückkehren kann. Ich will es niemandem zum Vorwurf machen, wenn er sagt, er könne mit einem behinderten Menschen nicht zusammen sein. Dennoch war ich wütend. Ruth tat mir einfach Leid.

»Hast du noch Taschentücher? Meine sind alle.« Sie sah mich an, fuhr sich mit der Hand durch das verweinte Gesicht und begann plötzlich, laut zu lachen. Ich schob ihr eine frische Packung Taschentücher über den Tisch. »Vorrat. Kannst du behalten.« Geräuschvoll putzte Ruth sich die Nase und stopfte das Taschentuch in ihren Hosenbund.

»Scheiße«, sagte sie vernehmlich.

»Stimmt. Aber du wirst in Zukunft nicht mehr mit dem unangenehmen Gefühl leben, Rolf sei zwar da, aber eher aus Pflichtgefühl als aus Liebe.« Ich biss mir auf die Lippe. So drastisch hätte ich es vielleicht nicht formulieren müssen. Ich legte eine Hand auf Ruths Arm. »Du kannst jetzt neu anfangen. Und dass du im Rollstuhl sitzt, heißt schließlich nicht, dass du nie wieder einen Partner findest.«

Davon war ich zutiefst überzeugt.

Ich hatte in den vergangenen Wochen mehrfach gehört, dass Beziehungen in die Brüche gingen, weil Partner mit der neuen Situation nicht zurechtkamen. Dann hatte ich mitbekommen, dass Rolf immer seltener zu Besuch kam und dass Ruth das bedrückte. Irgendwann hatte ich sie darauf angesprochen. Ruth druckste herum, räumte dann aber ein, sie habe das Gefühl, ihr Freund käme ungern und wüsste nicht, wie er sich ihr gegenüber verhalten sollte. »Sprich mit ihm«, hatte ich ihr geraten. »Dann weißt du zumindest, woran du bist.«

Nun wusste sie es.

Ruths Schicksal machte mich nachdenklich. Noch war nicht klar, ob ich den Rest meines Lebens im Rollstuhl sitzen würde, und solange es keine Diagnose gab, weigerte ich mich weiterhin, mir Gedanken über die Zukunft zu machen. Doch ein ungutes Gefühl beschlich mich bei der Vorstellung, mein Mann könne aus Mitleid bei mir bleiben. Mir wurde klar, dass ich mit Martin darüber sprechen musste.

»Wenn es dir zu schwierig erscheint, möchte ich lieber gleich einen Schlussstrich ziehen. Dann stehe ich das allein durch. Ich will nicht, dass du dich mühst und aufopferst und dann in zwei oder drei oder vier Monaten sagst, du hast keine Kraft mehr, und gehst. Ich brauche Klarheit, jetzt. Ich brauche meine Kraft für das, was vor mir liegt. Um mein Leben in neue Bahnen zu lenken.«

Martin schwieg, während ich redete. Als ich geendet hatte, schwieg er immer noch, und diese Sekunden kamen mir ewig lang vor. Dann sagte er: »Als wir geheiratet haben, da hieß es: in guten und in schlechten Tagen. Jetzt sind schlechte Tage. Egal, was kommt, ich halte zu dir.«

Im Laufe der Zeit und ohne dass ich es bemerkte, gewöhnte ich mich an die Vorstellung, behindert zu sein. Es geschah auf eine stille und selbstverständliche Art. Die Vorstellung von einem Leben im Rollstuhl sickerte langsam in meinen Alltag hinein.

Alle Patienten um mich herum waren mehr oder weniger eingeschränkt. Sie waren auf Hilfsmittel wie Rollstühle oder Gehhilfen angewiesen. Manche benötigten rund um die Uhr Pflege und Betreuung. Sie alle hatte das Leben aus der Bahn geworfen. Sie mussten ihre Lebensentwürfe überdenken, Pläne fallen lassen, neue Ziele definieren. Die meisten würden nie wieder in ihren alten Berufen arbeiten können. Viele mussten umziehen, weil die Häuser und Wohnungen, in denen sie gelebt hatten, nicht behindertengerecht gebaut waren. Manche mussten Trennungen von Partnern und Freunden verkraften. Alle mussten sie ihrem Leben einen neuen Sinn geben.

Einige ließen sich gehen. Gaben sich düsteren Grübeleien hin, malten pessimistische Perspektiven. Ich war selbstbewusst genug zu glauben, dass ich auch mit einer Behinderung gut würde leben können. Leiden liegt mir nicht. Wenn ich den Menschen offen und positiv begegnete, würde ich auch weiterhin Freunde finden und am Leben teilnehmen. Ich konnte mir durchaus vorstellen, mit dem Rollstuhl in eine Disco zu fahren, zur Not auch allein, davor fürchtete ich mich nicht. Wo ein Wille ist, ist ein Weg.

Allein was mir zu schaffen machte, war die Vorstellung, möglicherweise nie wieder reiten zu können. Genau genommen wusste ich nicht einmal, ob ich es wollte, ob ich mich mit tauben Beinen auf ein Pferd hieven wollte, um schwer und tumb im Sattel zu hängen, im Kopf stets die Erinnerung daran, wie gut ich einmal geritten war. Damit verband sich die Frage: Was wird aus unseren Pferden?

Auch darüber sprach ich mit Martin. Die Vorstellung, Rostock zu verkaufen, ihn in fremde Hände zu geben, nie wieder sein weiches Schnuppern und seine warmen Küsse zu spüren, setzte mir zu. Martin hatte sich ebenfalls längst an ihn gewöhnt. Rostock gehörte einfach zu unserer kleinen Familie dazu. Wir beschlossen, den Wallach auf jeden Fall zu behalten. Selbst wenn ich eines Tages nur noch in den Stall oder auf die Weide fahren würde, um Rostock eine Stunde oder zwei zu streicheln.

Sechs Wochen waren vergangen, seit Dr. Stadlhuber mich in die weiße Villa hatte einweisen lassen. Sechs Wochen, in denen weder Dr. Felten noch der Leiter der Klinik, Dr. Marx, eine Diagnose gestellt hatten. In zweiwöchigem Rhythmus wurde mein Aufenthalt verlängert, man setzte weitere Untersuchungen an und erhöhte die Zahl der Anwendungen und der Krankengymnastikstunden.

»Die Muskulatur muss bewegt werden, das stärkt die Stabilität des Rumpfes«, sagte Dr. Felten. »Sie müssen dabeibleiben, dranbleiben.«

Mehr sagte er nicht.

Nach wie vor waren meine Beine unterhalb der Knie taub. Ich konnte nicht gehen, noch nicht einmal ohne fremde Hilfe stehen. Sobald ich es versuchte, sackten die Beine weg, als wären sie aus Gelee. Daran änderten die verschiedensten Therapien nichts. Da Dr. Felten nie Zeit für ein Gespräch hatte, zunehmend abweisend und arrogant reagierte und mir damit auch immer unsympathischer wurde, fuhr ich eines Nachmittags zum Sprechzimmer von Dr. Marx. Ich wartete vor der Tür, weil ich drinnen laute Stimmen hörte. Die eine gehörte Dr. Marx, die andere schien die von Dr. Felten zu sein. Und in der Tat kam dieser zehn Minuten später mit hochrotem Kopf zur Tür heraus und stürmte den Flur entlang.

Dr. Marx bat mich herein. Auch er wirkte aufgebracht. »Bitte«, sagte er und bot mir einen Platz auf seinem Besuchersofa an.

»Danke. Nicht nötig«, antwortete ich und deutete auf den Rollstuhl.

»Entschuldigung. Was führt Sie zu mir?« Er strich sich mit seinen schmalen Klavierspielerhänden die Haare aus dem Gesicht.

»Die Stationsschwester sagt, ich muss noch bis Ende September bleiben.«

»Ja, das habe ich angeordnet.«

»Immer wieder heißt es: Nein, wir können Sie noch nicht entlassen, Sie müssen noch bleiben ...«

»Bislang konnten wir keine relevanten Fortschritte feststellen. Geben Sie sich und uns noch ein wenig Zeit. Haben Sie noch ein bisschen Geduld.«

»Ich habe ja Geduld. Ich mache auch weiterhin alle Übungen und Anwendungen mit. Aber ich frage mich, warum ich weiterhin in der Klinik bleiben muss. Krankengymnastik wird auch ambulant angeboten, genauso die anderen Anwendungen. Ich möchte endlich wieder nach Hause.«

»Das kann ich verstehen. Aber Sie stehen immer noch unter Beobachtung. Noch wissen wir nicht genau, was eigentlich der Grund für die Gefühllosigkeit in Ihren Beinen ist. Warten Sie noch zwei Wochen ab.«

Ich wartete ab. Doch nichts geschah.

Ende September teilte Dr. Marx mir mit, man würde mich nach München in eine Spezialklinik bringen. Dort sollte eine Kernspintomografie gemacht werden.

»Abgeholt?«, sagte der Arzt und schaute erst zu mir, dann zu dem Taxifahrer, der wartend am Empfangstresen lehnte. »Nein, das ist ein Missverständnis. Sie werden schon ein paar Tage hier bleiben müssen.«

Man hatte mir versprochen, die Untersuchung würde nur einen Tag dauern, abends könnte das Taxi mich wieder zurückbringen. Nur deswegen hatte ich eingewilligt. Ich bekam Angst. Angst, dass wenn ich hier bliebe, Martin nicht in meiner Nähe wäre, ich mir selbst überlassen blieb. Ich brauchte Martins Nähe, er war mein Ruhepol. Auf keinen Fall wollte ich hier bleiben. »Ich habe nicht einmal eine Zahnbürste dabei!«

»Da können wir Ihnen helfen«, sagte der Arzt. Am Ende einigten wir uns auf einen Kompromiss. Ich würde auf jeden Fall über Nacht bleiben. Morgen würde man dann sehen, ob ich transportfähig wäre. Wenn ja, würde mich am frühen Abend ein Taxi zurückbringen.

Nachmittags fuhr mich eine Krankenschwester in den Untersuchungsraum. Er war ähnlich dunkel, kühl und nüchtern wie der, in dem seinerzeit die nette Ärztin die Computertomografie durchgeführt hatte. Wieder stand eine große, alles beherrschende Röhre in der Mitte des Raumes.

»Guten Tag!« Ich drehte den Kopf. Im Türrahmen stand ein großer blonder Mann. »Ich bin Dr. Reimann.« Er kam herüber und reichte mir die Hand. Er trug einen Siegelring am kleinen Finger seiner rechten Hand. »Haben Sie schon einmal in so einer Röhre gelegen?« Sein Kopf deutete auf die Maschine.

»Ich habe Erfahrungen mit CTs.«

»Und die klinischen Abkürzungen beherrschen sie auch.« Er lachte und zog einen Hocker heran. »Aber ein Kernspint funktioniert anders. Ihr Körper wird einem Magnetfeld ausgesetzt, und das Gerät misst währenddessen die Energie des Wasserstoffatomkerns in den Zellen.«

»Klingt kompliziert.«

»Für den Laien sicherlich. Aber ich verkürze schon und verschone Sie mit überflüssigen Details. Was Sie interessieren dürfte: Eine Kernspintomografie tut nicht weh, sie ist nicht schädlich, es wird Ihnen nichts injiziert, und Sie werden keiner schädlichen Strahlung ausgesetzt.«

»Das klingt gut«, sagte ich trocken.

»Natürlich sieht die Röhre etwas unheimlich aus. Aber der Test ist harmlos, wirksam und genau.«

»Dann fangen wir mal an. Umso eher sind wir fertig.«

»Gut.« Dr. Reimann stand auf und stieß den Hocker mit einem Bein beiseite. Er rollte über das Linoleum, bis die Wand ihn bremste. »Ich helfe Ihnen auf die Liege.«

Er griff meinen rechten Arm unter dem Ellenbogen. Ich hievte mich aus dem Rollstuhl.

«Tragen Sie einen Herzschrittmacher?«, fragte Dr. Reimann. »Oder eine Armbanduhr.«

»Weder noch.«

»Sonstige Metallgegenstände?«

»Keine.«

»Bekommen Sie manchmal Platzangst?«

»Nein.«

»Dann kann es losgehen.«

»Tun Sie, was Sie tun müssen.«

Langsam glitt die Liege in die Metallröhre, unaufhaltsam in den großen, dunklen Sarg hinein. Ich schloss die Augen. Die Liege stoppte. Einen Moment lang herrschte absolute Stille. Dann setzte ein lautes Geräusch ein, als schlüge ein Hammer auf ein Stück Eisen, direkt neben meinem Kopf, mit ohrenbetäubendem Lärm. Ich dachte an Rostock. An Martin. An Großmutter. Und an die Seife, die sie mir mitgebracht hatte, weil ich ihren zarten Blumenduft so gern mochte.

Ich lag bereits eine Ewigkeit in der Röhre, als Dr. Reimanns Stimme über die Sprechanlage erklang. »Ich setze jetzt die Liege in Bewegung.«

Erleichtert schlug ich die Augen auf. Ein milchiges Licht kroch vom Fußende her in den Tunnel. Die Liege glitt hinaus. Draußen holte ich tief Luft.

«Ich spritze Ihnen jetzt noch ein Kontrastmittel.«

»Nein!« Mir wurde heiß. Dr. Reimann ging hinüber zu einem Schrank.

»Nicht erschrecken.«

»Sie haben gesagt, mir würde nichts injiziert.«

»Ich dachte, wir kämen ohne aus. Aber die Bilder sind

noch nicht scharf genug. Durch das Kontrastmittel werden die Aufnahmen präziser. Sie merken nur einen kleinen Piekser. Das ist alles, versprochen.«

»Und dann muss ich noch mal in die Röhre?«

»Ja. Aber es wird dann nicht mehr allzu lange dauern.«

Ich riss mich zusammen.

Die Liege setzte sich erneut in Bewegung. Ich schloss die Augen und versuchte, mich abzulenken. Versuchte, das Sarggefühl auszublenden, die Enge, den Lärm. Der Krach zehrte an meinen Nerven. Ich bemühte mich, nicht daran zu denken, was gerade geschah.

Nach eineinhalb Stunden war alles vorbei. Ein Pfleger brachte mich auf die Station.

Ich teilte das Zimmer mit einer jungen Frau, Karin, sie war nur wenig älter als ich. Abends beim Essen unterhielten wir uns. Sie hatte MS und war gerade Mutter geworden.

»Das Schlimmste ist, dass ich mein Baby nicht im Arm halten kann, weil ich immer Angst haben muss, es fallen zu lassen.« Obwohl ich von Siggi einiges über Multiple Sklerose erfahren hatte, berührte mich dieses Detail. »Ansonsten«, sagte Karin, »kann man mit der Krankheit leben.«

Wir unterhielten uns lange, und kurz vor dem Einschlafen tat es mir fast Leid, dass ich auf der Reha-Station ein Zimmer für mich allein hatte. Mit Karin hätte ich gern ein Zimmer geteilt.

Am nächsten Morgen nach dem Frühstück kam Dr. Reimann. Eine Schwester hatte Karin auf die Säuglingsstation zu ihrem Baby gefahren, und so waren wir allein. Dr. Reimann setzte sich auf den Rand von Karins Bett.

»Wie war die Nacht?«

»Danke. Ich habe gut geschlafen. Nur das Frühstück – das ist bei uns im Krankenhaus besser.«

»Oh. Na ja, die Etats sind knapp bemessen ...« Er lächelte. Sein Piper piepte. Er zog ihn aus der Tasche seines Kittels, drückte auf einen Knopf und steckte das Gerät wieder ein. »Sagen Sie, haben Sie schon einmal etwas von Multipler Sklerose gehört?«

»Ja.«

»Hm.« Er schürzte die Lippen, überlegte einen Moment. »Wie gut kennen Sie sich aus?«

»Bei uns in der Klinik sind einige Patienten, die an MS erkrankt sind. Mit einem habe ich mich angefreundet. Er kommt ganz gut mit seiner Krankheit zurecht. Und meine Nachbarin hier ...« Ich deutete auf Karins Bett. »Sie hat auch MS. Aber das wissen Sie ja selbst.«

»Ja.«

»Ansonsten bin ich noch nie mit dieser Krankheit konfrontiert worden.«

»Nun, es ist eine Krankheit mit vielen Facetten. Wir kennen die unterschiedlichsten Symptome. Darum ist Multiple Sklerose auch so schwierig zu diagnostizieren. Und die Krankheit kann sehr unterschiedlich verlaufen, je nachdem, welche Nervenregionen betroffen sind.

Im Grunde muss man sich das Ganze wie einen Stromkreislauf vorstellen: Da ist ein Kabel, die Krankheit frisst seine Ummantelung an, und irgendwann kommt es zu Kurzschlüssen. Je nachdem, wo die Kurzschlüsse stattfinden, sind mal die Hände betroffen, mal die Füße, mal die Augen, mal innere Organe, die Blase zum Beispiel.«

»Ziemlich anschauliche Erklärung. Verstehen selbst Laien.«

»Ja. Fiel mir leider auch erst nach Jahren praktischer Arbeit ein. Aber der Vergleich bringt tatsächlich hochkomplizierte Dinge simpel auf den Punkt.« Dr. Reimann grub die Hände in die Taschen seines weißen Kittels. »Bei den meisten Patienten, etwa 60%, verläuft die Krankheit schubförmig. Das heißt, ein Symptom taucht auf und verschwindet nach einiger Zeit wieder. Manchmal liegen Jahre zwischen diesen Schüben. Etwa zwanzig Prozent der Patienten haben ihr ganzes Leben lang kaum Symptome und werden kaum durch die Krankheit beeinträchtigt. Bei den restlichen zwanzig Prozent der Patienten entwickeln sich die Beschwerden allmählich. Über Wochen, Monate, manchmal über Jahre. In diesen Fällen bilden sich die Symptome allerdings nicht zurück.

Bei Multipler Sklerose denken die Menschen immer schnell an Rollstühle und Schwerstbehinderung. Natürlich gibt es Menschen, die von MS schwer betroffen sind. Es gibt aber auch viele Menschen mit MS, denen es ein Leben lang recht gut geht. Sie sehen also, die Prognosen sind so vielfältig wie die Erscheinungsformen.« Dr. Reimann redete noch eine ganze Weile über Symptome, Folgen und Krankheitsbilder. Irgendwann erwähnte er, dass man auch mit Multipler Sklerose Kinder bekommen könne. Dann verabschiedete er sich. Er ging und schloss leise die Tür hinter sich.

Stille füllte den Raum.

Dr. Reimann hatte viel über Multiple Sklerose gesprochen; doch den entscheidenden Satz hatte er nicht gesagt. Er hatte nicht gesagt: Sie haben MS.

Kurze Zeit später wurde Karin zurückgebracht. Ich erzählte ihr von dem Gespräch. Als ich geendet hatte, sahen wir uns schweigend an. Irgendwann sagte ich: »Jetzt kann ich wohl davon ausgehen, dass ich Multiple Sklerose habe.«

»Ja. So wird es wohl sein.«

»Immerhin ...« Ich ließ mich zurücksinken. »Immerhin stirbt man an MS nicht.«

Am späten Nachmittag fuhr ich mit den Aufnahmen der Kernspintomografie zurück in die weiße Villa. Martin wartete bereits in der Cafeteria, er trank mit Siggi Kakao. »Wie geht es dir?«, fragte er und umarmte mich. »Wie war die Untersuchung? Was haben sie mit dir gemacht?«

Ich erzählte von dem furchtbaren Lärm. Davon, dass der Arzt, als ich schon dachte, ich hätte es überstanden, noch ein Kontrastmittel spritzte. Und ich erzählte von dem Gespräch mit Dr. Reimann.

»MS«, sagte Siggi. Martin sagte nichts. Und ich fühlte mich plötzlich sehr müde.

»Komm, ich bringe dich in dein Zimmer.«

Als ich im Bett lag, setzte Martin sich neben mich und nahm meine Hand. Ich sah ihn an und spürte einen Kloß im Hals. »Ich bin froh, dass es kein Krebs ist. Davor hatte ich die ganze Zeit heimlich Angst.«

In Martins Gesicht lag eine große Erschöpfung. »Ja«, antwortete er. »Das ist mir auch immer wieder durch den Kopf gegangen.«

»Man kann mit dieser Krankheit leben, Martin, weiterleben!«

»Ja.«

»Ich muss jetzt schauen, wie ich damit zurechtkomme.«

»Ja.« Martin richtete sich auf und rutschte von der

Bettkante. Er ging hinüber zu dem kleinen Tisch, auf dem der Umschlag aus München lag. Mit dem Umschlag in der Hand setzte er sich wieder auf das Bett. Als er ihn öffnete, rutschten die Aufnahmen sowie einige lose Blätter heraus. Wir hielten die Bögen, die aussahen wie Röntgenbilder, gegen das Licht.

»Viel Schwarz und ein bisschen Grau. Ich würde lügen, wenn ich sage, dass ich etwas erkenne ...«

Wir tauschten die Bögen aus. Auch ich konnte nicht viel darauf erkennen. Martin griff nach einem der losen Blätter. Ich drehte die Aufnahmen hin und her. »Meinst du«, fragte ich, »das hier ist ein Querschnitt?«

Martin antwortete nicht. Ich sah hoch. Ich erschrak. Martin starrte auf das Blatt in seiner Hand. Er war totenbleich.

»Was ist los?« Mein Herz klopfte. »Was ist denn?«

»Multiple Sklerose?«, flüsterte Martin. »Hier steht ... Hier steht, dass du an einer unheilbaren Krankheit leidest und innerhalb eines halben Jahres sterben wirst.«

8

Mir wurde eiskalt. In meinen Ohren toste das Blut, ein Orkan, mein Magen zog sich zusammen, mein Körper war leer, eine Hülle, mein Verstand stand still.

Martin sah aus, als habe ihm jemand voller Wucht in den Magen getreten. Sein Gesicht war bleich und die Ader an seiner Schläfe pochte wie ein bloßliegendes Herz. »Das kann doch nicht wahr sein!«, stammelte er und starrte mich an. Ich griff nach dem Papier und guckte auf die Zeilen, unfähig zu lesen und zu begreifen. Es dauerte, bis ich wieder denken konnte. Martin starrte noch immer auf den Zettel.

»Sofort zu Dr. Marx«, flüsterte ich. »Wenn das stimmt, was da steht, dann will ich sofort nach Hause. Keinen Tag länger bleibe ich in dieser Klinik.«

Dr. Marx telefonierte, als wir in sein Zimmer stürmten, und bedeutete uns mit einer Handbewegung, draußen zu warten. Ich hatte befürchtet, er könne schon auf dem Heimweg sein. Mit Dr. Felten hätte ich nicht sprechen wollen.

Es dauerte Stunden, bis Dr. Marx die Tür öffnete und auf den Gang trat. »Was ist denn? Sie sehen aus, als hätte Sie der Schlag getroffen.«

»Stimmt das?« Ich hielt Dr. Marx die losen Blätter des Berichts entgegen. Er ergriff sie und begann zu lesen.

Seine rechte Augenbraue hob sich, sonst regte sich nichts in seinem Gesicht. Wort- und reglos las er Seite um Seite.

Die Spannung war kaum auszuhalten.

»Kommen Sie herein«, sagte er, als er die letzte Seite überflogen hatte. Er ging zum Telefon und wählte eine Nummer.

»Marx, guten Abend. Dr. Reimann bitte ... Danke, ich warte.«

Ich versuchte, mich zu beruhigen, das Tosen in meinem Körper zu drosseln. Ich atmete ein paar Mal tief ein. Das Tosen blieb. Es ließ nicht einmal nach, keinen Deut.

»Dr. Reimann? Marx hier. Ich bin der Arzt von Cornelia Müller. Ich habe hier einen Krankenbericht ...« Dr. Marx' Stimme verlor sich im Raum, ich hörte nur noch ein alles umfassendes Brausen, die einzelnen Worte gingen unter in der tobenden Brandung. Das hier war mehr, als ich aushalten konnte.

Ich sah, wie Dr. Marx den Hörer auflegte und lächelte. Sein Mund bewegte sich. Doch ich verstand seine Worte nicht. Ich spürte eine Hand auf meiner Schulter. Martin sah mich an, er lachte.

»Der Krankenbericht wurde versehentlich vertauscht«, sagte Dr. Marx und sah mich an. »Das war nicht Ihr Bericht, der in dem Umschlag steckte. Ihr Bericht wird morgen mit der Post hergeschickt. Dr. Reimann bittet Sie um Entschuldigung. Er sagt, es tue ihm außerordentlich Leid, dass Sie sich so erschrocken haben.«

Ein falscher Bericht.

Ich spürte, wie mir die Tränen über das Gesicht rannen, ich begann hemmungslos zu weinen. Martin umarmte mich, auch ihm liefen die Tränen.

Später putzte ich mir die Nase, mit einem Taschentuch, das Dr. Marx aus seiner Schublade zog. »Noch so etwas«, schnaufte ich, »und ich liege tatsächlich in einem halben Jahr unter der Erde.« Ich fühlte mich, als sei ich innerhalb kürzester Zeit um Jahre gealtert und anschließend mit einer Zeitmaschine wieder in die Gegenwart zurückgeschossen worden.

Ein paar Tage später traf der richtige Bericht aus München ein. Ich wurde zu Dr. Marx ins Sprechzimmer gerufen. Als ich durch den Türrahmen rollte, wartete dort auch Dr. Felten auf mich.

»Nun«, sagte Dr. Marx, der in einem schweren Sessel hinter dem Schreibtisch saß. Vor ihm lag ein gelber Umschlag, einer, wie man ihn mir ein paar Tage zuvor auch mitgegeben hatte. Die Farbe jagte mir einen Schauer über den Rücken. »Ich habe Sie hergebeten, weil wir Ihnen nun endlich den Grund für Ihre Beschwerden mitteilen können«, fuhr Dr. Marx fort. »Die Diagnose ist klar.«

»Einigermaßen klar«, sagte Dr. Felten, der auf einem weniger ausladenden Stuhl auf der anderen Seite des Schreibtischs saß. Dr. Marx ignorierte den Einwand.

»Mit siebenundachtzig-Komma-sieben-prozentiger Sicherheit ist es Multiple Sklerose.«

»Meiner Meinung nach ist die Diagnose nur zu fünfzig Prozent gesichert«, sagte Dr. Felten.

Dr. Marx überging den Einwand. »Wenn ich alle neurologischen Befunde zugrunde lege, kann ich kaum zu einem anderen Ergebnis kommen.«

»Man kann die Ergebnisse auch anders interpretieren«, sagte Dr. Felten.

»Herr Kollege, wenn Sie mir bitte nicht in meine

Kompetenzen hineinreden würden«, sagte Dr. Marx kühl.

Dr. Felten stand auf, räusperte sich und setzte sich wieder. »Nun, wir werden bald klären, was hier im Haus Ihre Kompetenzen sind«, sagte er halblaut. Dr. Marx beachtete ihn nicht. Stattdessen stand er auf, ging um den Schreibtisch herum und hockte sich auf die Lehne des Besuchersessels, neben dem ich den Rollstuhl geparkt hatte.

»Was sagen Sie zu der Diagnose?«

»Okay.« Was sollte ich sagen?

»Haben Sie Fragen?«

»Nein.«

»Keine Fragen?«

»Nein.« Was ich wissen musste, hatte man mir in München erklärt.

»Nun ...« Dr. Marx erhob sich. »Nun, dann gibt es vorläufig nichts weiter zu besprechen. Die Behandlungen gehen weiter wie besprochen.«

»Dr. Felten hat die Wassertherapie von meinem Plan gestrichen. Ich fahre nur noch zur Krankengymnastik und zu den Massagen ...«

»Die Wassertherapie wird fortgeführt. Sie ist zum jetzigen Zeitpunkt unerlässlich für den Muskelaufbau. Dr. Felten wird diese Anweisung zurücknehmen.«

»Das werde ich nicht«, sagte Dr. Felten.

»Darüber reden wir später.« Dr. Marx reichte mir die Hand. »Das war es vorerst. Ich würde gern noch mit Ihrem Mann sprechen. Richten Sie ihm das bitte aus, wenn er kommt?« Ich nickte.

Zwei Tage später teilte mir die Stationsschwester mit, dass ich einen Termin bei der Hauspsychologin hätte.

»Bei wem?«

»Bei Frau Gräulich, der Psychologin.«

»Was soll ich da?« Die Schwester zuckte mit den Schultern. »Dr. Marx hat den Termin veranlasst.«

Man hatte sich wohl darüber gewundert, mit welcher Ruhe ich die Diagnose aufgenommen hatte. Vielleicht verstand man mein Verhalten sogar als Ausdruck eines Schocks. Doch was hatten Dr. Marx und Dr. Felten erwartet? Auf das, was sie mir eröffnet hatten, war ich vorbereitet gewesen. Ein paar Tage zuvor hatte es zudem so ausgesehen, als müsse ich innerhalb des nächsten halben Jahres sterben. Daran gemessen war die Diagnose »Multiple Sklerose« geradezu Grund zur Freude. Entsprechend überflüssig fand ich es, mich mit einer Psychologin über mein weiteres Leben auseinander zu setzen.

Frau Gräulich war anderer Meinung.

Als ich die Tür zu ihrem Sprechzimmer öffnete, traf ich auf eine Frau in den Vierzigern, gekleidet im Öko-Look, mit Jesuslatschen an den Füßen und langen, hennagefärbten Haaren. Sie hatte eine große Warze neben ihrer Nase. Frau Gräulich kam bald zur Sache, wenngleich sie dabei einen ausgesprochen sanften Tonfall anschlug.

»Wissen Sie, warum Sie bei mir sind?«

»Sie werden es mir sicherlich gleich sagen.«

»Nun, Sie wissen, dass Sie sehr krank sind ...« Der Ton ging mir auf die Nerven. So sprach man mit einem Kind. »Eine solche Diagnose muss man erst einmal verarbeiten«, fuhr die Psychologin in sanften Worten fort.

»Danke. Ich bin bereits dabei.«

»Ich möchte, dass Sie wissen, dass Sie jederzeit herkommen können, wenn Sie mit jemandem sprechen möchten.«

»Danke. Ich habe einen Mann und eine Familie. Dort fühle ich mich bestens aufgehoben.«

»So, so ...«, sagte Frau Gräulich. Dann sagte sie nichts mehr. Stattdessen sah sie mich an. Sie wirkte ziemlich selbstzufrieden. Ein kleiner Seitenhieb konnte nicht schaden, fand ich.

»Meine privaten Angelegenheiten kann ich mit den Menschen besprechen, die mir nahe stehen.«

»So, so«, antwortete Frau Gräulich. Und schwieg.

Was war das für ein Kasperletheater?

Nach einer Weile sagte sie: »Es ist immer gut zu wissen, an wen man sich wenden kann, wenn man sich einmal etwas von der Seele reden möchte.« Dabei fingerte sie an ihrer Warze herum.

»Hören Sie ...« Ich versuchte, sie anzusehen, ohne dabei auf ihre Warze zu gucken. »Wenn ich etwas wissen möchte, was meine Krankheit betrifft, spreche ich mit Dr. Marx. Ansonsten, ich sagte es bereits, habe ich eine Familie, die jederzeit für mich da ist. Ich glaube nicht, dass ich es nötig habe, intime Dinge mit Fremden zu besprechen.« Wenn das so weiterging, würde ich tatsächlich verrückt.

Hätte ich die Diagnose voller Verzweiflung aufgenommen – hätte Dr. Marx mich dann auch zu dieser Frau geschickt? Wahrscheinlich ja; aus lauter Angst, ich könne mir etwas antun.

Der unerquickliche Wortwechsel setzte sich während der folgenden beiden Sitzungen fort. Zusätzlich forderte Frau Gräulich mich auf, mich auf einem ihrer Musikinstrumente »auszudrücken«, ja, sie sagte wirklich »auszudrücken«! Ich solle meinen »Seelenzustand intonieren«. Als ich Martin davon erzählte, bogen wir uns vor Lachen.

Dann kam Frau Gräulich zu dem Schluss, mit mir nicht arbeiten zu können. Ich steckte voller Widerstände und würde wichtige Gefühle verdrängen, sagte sie. Das hatte den Vorteil, dass mir weitere Sitzungen bei ihr erspart blieben.

Viel hilfreicher empfand ich die Gespräche mit Siggi.

»Weißt du, Conny«, sagte er eines Nachmittags in der Cafeteria, »es ist gut, dass wir uns erst jetzt begegnen.«

»Was meinst du damit?« Ich hatte Mühe, ihm zu folgen; eben hatte er noch vom Surfen gesprochen.

»Als ich noch gesund war, war ich ein ganz schöner Macho. Immer auf Achse, jede Menge Frauengeschichten, jedes Wochenende Party und Dolce Vita. Ich lebte, als gäbe es nichts, was mich bremsen könnte. Wenn einmal ein Mädchen Ärger machte, mein Gott ... – dann habe ich die Braut eben ausgetauscht. Mit Gefühlen hab ich mich nicht lange aufgehalten. Ich meine, ich liebte natürlich meine Eltern, meinen Bruder – aber ansonsten war ich ziemlich abgebrüht und egoistisch. Wenn wir uns damals kennen gelernt hätten ...« Siggi grinste. »Ich bin mir sicher, du hättest mich zum Kotzen gefunden.«

»Gut möglich.«

»Ich glaube nicht, dass wir uns an einen Tisch gesetzt und ein Gespräch wie dieses geführt hätten. Ich hätte dich abtaxiert, gedacht: nette Braut – aber wer du bist, und was du denkst, wäre mir völlig egal gewesen.«

»Und was hat dich zu einem besseren Menschen gemacht?«

»Klingt vielleicht komisch, aber es war die Krankheit. Ich habe mich sehr verändert. Weil nichts mehr selbstverständlich war, habe ich das, was mir blieb, schätzen gelernt. Partys interessieren mich nicht mehr – Menschen interessieren mich. Ich habe damals viel Rückhalt in meiner Familie gefunden. Und auch bei ein paar Freunden. Das, was ich dort bekommen habe, möchte ich weitergeben.« Er grinste. »Werde ich pastoral?«

»Nein.« Ich schüttelte den Kopf und trank einen Schluck Limonade. »Und ich denke, dass dir das auch ganz gut gelingt. Mir hat es in den vergangenen Monaten sehr geholfen, zu sehen, wie du dein Leben meisterst. Vielleicht hast du das gar nicht mitbekommen, aber es war so. Deine Energie und dein Lebensmut sind mir ein Vorbild. Manchmal habe ich dir zugesehen und gedacht: Wenn Siggi das schafft, dann schaffe ich es auch. Ich habe dir einiges zu verdanken.« Ich grinste. »Jetzt werde ich pastoral.«

»Geht in Ordnung«, sagte Siggi.

Meiner Ansicht nach steckt in jedem Menschen etwas Zähes, eine gewisse Portion Unnachgiebigkeit. In schwierigen Situationen im Leben gilt es, diese Eigenschaften zu aktivieren und auszubauen. Siggi hatte das geschafft. Und ich würde es ebenfalls schaffen.

Dass ich Siggi traf, war ein ganz großes Glück.

»Meinen Sie, ich werde wieder reiten können?« Ich sah Dr. Marx an. Er legte den Kopf ein wenig schräg und blinzelte in die Sonne. Hinter ihm ragten die kahlen Äste einer Linde in den Himmel.

»Was glauben Sie?«, fragte er schließlich, anstatt mir eine Antwort zu geben.

Ich schwieg. Auf diese Frage hatte ich keine Antwort, und bislang hatte ich mir verboten, darüber nachzudenken. »Ich weiß es nicht«, sagte ich schließlich und sah aus dem Fenster. »Das ist ein schwieriges Thema.«

»In Deutschland arbeiten heute an die tausend Hippotherapeuten. Von der Schulmedizin werden sie nicht ernst genommen. Aber mich beeindrucken ihre Erfolge.« Ich löste meinen Blick von der schwarzen Linde und sah zu Dr. Marx hinüber. »Ich überlege, ob wir hier in der Klinik ebenfalls entsprechende Kurse anbieten könnten.«

»Sie meinen, Sie wollen all die Gehbehinderten hier aufs Pferd setzen?«

»Ja.«

»Haben Sie selbst schon mal auf einem Pferd gesessen?«

»Ja.« Er lachte. »Darum weiß ich sehr wohl, wovon ich spreche.«

»Weiß Dr. Felten von Ihren Plänen?« Im nächsten Moment biss ich mir auf die Lippe.

»Nein«, sagte Dr. Marx, und sein Ton wurde kühler. »Und ich denke, das ist auch gut so.«

»Was genau hat es mit der Hippotherapie denn auf sich?« Ich bemühte mich, das Gespräch in eine andere Richtung zu lenken.

»Sie ist ein erprobtes Heilmodell. Eine Therapie, die sich in der Rehabilitation sehr bewährt hat. Haben Sie schon einmal von Lis Hartel gehört?«

Ich schüttelte den Kopf.

»Das war auch vor Ihrer Zeit. Sie müsste längst in meinem Alter sein. 1952 hat Lis Hartel, eine Dänin, trotz Kinderlähmung und Gehbehinderung eine Silbermedaille bei den Olympischen Spielen gewonnen. Als Dressurreiterin.«

»Aha.« Aufmerksam hörte ich Dr. Marx zu.

»Man weiß längst, dass die rhythmischen, wiegenden Schritte eines Pferdes genau die Muskeln und Sehnen eines Reiters bewegen, die er sonst zum Gehen benötigt. Bei gehbehinderten Patienten führt Hippotherapie zu einer Stärkung der Muskeln. Die gleichmäßigen Schritte der Tiere übertragen sich auf die Körper der Patienten, auf das Becken und den gesamten Rumpf. Man hat bereits beachtliche Erfolge bei Patienten mit Lähmungen, Gleichgewichts- und Koordinationsschwierigkeiten erzielt. Daneben beobachtet man seit Jahren auch andere Effekte, aber die sind noch kaum erforscht und wenig erklärbar.«

»Was beobachtet man noch?«

»Tiere scheinen überhaupt einen positiven Einfluss auf Patienten zu haben. Ganz gleich, ob es sich dabei um Patienten mit Schlaganfällen, mit Multipler Sklerose oder anderen neurologischen Ausfallerscheinungen handelt. Der Kontakt zu Pferden, Delfinen, Hunden, ja sogar zu Eulen oder Hühnern scheint den Menschen einfach gut zu tun. Seelisch wie körperlich.«

»Dass die Nähe zu Pferden Balsam für die Seele ist, kann ich nur bestätigen. Ich habe oft im Stall gesessen, einfach nur um in Nähe der Tiere zu sein. Das war manchmal wie eine Meditation.«

»Und dann zweifeln Sie, ob Sie wieder reiten werden?«

»Meinen Sie denn, es ginge?«

»Sicherlich.«

»Aber ich will nicht wie ein nasser Sack auf meinem Pferd hängen! Ich konnte mal sehr gut reiten.«

»Das ist eine Frage des Trainings. Aber ich halte es nicht für ausgeschlossen, dass Sie eines Tages wieder auf einem Pferd sitzen. Im Gegenteil, unter therapeutischen Gesichtspunkten möchte ich Sie sogar ermuntern.«

»Dr. Felten wäre sicherlich dagegen.« Dr. Marx schwieg. »Aber was interessiert mich Dr. Felten?« Ich lächelte.

Inzwischen waren zweieinhalb Monate vergangen, seit Dr. Stadlhuber mich in die weiße Villa hatte einweisen lassen. Seit kurzem erlaubte Dr. Marx mir, die Wochenenden zu Hause zu verbringen. Ich muss nicht sagen, dass Dr. Felten dagegen war. Doch ich ignorierte seine Einwände.

Sehnsüchtig wartete ich darauf, dass die Woche zu Ende ging. Sonnabends, nach dem Frühstück, holte Martin mich ab. Sonntagabends fiel es mir schwer, mich wieder von ihm und von Dennis und Rostock und Petite Fleur und den Großeltern und den Schwiegereltern zu trennen. Spätestens wenn die weiße Villa am Straßenrand auftauchte, wurde mein Körper bleischwer. Ich wollte mich nicht von der Stelle rühren, wollte nicht hinein, nicht zurück auf die Station, wo niemand mir sagte, wie lange ich noch bleiben musste.

An einem Montagmorgen Mitte Oktober betrat Dr. Marx mein Zimmer.

»Wir haben uns entschlossen, es noch einmal mit einer Kortisontherapie zu versuchen.«

»Das heißt, ich werde vorläufig nicht entlassen?«

»Nein, Conny.«

Ich biss mir auf die Lippe.

»Ich weiß, Sie sind mit Ihrer Geduld am Ende. Doch spricht manches für eine Behandlung mit Kortison, und wir wollen nichts unversucht lassen.« Dr. Marx lehnte sich gegen das Fensterbrett. Er ließ mich nicht aus den Augen. »Kortison ist ein ausgezeichnetes Mittel gegen Entzündungen. Mit Kortison hat man bereits hervorragende Erfolge in der Behandlung erzielt. Vor allem bei akuten Schüben hilft es, diese abzukürzen und zu mildern. Die Symptome bessern sich innerhalb von Tagen.«

Ich schwieg. Doch am Ende stimmte ich zu.

Man verabreichte mir sehr hohe Dosen Kortison. Großmutter und Martin erzählten später, wenn sie ins Zimmer gekommen wären, hätten sie mich suchen müssen. Ich sei so weiß gewesen wie die Laken. Die meiste Zeit über lag ich kraftlos im Bett, schlief oder dämmerte vor mich hin. Kortison schwemmt den Körper auf, und meine Wangen blähten sich. Innerhalb einer Woche nahm ich sieben oder acht Kilo zu. Jeden Vormittag kam Udo, der Krankengymnast. Mit Dehn- und Streckübungen lockerte er meine Muskeln und hielt sie in Bewegung. Ich selbst bewegte mich kaum.

Als das Kortison nach einer Woche abgesetzt wurde, brauchte ich mehrere Tage, um mich zu erholen. Großmutter und Martin atmeten auf, als sie sahen, dass wieder Farbe ins Gesicht zog.

Der November begann.

Dr. Marx hatte endlich meiner Entlassung zugestimmt. »Freitag können Sie nach Hause.« Ich machte sieben Luftsprünge. Na ja, mein Herz machte sieben Luftsprünge ... Es ging mir recht gut, die Kortisontherapie zeigte nun positive Wirkung. Ich konnte mich besser bewegen als zuvor und, sofern ich mich irgendwo festhalten konnte, sogar stehen. Etwas, was über Wochen undenkbar gewesen war.

Dienstagabend betrat Dr. Marx das Zimmer. Ich sah ihn an und sagte: »Nein. Sagen Sie nichts!«

»Doch Conny, ich denke, wir sollten Ihren Aufenthalt noch einmal um zwei Wochen verlängern. Vielleicht erreichen wir noch etwas ...«

»Nein. Nein, Dr. Marx, nein! Die Krankengymnastik, die Sie angeordnet haben, ist wichtig, aber dazu kann Martin mich auch in eine ambulante Praxis bringen. Nein, Dr. Marx, ich will jetzt nach Hause.«

Schließlich gab der Klinikleiter nach. Eine Prognose über den weiteren Verlauf der Krankheit mochte er nicht geben.

Nun brauchte ich einen eigenen Rollstuhl. Dr. Marx schrieb ein Rezept aus und veranlasste, dass Emil mich, wenn er am nächsten Morgen mit dem Klinikbus in die Kreisstadt fuhr, in die Vertragswerkstatt eines Rollstuhlherstellers brachte. Einen Rollstuhl auszusuchen ist ungefähr so, als würde man ein Auto kaufen; ungefähr so kostspielig und mindestens so kompliziert.

Ein Rollstuhl braucht die richtige Bereifung – glatt, schmal und wenig Profil für Asphaltfahrer, Geländebereifung für Wald- und Wiesenfahrer. Die Sitzhöhe muss abgemessen werden, und die Rückenhöhe muss passen. Es gibt Spritzschutzvorrichtungen in unterschiedlichstem Design – ich entschied mich für ein schrilles Modell mit aufgemalter Comicfigur –, und die Farbe des Sitzkissens kann man etwa so lange erörtern wie die Innenausstattung einer Limousine. Es dauerte zwei Stunden, bis alles Erforderliche erledigt war und wir in die Klinik zurückfuhren.

Am nächsten Morgen entdeckte Dr. Felten während der Visite einen Vermerk in meinem Krankenblatt. Aufmerksam las er, was auf dem angehefteten Notizzettel stand. Dann zog er sein Handy aus der Tasche. Er wählte eine Nummer – die Nummer des Rollstuhlherstellers. Per Telefon annullierte er den Auftrag. »Die Patientin braucht keinen Rollstuhl. Die schicken wir so nach Hause.« Dann legte er auf, nickte mir zu und ging.

In meinen Entlassungsbericht schrieb Dr. Felten: Verdacht auf Multiple Sklerose. Er hatte noch einmal seine Macht demonstrieren wollen. Nun, mir war es egal. Dr. Stadlhuber würde mir sicher einen Rollstuhl verschreiben.

Am Freitagmorgen hatten sie sich in der Halle versammelt, Claus-Christian, Ruth und Burckhardt und natürlich Siggi. Am Abend zuvor hatten wir in der Cafeteria unsere Adressen ausgetauscht. Nun kamen mir beinahe die Tränen. Sie alle waren in den vergangenen drei Monate zu einem festen Bestandteil meines Lebens geworden.

»Mädchen, wenn es dir einmal schlecht geht, ruf mich an. Ich bin jederzeit für dich da.« Siggi steuerte seinen Rollstuhl neben meinen und reckte den Hals, um mir einen Abschiedskuss zu geben. »Und«, sagte er und sah mich einen Moment lang sehr ernst an. Dann lachte er: »Wenn es dir gut geht, ruf mich auch an!«

Ruth umarmte mich aus ihrem Rollstuhl heraus, und ich sah, dass ihr ebenfalls Tränen über die Wangen liefen. Sie gab sich auch keine Mühe, sie zu verstecken. Schließlich kamen sogar noch Dr. Marx und Emil. Der hatte mir eine rote Nelke mitgebracht.

»Damit siehst du zwar aus, als wärst du unterwegs zur 1. Mai-Demonstration. Aber der Sommer ist vorbei, die Auswahl in Tantchens Vorgarten wird knapper.« Lachend nahm ich die Nelke und steckte sie ins Knopfloch meiner Lederjacke.

Dr. Marx reichte mir die Hand. »Alles Gute, Conny. Und bleiben Sie, wie Sie sind. Sie haben Kraft und Lebensmut – Sie werden mit dieser Krankheit zurechtkommen. Da bin ich sicher.« Ich nickte und schluckte und hoffte, Dr. Marx würde sich im klinikinternen Machtkampf durchsetzen. In meinen Augen war er der bessere Arzt, denn ihm lag das Wohl seiner Patienten mehr am Herzen als die eigene Karriere.

»Auf Wiedersehen, Dr. Marx. Und vielleicht klappt es ja eines Tages mit der Hippotherapie.«

Burckhardt lief mit ungelenken Schritten um meinen Rollstuhl herum. »Na-na-na-naaa«, rief er immer wieder und drängte Martin mit seinem riesigen Körper beiseite. Burckhardt wollte es sich nicht nehmen lassen, mich zum Parkplatz hinunterzufahren. Als Martin mich aus dem Rollstuhl hob und auf den Beifahrersitz setzte, griff Burckhardt mit beiden Händen nach meinem Kopf und drückte mir links und rechts einen Kuss auf die Wange. »Na-na-na-naaa ...!«

Jetzt liefen mir wirklich die Tränen. Auch Burckhardt war traurig. Er schien zu begreifen, dass ich ihn verließ. Ich zog die Nase hoch und lachte und weinte gleichzeitig, der aufwühlende Abschied war verwoben mit der Freude auf zu Hause.

»Auf Wiedersehen, Burckhardt. Alles Gute – euch allen!«

Als Martin den Motor anließ, winkten sie, und ich

winkte auch, und als wir auf die Hauptstraße bogen, blieb vor der Villa die kleine Gruppe Menschen zurück, die mir sehr ans Herz gewachsen waren, und die immer kleiner wurden, bis sie in der Ferne verschwanden.

9

Der Dosenöffner lag auf der Arbeitsplatte, gleich neben der Spüle. Draußen hing Nebel über dem See, dicke, graue Schleier nahmen die Landschaft in sich auf, umhüllten die Sträucher im Garten, und selbst die Bäume waren kaum mehr als dunkle Schatten. Erschöpft stützte ich mich gegen die Lehne des Sessels. Dennis hockte vor seinem Körbchen, aufmerksam sah er zu. Nur noch zehn, zwölf Schritte und ich könnte nach dem Dosenöffner greifen. Verdammtes Ding. Auf dem Tisch stand noch Frühstücksgeschirr. Martin war überstürzt aufgebrochen, als man ihn aus der Kaserne angerufen hatte; ein Kollege hatte auf dem Weg zur Arbeit einen Lastwagen gerammt und war mit seinem Auto in den Straßengraben gerutscht. Ich streckte den Arm aus und griff ins Leere.

Der nächste Stuhl war zu weit entfernt. Meine Beine sackten weg, ich rutschte, erschrak und klammerte mich fester an die Sessellehne. Ich musste die Distanz bis zu diesem Stuhl überwinden. Von dort könnte ich mich am Tisch entlang zur Spüle hinüberhangeln und an der Arbeitsplatte abstützen. Doch der Stuhl blieb unerreichbar. Ich fluchte. Mein Rollstuhl stand im Bad neben der Dusche.

Ich lehnte mich gegen den Sessel, versuchte, ihn ein Stück in Richtung des Tisches zu schieben, doch auf dem Teppichboden ließ sich das schwere Möbel kaum bewegen. Es war aussichtslos. Tränen der Wut liefen mir über die Wangen. Verdammter Dosenöffner. An den Sessel gelehnt, glitt ich zu Boden, sank zusammen, kraftlos, hilflos, nicht in der Lage, ein paar autonome Schritte zu machen. Bei fast allem war ich in irgendeiner Form auf Hilfe angewiesen, fast nichts war mehr ohne Planung und fremde Hilfe möglich. Nicht dass Martin es mich hätte spüren lassen, und auch seine Eltern, Großmutter und Großvater, unsere Nachbarn und Bekannten verhielten sich, als sei es selbstverständlich und keiner großen Debatten wert, dass ich Unterstützung brauchte. Sie hatten sich organisiert, sodass die meiste Zeit jemand bei mir war, mir Gesellschaft leistete und half, wo es nötig war. Doch in Momenten wie diesem hasste ich meinen ungehorsamen Körper. Wo ich früher kurz entschlossen an einem sonnigen Nachmittag nach Augsburg fuhr, durch die Geschäfte bummelte und mir ein Kleid kaufte, musste ich nun aufwendig mit Martin verabreden, wann er Zeit hatte, mich ins Auto zu tragen, den Rollstuhl einzuladen, mich ein paar Stunden zu begleiten. Er war mein Chauffeur, mein Pfleger, er trug mich abends hinauf ins Schlafzimmer und morgens hinunter ins Wohnzimmer.

Auf meinem Handgelenk spürte ich Dennis' warme, raue Zunge.

»Okay.« Wütend wischte ich die Tränen weg. »Was hilft es, Conny, damit musst du nun leben. Und je eher du dich arrangierst, desto besser.« Ich zog die Nase hoch, stützte mich mit der rechten Hand am Boden ab, rollte auf die Seite und krabbelte auf den Knien durch die Küche. Vor der Spüle stoppte ich, zog einen Stuhl vom Frühstückstisch heran und richtete mich an ihm auf. Triumphierend griff ich nach dem Dosenöffner.

Auf allen vieren kroch ich zurück zum Sofa, machte es mir unter meiner Decke bequem, öffnete die Dose mit dem Corned Beef und aß sie leer. Ab und zu warf ich Dennis ein Stückchen zu, und er fing es in der Luft.

Unser Haus am See war ein Traum. Doch nun erwiesen sich die Vorzüge einer offenen Galerie, einer abgeschiedenen Lage und einer beinahe menschenleeren Idylle als Nachteile.

Großmutter und Großvater hatten nie einen Führerschein gemacht. Sie besaßen kein Auto, ihr Leben lang hatten sie alle Fahrten und Wege zu Fuß erledigt oder mit dem Fahrrad, per Bahn oder mit dem Bus. So weit hinaus ins Grüne fuhr jedoch kein Bus, und um zu radeln, war die Entfernung zu groß. Sie konnten mich deshalb nur besuchen, wenn Martin oder mein Schwiegervater sie fuhren. Die Wendeltreppe, die hinauf zur Galerie und zu unserem Schlafzimmer führte, war schön anzusehen. Doch der Versuch, sie Stufe für Stufe auf dem Po rückwärts hinauf und vorwärts hinunter zu rutschen, endete mit blauen Flecken und Verrenkungen. Ich entdeckte Tricks, um meine Selbstständigkeit auszubauen. Ich eignete mir Kniffe an und vergrößerte meinen zusammengeschrumpften Aktionsradius beharrlich, bald konnte ich mich in einem Umkreis von fünfhundert Metern ohne Hilfe bewegen und sei es auf allen vieren. Doch scheiterte ich immer wieder an den Gegebenheiten meiner Umgebung.

Schweren Herzens entschlossen wir uns umzuziehen.

Es dauerte, bis wir ein neues Haus fanden. Das nächstliegende wäre gewesen, einen Bungalow zu mieten, doch Bungalows sind in unserer Gegend rar. So mieteten wir schießlich ein frei stehendes Einfamilienhaus mit breiten, soliden Treppen. Küche, Bad und Wohnzimmer lagen ebenerdig, durch die Küche gelangte man hinaus auf die Terrasse und in den Garten. Im Schlafzimmer, Gästezimmer oder im Büro im ersten Stock hielt ich mich tagsüber nicht auf, und wenn es doch einmal nötig war, rutschte ich auf dem Po die geräumigen Steinstufen hinauf und hinunter.

Bei der Einrichtung achteten wir darauf, dass alle Möbel so standen, dass ich mich an ihnen entlanghangeln und so durch die einzelnen Zimmer bewegen konnte. Martin und ich betrachteten die Welt mit neuen Augen, versuchten Hindernisse – im doppelten Sinne – aus dem Weg zu räumen und ohne allzu viel Aufhebens eine Umgebung zu schaffen, die meiner Behinderung entsprach. Bald war ich wieder in der Lage, mir bei den kleinen Dingen des Alltags selbst zu helfen, ganz gleich, ob ich Kaffee kochen, den Hund füttern oder mir die Haare waschen wollte. Großmutter kam täglich vorbei, denn das neue Haus lag nur drei Kilometer von ihrem entfernt, und Großvater tat, was er sein Leben lang erst seiner Mutter und später seiner Frau überlassen hatte: Er ging mit mir einkaufen.

Offiziell hatte man mich mit der Diagnose »Verdacht auf Multiple Sklerose« aus der Klinik entlassen. Die Bundesversicherungsanstalt für Angestellte schickte mich zu einem Gutachter nach Ulm, um zu klären, ob ich weiterhin zumindest eingeschränkt erwerbsfähig wäre.

Der Gutachter trug eine schmale Lesebrille mit goldgefassten Gläsern, und er blätterte lange durch die Entlassungpapiere. Er las den Bericht zur Kernspintomografie-Untersuchung und nahm verschiedene Untersuchungen noch einmal selbst vor, unterzog mich einem Sehtest sowie einer Messung der Gehirn- und Nervenströme. »Ich verstehe nicht, warum man Probleme hatte, Ihre Krankheit eindeutig zu diagnostizieren«, sagte er kopfschüttelnd. Was mich, zugegeben, etwas überraschte. »Die medizinischen Daten erlauben keinen Zweifel.« Ich war immer davon ausgegangen, dass Gutachter besonders schwierig zu überzeugen seien.

An diesem Tag in Ulm hatte ich zum ersten Mal eine eindeutige Diagnose erhalten.

Dennoch bekam ich keinen Behindertenausweis, vielmehr erhielt ich ein Schreiben meiner zuständigen Sachbearbeiterin, die mir mitteilte, sie wisse nicht, wie sie den Grad meiner Behinderung einstufen solle. Schließlich könnten sich meine Symptome bessern. Ich war ziemlich wütend über diese Bürokratenantwort. Die Symptome konnten sich schließlich auch verschlechtern! Abermals war es der Ulmer Gutachter, der klare Worte sprach. Er sorgte dafür, dass ich einen Behindertenausweis bekam, der mich als außergewöhnlich gehbehindert und erwerbsunfähig auswies.

Auch nach der Entlassung musste ich regelmäßig mehrmals die Woche einen Masseur und einen Krankengymnasten aufsuchen. Martin fuhr mich, und oft blieb er und sah zu. Zu Hause wiederholten wir die Übungen auf dem Wohnzimmerteppich. Bald waren meine Beine kräftig genug, dass ich, sofern ich irgendwo Halt fand, selbstständig stehen konnte, wenn auch etwas wackelig.

Zahlreiche Menschen – Menschen, die ich zum Teil

gar nicht kannte – traten in diesen ersten Wochen an mich heran und gaben mir Ratschläge. Berichteten von Kräuterwundermitteln; erstellten dezidierte Listen von Medikamenten, die ich unbedingt nehmen beziehungsweise auf gar keinen Fall einnehmen sollte; nannten mir Adressen von Behindertenselbsthilfegruppen, zu deren wöchentlichen Kennenlernabenden ich herzlich eingeladen sei. Bald kaufte Martin einen Anrufbeantworter, und ich ging nur noch ans Telefon, wenn ich zuvor gehört hatte, wer da anrief.

Ich war entschlossen, mein Leben nicht von der Krankheit bestimmen zu lassen. Ich war eingeschränkt, ja, doch war ich immer noch die alte Conny. Ich weigerte mich beispielsweise, Bücher über Multiple Sklerose zu lesen. Im Krankenhaus hatte Dr. Marx mir ein Buch gegeben.

»Lesen Sie es«, hatte er gesagt, »es ist sehr gut und kann Ihnen zeigen, wie Sie besser mit der Krankheit leben können.« Ich hatte mich bedankt und das Buch mit in mein Zimmer genommen. Doch ich las es nie. Ich vertraute darauf, dass mein Körper mir signalisieren würde, was gut für mich war. Ich vertraute darauf, feinfühlig genug zu sein, um zu spüren, was ich mir zumuten konnte. Ich wollte nicht über Prognosen, Verläufe oder Symptome lesen und diese womöglich eines Tages angstvoll und etwas paranoid an mir selbst entdecken. Ich wollte mich nicht beeinflussen lassen. Ich wollte meiner Zukunft offen entgegengehen. Oder eben entgegenrollen ...

Ich wollte auch nicht wissen, wie ich mich der Krankheit entsprechend am gesündesten ernährte. Ich wollte essen, was mir schmeckte. Weißbrot oder Süßigkeiten sind nicht empfehlenswert? Sei's drum. Es gab so viele

Dinge, bei denen ich mich einschränken musste; ich weigerte mich, auf alles Vertraute und Liebgewonnene zu verzichten, mein gesamtes Leben umkrempeln, bis ich mich darin selbst nicht mehr wiedererkannte. Ein bisschen Normalität wollte ich erhalten, kostete es, was es wolle. Ich war bereit, mich mit meiner Krankheit zu arrangieren; ich hatte auch keine Wahl. Ich haderte nicht mit meinem Schicksal. Doch hatte ich beschlossen zu leben! So weit es irgend ging, würde ich tun, was mir Spaß machte. Außerdem bin ich überzeugt, dass das, was in Büchern steht, nicht immer auch das ist, was einem Menschen hilft.

Martin las das Buch, das Dr. Marx mir gegeben hatte. Er verlor jedoch nie ein Wort über den Inhalt. Möglicherweise hat er bei der Lektüre ein paar nützliche Dinge erfahren und sie sogar, ohne dass ich es merkte, in unser Leben eingebaut. Sei's drum.

Martin Müller

Für mich ist Conny nicht behindert. Sie ist derselbe Mensch, der sie immer war; sie kann nur ihre Beine nicht mehr bewegen. Sie hat ein Handicap. Nicht mehr und nicht weniger.

Anders als andere Menschen ist Conny nicht in ein Loch gefallen. Nach der Diagnose hat sie sich nicht zurückgezogen, sie hat sich nicht voller Selbstmitleid in ihrem Leid verschanzt und nur noch über ihre Krankheit lamentiert. Sie hat weder sich noch ihrer Umgebung Schuld zugewiesen. Sie hat nicht geklagt. Sie hat nicht gefragt: Warum ich?

Welche Antwort hätte sie auch finden können?

Conny versucht, fröhlich und aufgeschlossen zu sein wie eh und je. Sie lebt ihr Leben wie eine erwachsene Frau, sie übernimmt Verantwortung für sich. Ich habe nie das Gefühl, sie sei abhängig von mir.

Natürlich helfe ich ihr. Ich trage sie hierhin und dorthin. Ich reiche ihr das Mehl aus dem Hängeschrank in der Küche herunter, und wenn sie duschen will, halte ich sie fest, denn sonst fällt sie um. Ich trage mehr Verantwortung für unser gemeinsames Leben als früher. Doch das empfinde ich nicht als Last. Wenn Conny den Hund nicht rausbringen kann, dann mache ich es eben. Wenn sie nicht Staub saugen kann, erledige ich das. Denn Conny sucht sich durchaus ihre Nischen und tut, was sie tun kann. Und viele Dinge machen wir gemeinsam, das finde ich schön, immerhin sind wir ein Paar!

Nur wenn wir ins Restaurant gehen und Conny auf die Toilette muss, dann ist mir das manchmal etwas unangenehm. Toiletten liegen häufig im Keller oder im ersten Stock. Also begleite ich meine Frau. Ich warte vor der Tür. Vielleicht sehe ich kurz hinein, gucke, ob alles ebenerdig ist, ob sie allein zurechtkommt. Dann versuche ich, möglichst unauffällig auf und ab zu gehen und hoffe, dass sie bald wieder herauskommt.

Die ersten Frauen, die nach Conny hineingegangen sind, kommen bereits wieder heraus. Sie sehen mich herumstehen und taxieren mich. Eine Weile später kommen weitere Frauen, gucken. Verdammt, denke ich, warum brauchen Frauen immer so lange, wenn sie auf die Toilette gehen? Noch ein paar Frauen gehen hinein. Kommen wieder heraus. Sehen mich mit misstrauischen Blicken an. Die eine oder andere räuspert sich. Manche machen ein Gesicht, als würden sie gleich die Polizei rufen. Himmel und Hölle, warum bloß brauchen Frauen immer so lange auf der Toilette?

Als Mann vor der Damentoilette zu warten, ist äußerst unangenehm! Doch wenn ich ginge, und Conny käme zur Tür heraus – wie käme sie dann die Treppe hinauf?

Das peinlichste Toiletten-Erlebnis hatte ich während eines Turniers. Eine Frau sprach mich an, laut und deutlich rief sie: »Sind Sie ein Spanner, oder warum stehen Sie hier rum?!«

Ich wusste weder wohin, noch was ich sagen sollte. Schließlich sagte ich die Wahrheit. »Nein, ich bin kein Spanner. Ich warte hier auf meine Frau.« Als Conny zur Tür herausgerollt kam, machte die Frau ein dummes Gesicht. Trotzdem war ich froh, verschwinden zu können.

Nach Connys Entlassung begannen wir, unser Leben neu zu ordnen. Wir leben nicht wie »die Kranke und der ewige Helfer«. Eher hat sich unsere Beziehung seither verbessert. Wir regen uns nicht mehr über Lappalien und Zwergenprobleme auf, denn die Zeit ist zu kostbar. Dinge, die früher jeder mit sich allein abgemacht hätte, kommen nun auf den Tisch, und wir lösen alle Probleme gemeinsam. Unser Zusammenhalt ist größer geworden, und das macht uns stärker. Nie wäre ich auf die Idee gekommen, meine Frau zu verlassen. »In guten und in schlechten Zeiten ...« hat es bei unserer Hochzeit geheißen.

Da war und bin ich ganz altmodisch.

* * *

Ich wurde von allen Seiten unterstützt. Vor allem Martin war und ist immer für mich da. Wie einst, als er nächtelang mit bei dem neugeborenen Fohlen gewacht hatte, zeigt mein Mann mir, dass ich mich in jeder Situation auf ihn verlassen kann. Er bestärkt mich, wenn meine Zweifel einmal stärker sind als ich. Er muntert mich auf, wenn ich den Mut zu verlieren drohe. Immer wieder sagt er: Komm, das kriegen wir hin, und: Gemeinsam schaffen wir das. Martin ist meine Stütze, der Pfeiler, an den ich mich lehnen kann und den ich brauche, seit meine eigenen Beine mich nicht mehr sicher durch die Welt tragen.

Mein Mann unterstützt mich in einer Weise, die es mir leicht macht, Hilfe anzunehmen. Martin nimmt mir keineswegs alles ab. Er sucht nach Alternativen, und manchmal genügt ganz wenig, um mich in die Lage zu versetzen, mir selbst zu helfen, beispielsweise ein bisschen mehr Zeit als gewöhnlich. Wenn etwas nicht klappt, sagt er nur: Versuch's noch mal. Und wenn ich tatsächlich nicht weiterkomme, greift er ohne viel Aufhebens ein. Trägt mich, versorgt mich, hilft mir aufs Pferd.

Anfangs achtete er noch darauf, heikle Situationen zu vermeiden. Wenn wir gemeinsam kochten, nahm er die Gewürze aus dem Schrank und stellte sie neben den Herd, sobald er sah, dass ich sie gleich brauchen würde. Er ersparte mir, ein weiteres Mal um etwas bitten zu müssen. So gab Martin mir die Möglichkeit, langsam in die neue Situation hineinzuwachsen. Ich fühlte mich nie bevormundet und keinen Augenblick lang abhängig. Zwar war unser altes Leben aus dem Gleichgewicht geraten, doch fanden wir beinahe schlafwandlerisch eine neue Balance.

Martin grenzt mich nicht aus. Selbstverständlich dauert es jedes Mal eine Weile, mich mitsamt Rollstuhl ins

Auto zu laden und zum nächsten Supermarkt zu fahren, doch würde es ihm nie in den Sinn kommen zu sagen: Schatz, bei dir dauert es immer, also fahre ich mal eben allein einkaufen. Er achtet darauf, dass wir alles, was wir einmal gemeinsam getan haben, auch weiterhin gemeinsam tun. Wir leben auch keineswegs zurückgezogen. Martin geht mit mir aus, wir fahren ins Kino und essen im Restaurant wie alle Menschen. Er gibt mir nie das Gefühl, sich an meiner Seite zu schämen.

Auch die Großeltern und meine Schwiegereltern unterstützen mich, wo sie können. Vor allem mein Schwiegervater denkt immer an mich. Seit jenem Nachmittag, als ich zum ersten Mal bei Martins Familie zu Besuch gewesen war und er den Kühlergrill meines Sciroccos geschrubbt hatte, habe ich einen Platz in seinem Herzen. Später, als mein Auto immer klappriger wurde, sagte er einmal im Spaß: »Wenn ich im Lotto gewinne, schenke ich Conny ein neues Auto. Und wenn ich besonders viel Geld gewinne, bekommt Conny ein Haus.« In seinen Fantasien beschenkt er nicht Martin oder dessen Brüder oder seine beiden anderen Schwiegertöchter; ich bin es, die er mit Präsenten überhäuft. Wir verstehen uns gut, stehen uns nahe, und manchmal scheint es mir, als sei ich für ihn die Tochter, die er sich immer gewünscht hatte. Es freut ihn zu sehen, wie ich meiner Krankheit die Stirn biete.

10

Rostock schnupperte an den Griffen des Rollstuhls, mit den Lippen tastete er über die graue Gummiummantelung. Einen Moment hielt er inne, dann schüttelte er sacht den Kopf, beugte seinen Hals und glitt mit den Nüstern über den Ärmel meines Anoraks. Ich streichelte seine Nase und blies in seine Nasenlöcher. Ein Spiel, das wir spielten, seit ich einmal entdeckt hatte, dass der Wallach es genoss, wenn die warme Luft ihn kitzelte. Ich streichelte Rostocks Hals und lehnte mein Gesicht gegen seine Stirn. Wir schmusten, einen reglosen Augenblick lang. Zwei alte Freunde, die einander lange nicht gesehen hatten und nun in stiller Wiedersehensfreude verharrten.

»Versuch es einmal«, sagte Martin und legte Kardätsche und Striegel beiseite. »Ich helfe dir hinauf.«

Ich zögerte.

»Ich passe auf.«

»Okay«, antwortete ich. »Einverstanden.«

Martin legte Rostock das Zaumzeug an, sattelte ihn und führte das Pferd aus der Box in die Reithalle. Ich rollte hinterher. Karoline, eine andere Reiterin, kam aus der Sattelkammer, sie schleppte einen alten Militärsattel und ließ ihn schnaufend auf einen Holzbock fallen.

»Kannst du uns kurz helfen?«, fragte Martin. Rostocks dunkles Fell glänzte. Es ging ihm gut, hatte ich mit Freude festgestellt.

Martin führte das Pferd in die Mitte der Reitbahn. Ich rollte bis zur Tür und blieb im Türrahmen stehen, folgte ihnen mit meinem Blick und hörte – wie lange hatte ich es nicht gehört? – das gedämpfte Geräusch von Rostocks Schritten in dem weichen Mulm der Reitbahn. Martin übergab Karoline die Zügel und kam zurück.

»Halt dich an meinem Hals fest«, sagte Martin. Er hob mich aus dem Rollstuhl und trug mich durch die Halle. Vorsichtig setzte er mich neben Rostock ab. Unsicher stand ich neben dem Wallach und hielt mich an seinem Hals fest.

»Lass bloß die Zügel nicht los«, sagte Martin zu Karoline. Sie schüttelte den Kopf.

»Und du ...« Martin wandte sich zu mir. »Am besten, du hältst dich an Rostocks Rücken und am Sattel fest. Ich stütze dich und mache Räuberleiter.«

»Räuberleiter.« Ich musste lachen. »Martin, mit mir kannst du keine Banken mehr überfallen ...«

»Ach, wenn wir ein bisschen trainieren ...« Martin grinste. »Nein, im Ernst: Ich greife dein linkes Bein, du winkelst es an, ich stütze dich. Ich zähle bis drei, und bei drei ziehst du dich mit den Armen hoch, während ich dich gleichzeitig mit Schwung hebe. Das müsste gehen.« Martin klopfte Rostock mit der flachen Hand auf die Schulter. »Und du rührst dich nicht von der Stelle, alter Freund ...«

Rostock schaute unserem Treiben zu, still und bewegungslos. Als ahnte er, dass alles davon abhing, dass er sich nicht von der Stelle rührte. Ich griff mit der rechten Hand nach dem Sattel, die linke suchte Halt in der Mähne. Dicht aneinander geschmiegt standen wir da. Ich atmete ein paar Mal tief durch, um meine Anspannung zu lösen.

»Bist du bereit?«, fragte Martin. Ich nickte.

»Okay. Eins, zwei und – drei!« Das Gesicht gegen Rostocks Fell gepresst, hing ich in der Luft. Martin stützte mich, versuchte, mich hochzuwuchten. Ich wollte mich hochziehen, doch meine Arme waren zu schwach. Wie ein nasser Sack hing ich zwischen Himmel und Boden, dem Boden näher. Irgendwann rutschte ich zurück, schwer und ungelenk. Ausgezählt von einem matt gesetzten Körper.

»Komm, wir versuchen es noch einmal.« Martin ließ nicht locker. »Eins, zwei ...« Wieder hievte er, ich zog, er stützte und wuchtete, ich rutschte. Rostock maß einen Meter achtzig, wenn ich neben ihm stand, reichte mein Gesicht nicht einmal bis zu seinem Rist. Er war ein Riese.

Schließlich, nach mehreren Anläufen, schafften wir es, und ich saß im Sattel. Ich schob meinen rechten Unterschenkel über Rostocks Widerrist, gefühllos baumelte er an dem Pferdebauch herunter. Ich richtete mich auf und fand mein Gleichgewicht. Martin schob meine Füße in die Steigbügel. Ich wischte mir über die Stirn und spürte ein wenig Schweiß. Der Einzige, der nicht schwitzte und immer noch reglos dastand, war Rostock.

»Sitzt du gut?«, fragte Martin. Ich nickte.

Martin übernahm die Zügel und Karoline trat zurück. An die Bande gelehnt, sah sie uns zu.

»Du strahlst«, sagte Martin. Ein weiches, erleichtertes Lächeln zog über sein Gesicht. »Merkst du, wie du strahlst?«

»Nein, aber ...« Freude und Aufregung wirbelten durch

meinen Magen, wie vor einem Rendezvous. »Ich bin ganz aufgeregt.«

»Achtung! Festhalten, es geht los.« Martin zog leicht an den Zügeln, und Rostock setzte sich in Bewegung, langsam, wie ein Bote, der kostbares Porzellan transportierte. Ich presste meine Knie gegen den Bauch des Pferdes und hielt mich mit beiden Händen am Sattel fest. Langsam glitt ich in den vertrauten schaukelnden Rhythmus hinein. Wie sehr hatte ich ihn vermisst, wie sehr hatte ich mich nach diesen harmonischen Bewegungen, dem Einswerden von Mensch und Tier gesehnt.

»Wie geht's?« Martin drehte den Kopf und sah über seine Schulter hinweg. »Alles in Ordnung?«

»Ja ...« Mein Atem hauchte kleine Wolken in die kalte Luft.

Wie hatte ich mich vor diesem Tag gefürchtet. Und ihn insgeheim herbeigesehnt. Nun saß ich zum ersten Mal seit jenem Morgen im August wieder auf einem Pferd, mit tauben Unterschenkeln, erlahmten Muskeln, einem vom langen Krankenhausaufenthalt durch und durch ermüdeten Körper. Doch es funktionierte. Schlecht und nur unter Mühen. Bei weitem nicht mit der Selbstverständlichkeit und der Eleganz, mit der ich mich einmal auf einem Pferd bewegt hatte. Doch es gelang mir, mich auf Rostocks Rücken zu halten und zu reiten.

Zehn Minuten führte Martin das Pferd durch die Halle. Dann war ich erschöpft. Mein Körper fühlte sich tumb und schwer an.

»Hast du Schmerzen?«, fragte Martin, als wir Rostock in seine Box zurückbrachten.

»Ich merke, dass ich über keinerlei Kraftreserven verfüge, aber es tut mir nichts weh.«

»Das ist doch ein gutes Zeichen. Dann machen wir das von nun an regelmäßig. Um dich ein bisschen zu bewegen und deine Muskeln zu stärken. Mal sehen, was daraus wird.« Ich nickte. Rostock schleckte über meine Wange. Ich lehnte mein Gesicht gegen seinen Kopf. Wir schmusten, während Martin das Fell des Rappen mit Stroh trockenrieb, es bürstete und dem Wallach schließlich Stallbandagen anlegte. Ich war froh, dass wir beschlossen hatten, Rostock zu behalten. Dass er noch immer in seinem Stall stand und sich freute, wenn ich ihn besuchte, spornte mich an, den Versuch von heute zu wiederholen. Es wenigstens so weit zu bringen, dass ich mich wieder einigermaßen selbstständig auf einem Pferd fortbewegen konnte – das müsste doch zu schaffen sein. Und wenn es Jahre dauerte. Ich hatte Zeit.

Ein paar Wochen später war ich kräftig genug, um unsere Reitstunden bis auf zwanzig Minuten auszudehnen.

Jeden Tag, sobald Martin von der Arbeit nach Hause kam, fuhren wir in den Stall. Rostock und die Stute brauchten Auslauf. Im Stall konnte ich mich gut mit dem Rollstuhl bewegen, die Gänge zwischen den Boxen waren breit, und der Boden war aus Beton gegossen und eben. Weil in einem guten Reitstall stets penible Ordnung herrscht, lagen keine Gegenstände herum, die meinen Weg hätten behindern können. Allein die Hunde tollten umher. Manchmal sausten Dennis oder einer seiner Spielkameraden wie der geölte Blitz um die Ecke und schossen knapp an den Reifen des Rollstuhls vorbei. Die Hunde waren schlau genug, in so einem Moment auch sofort die Flucht anzutreten, sodass mir nicht mehr blieb, als ihnen einen kurzen, aber kräftigen Fluch hinterherzuschicken.

Jeden Nachmittag hob Martin mich per Räuberleiter aufs Pferd. Bald hatten wir diesen Notbehelf perfektioniert, und die anfängliche Wuchterei verlief reibungslos und eingespielt, als sei dies die natürliche Art aufzusitzen. Martin zählte »Eins, zwei und – drei!«, und im selben Augenblick bewegte sich mein Körper mit Schwung hinauf, ganz leicht, ein Fliegengewicht. Mein Muskeltonus war besser geworden, und das war sowohl eine Folge der regelmäßigen Krankengymnastik als auch des Reitens. Dr. Marx hatte Recht behalten mit seiner Empfehlung in Sachen Hippotherapie.

Anfangs führte Martin Rostock durch die Halle; später übergab er mir die Zügel und lief nebenher. Da ich einst ohne Sattel reiten gelernt und mir ein gutes Gefühl für Haltung und Balance erworben hatte, fiel es mir trotz tauber Beine leicht, mich auf dem Pferd zu halten. Niemand wusste, was aus unserem täglichen Training werden würde. Kein Arzt hätte vorhersagen können, welche exakten mittel- und langfristigen Auswirkungen das Reiten auf die Krankheit beziehungsweise meine Rehabilitation haben würde. Doch darum ging es auch gar nicht. Ich wollte ein Stückchen meines alten Lebens in die neue Zeit hinüberretten. Ich wollte mir erhalten, was ich liebte.

»Den Unterschenkel vorziehen. Und die rechte Ferse nach unten drücken.« Charlotte Manz lehnte an einem Oxer, der für Springübungen in der Mitte der Halle aufgebaut worden war. Sie beobachtete, wie ich Rostock zum Angaloppieren brachte. Üblicherweise gibt man dabei zuerst eine Parade, zieht also leicht an den Zügeln, so, als würde man einen Schwamm mit leichter Bewegung ausdrücken. Die Parade lässt das Pferd aufmerken. Anschließend schiebt der Reiter sein äußeres Bein zurück, platziert es eine Handbreit hinter dem Sattelgurt und gibt etwas Druck mit der Hüfte. Mein Bein hing jedoch, wie so oft, unkontrolliert in der Gegend herum.

»So wird das nichts!«, rief Charlotte. »Dein rechtes Bein liegt viel zu weit vor dem Sattelgurt.«

Seit einer halben Stunde trainierten wir. Rostock reagierte nicht besonders bereitwillig auf meine Hilfen, er schien sich nach einer Ladung Heu zu sehnen, nicht nach hoher Dressur. Wobei »hohe Dressur« eine glatte Übertreibung war, angaloppieren hatte ich bereits geübt, als ich sechs Jahre alt gewesen war. So etwas war Basiswissen für jeden drittklassigen Freizeitreiter. Doch ich musste alles, was ich einmal im Schlaf beherrscht hatte, neu üben. Musste bei jeder Kleinigkeit Ersatz für meine tauben Unterschenkel finden, kompensieren, was andere Reiter mit ihren gesunden Füßen, gesunden Schenkeln, gesunden Knien taten.

Ich brachte Rostock zum Stehen. Charlotte kam herüber. »Es läuft nicht gut heute, was ist los?«, fragte sie.

»Keine Ahnung, woran es liegt. Ich habe wohl einen schlechten Tag.« Charlotte schob mein Bein sacht an die richtige Stelle, und ich sah zu. »Schau, du bist ziemlich weit nach vorn gerutscht.« Ich nickte. Ich hatte es nicht gespürt. Doch es lag auf der Hand, dass meine Hilfen Rostock verwirrten. Wahrscheinlich war ich das Problem und nicht seine mangelnde Motivation.

»Versuch es noch einmal«, sagte Charlotte und ging zurück zu ihrem Oxer. Sie löste die Spange in ihrem

Haar und band es mit beiden Händen zu einem neuen, straffen Knoten. »Lass dich nicht entmutigen, du schaffst das«, rief sie durch die Halle.

Es war eine mühselige Arbeit.

Irgendwann hatte ich mich sicher genug gefühlt, einmal eine Bahn im Trab zu reiten, vorsichtig, aber immerhin. Dann hatte ich Charlotte Manz kennen gelernt. Sie war eine sehr gute Reiterin, ritt erfolgreich auf Turnieren und hatte drei Pferde bei uns im Stall stehen. Sie war ein paar Jahre älter als ich. Wir mochten uns. Ich hatte sie gefragt, ob sie mit mir trainieren würde. Ich brauchte jemanden, der meinen Sitz, meine Haltung kontrollierte, der mir sagte, wo meine Beine lagen, was meine Füße taten. Ich brauchte ein Korrektiv. Jemanden, der ersetzte, was mir selbst fehlte: Gespür. Ich konnte nicht ständig an mir hinuntersehen, dabei verlor ich jedes Mal das Gleichgewicht.

»Ich brauche jemanden, der mir sagt: ›Und jetzt den rechten Fuß nach hinten schieben‹, jemanden, der mir hilft, wieder ganz von vorn anzufangen.« Für Charlotte, eine angehende Chirurgin, war das eine Herausforderung. Als Reiterin, als Medizinerin und vielleicht auch menschlich. Denn von Anfang an war klar, dass unser Training zeitintensiv und anstrengend werden würde.

»Lass es uns probieren«, sagte sie zuversichtlich.

Wir begannen, beinahe jeden Tag miteinander zu arbeiten.

Die Fortschritte waren klein, klitzeklein manchmal. Immer wieder wunderte ich mich, warum mein Pferd nicht in einen leichten Trab wechselte, war ich doch sicher, dass ich beide Beine gegen Rostocks Bauch gedrückt und das Kreuz – wie im Lehrbuch – angespannt hatte. Bei fast allem musste ich umdenken, bei Galopptraversalen, beim versammelten Trab, selbst bei einer so simplen Dressurfigur wie einer gerittenen Acht. Manchmal musste ich mich überwinden, dabeizubleiben und nicht den Mut zu verlieren. Oft kämpfte ich gegen das Gefühl, es nie, nie, niemals zu schaffen. Verfluchte die Krankheit, verfluchte mich, ich war wohl einfach zu untalentiert. Und welche Perspektive hatte ich schon, ich wusste nicht einmal, wozu all die Anstrengungen gut waren.

Dennoch machte ich weiter.

Hilfen sind immer ein Zusammenspiel aus Schenkel-, Zügel-, Gewichts- und Kreuzhilfen. Ich gewöhnte mir an, viel aus dem Kreuz heraus zu reiten und so fehlende Schenkelhilfen auszugleichen. Wo ich früher meine Beine benutzt hatte, legte ich nun die Gerte an. Um in einen Rechtsgalopp zu wechseln, schob ich die rechte Hüfte vor. Rostock stellte sich auf diese neue Sprache ein. Bald war es nicht mehr wichtig, ob mein Bein schön weit hinten anlag; sobald das Pferd den Druck meiner Hüfte spürte, fiel es in einen vorbildlichen Rechtsgalopp. Trotzdem geschah es immer wieder, dass Rostock in einem versammelten Trab verweilte, obwohl ich das Kommando für einen Wechsel in den Galopp gegeben hatte.

Ich sah zu Charlotte hinüber. Sie nickte.

Heute sagen viele Reiter, meine Pferde ließen sich mit wesentlich geringerem Kraftaufwand lenken, sie reagierten feinfühliger auf Hilfen und auf die Menschen auf ihrem Rücken. Rostock und alle meine Pferde, die ich später noch bekommen sollte, haben sich stets an meinen Stil gewöhnt und umgestellt.

»Und jetzt wechselst du einmal durch die Länge der Bahn und gehst dabei in einen Linksgalopp.« Charlotte drehte sich eine Zigarette, ihre Augen folgten jedoch Rostock und waren fest auf meine Beine gerichtet. »Achte darauf, dass das Pferd schön nach links gestellt ist.«

Ich gab eine Parade, schob die linke Hüfte etwas vor, versuchte, den rechten Schenkel hinten anzulegen. Rostock reagierte zögerlich, ich gab ihm einen Klaps mit der Gerte. Er galoppierte an. Galoppierte durch die Länge der Bahn, in erhabenem Sprung, in erkennbarem Dreitakt – wie es sich gehört. Nachdem wir zweimal um die Reitbahn herumgaloppiert waren, gab ich Druck mit der Hüfte, spannte das Kreuz, parierte die Zügel und brachte Rostock auf der Höhe des Oxers zum Stehen.

»Schluss für heute«, sagte Charlotte. Sie stapfte durch den weichen Mulm der Reitbahn. Rostock tropfte der Schaum vom Maul. In gemächlichem Schritt kreuzten wir durch die Halle hinüber zum Ausgang.

Charlotte half mir aus dem Sattel in den Rollstuhl.

Ein Jahr später fuhr ich zum ersten Mal wieder zu einem Turnier.

Als ich neben Martin im Auto saß, Rostock hinten im Anhänger, die Autobahn vor uns, die Schilder flogen vorbei, da hatte ich zwölf Monate harter Detailarbeit hinter mir und war drauf und dran, vor Glück und Vorfreude zu bersten.

Die Halle war mit jungen Birken geschmückt, und an der Längsseite, gegenüber dem Richterhäuschen, hatte jemand ein Transparent befestigt, auf dem *Open Championship* stand. Es herrschte noch nicht allzu viel Betrieb, die ersten Reiter trafen gerade erst ein und brachten ihre Pferde in Boxen unter, die man freigeräumt hatte. Die, die später eintreffen würden, müssten ihre Pferde auf einer der umliegenden Koppeln unterbringen. Ein paar Mädchen liefen aufgeregt umher, eine schleppte Heuballen, eine andere trug einen Stapel karierter Decken. Ab und zu hallte lautes Hämmern durch den Stall, wenn eines der Pferde mit den Hufen an die Wände der Boxen schlug. In der Halle machte jemand eine Tonprobe mit Kürmusik.

»Conny!«, rief eine Stimme. »Ist denn das die Möglichkeit!«

Ich drehte mich um. Anna war berüchtigt für ihre durchdringende Stimme und ihre ungenierten Gefühlsausbrüche. Jetzt stürzte sie den Mittelgang hinunter, stieß beinahe den Rollstuhl um, umarmte mich und begrüßte mich mit feuchten Küssen auf beide Wangen. »Conny! Du bist wohl nicht kleinzukriegen? Willst du etwa starten? Oder bist du als Zuschauerin hier?«

»Nein, ich werde starten. Mit Rostock. Martin holt ihn gerade aus dem Hänger.« Anna traf man beinahe bei jedem Turnier. Ihr Vater besaß eine Pferdezucht in der Nähe von Oldenburg, und seine beiden Töchter ritten die verschiedensten Pferde, in unterschiedlichen Prüfungen.

»Ich glaube es nicht!« Annas Stimme hallte durch den Stall wie ein Orkan. Sie war einfach unüberhörbar, und das Mädchen mit den Satteldecken sah neugierig herüber. »Martina hat mir vor ein paar Monaten erzählt, dass du mit Charlotte Manz trainierst. Damals habe ich gestaunt und gedacht: Respekt. Aber dass ich dich so schnell bei einem Turnier wiedertreffe, als Konkurrentin ...« Anna lachte, und auch ihr Lachen rollte durch die Luft wie Donner. »Erzähl, wie geht es dir?«

»Gut. Ich sitze zwar im Rollstuhl, aber auf dem Pferd kann ich mich schon wieder ganz gut bewegen.«

»Irgendwie habe ich es geahnt, dass du nicht aufgeben wirst. So habe ich dich immer eingeschätzt.«

»Nun, du hast dich nicht geirrt ...« Ich musste lachen, eine kleine Welle von Stolz durchspülte mein Herz. »Und du?«, fragte ich Anna. »Bist du allein hier? Wo ist Elfie?«

»Elfie hat sich den Knöchel verstaucht.«

»Beim Reiten?«

»Nee. Ich mag es gar nicht sagen, aber es ist passiert, als sie aus dem Bus gestiegen ist. Du kennst meine Schwester ja, sie hat immer tausend Sachen im Kopf, die Gute. Guckt also nicht hin, verfehlt den Bordstein, tritt ins Leere, knickt um. Zack. Ist erst ein paar Tage her. Jetzt sitzt sie zu Hause, mit einem dicken, schwarz und violett verfärbten Knöchel.« In dem Moment kam Martin, verschwitzt und wütend.

»Rostock trampelt in seiner Box herum, als wäre er kein Pferd, sondern ein Trampeltier.« Entnervt stellte Martin den Kasten mit dem Putzzeug auf meinen Schoß.

»Du kennst ihn doch. Wenn man ihn aus seiner gewohnten Umgebung herausreißt, reagiert er erst einmal launisch. Das legt sich.« Ich wendete den Rollstuhl. Martin rollte mit den Augen. Anna zog skeptisch ihre rechte Augenbraue hoch. Das hatte ich schon oft bewundert. Sie konnte ihre Augenbrauen einzeln in verschiedene Richtungen bewegen. Ja, sie konnte sogar mit einem Ohr oder mit beiden gleichzeitig wackeln, ganz wie sie wollte. Und sie setzte es gern ein, sie wusste um die Wirkung dieser Kunst. Ich selbst bin ein Grobmotoriker, ich kann nicht einmal mit dem rechten Auge zwinkern, ohne das linke automatisch auch zusammenzukneifen.

»Ich habe versucht, ihn zu beruhigen. Hab ihn gestreichelt, ihm gut zugeredet. Aber er benimmt sich wie ein gnatziges kleines Kind«, sagte Martin.

»Ich kümmere mich gleich mal um ihn. Wo steht er?«

»In der dritten Box rechts, wenn du durch das Haupttor kommst.«

»Ich werde auch mal nach meinen Pferden sehen. Mein Vater will Pascha, den Fuchs mit den weißen Fesseln, zum ersten Mal an den Start lassen. Ich trainiere ihn seit Februar. Mal sehen, wie er sich macht.« Anna verabschiedete sich. »Wir sehen uns!«, rief sie, und ich sah ihr hinterher, während sie den Gang entlangging. Sie war eine kleine, zierliche Person, und jeder, der sie kennen lernte, staunte zuerst über ihre Stimmgewalt und dann darüber, dass sie Pferde zuritt, die beinahe doppelt so groß waren wie sie.

Als ich auf Rostocks Box zurollte, hörte ich sein Wiehern. Ich rief seinen Namen, er wieherte noch einmal, doch klang es nun aufmerksam. Ich öffnete die Tür, und der Rappe schob seinen Kopf durch den Spalt und schnupperte an meinen Ärmeln.

»Schatzi, du benimmst dich schlecht, höre ich?« Rostock schnaubte und bog seinen langen, geschwungenen Hals hinunter und tastete mit den Lippen über den Kasten mit dem Putzzeug. Ich zog einen Apfel aus der Jackentasche und hielt ihn ihm entgegen. Der Apfel verschwand zwischen Rostocks breiten Zähnen. Ich hob die Kiste hoch und stellte sie ins Stroh neben die Tür. Mit beiden Händen griff ich nach den Gitterstäben der Mittelwand und zog mich aus dem Rollstuhl hoch. Beinahe aufrecht stehend und gegen die Wand gelehnt, nahm ich eine Pferdebürste.

»Komm, lass dich putzen. Lass mich dich schön machen.« Der Wallach hob seinen Kopf, machte einen Schritt auf mich zu, und ich begann, sein Fell zu bürsten. In halblauten Murmelsätzen sprach ich mit ihm. Rostock stand still und schlug nur manchmal mit dem Schweif nach Fliegen.

Allmählich fuhren draußen immer mehr Autos vor, Pferde wurden aus Anhängern geführt, Reiter begrüßten einander. In der Stalltür sah ich einen schlanken, hoch gewachsenen Mann stehen, er sprach mit einem Mädchen in Gummistiefeln. Ich kannte ihn aus Warendorf, dem Zentrum des deutschen Reit- und Pferdesports, er war Richter bei internationalen Turnieren.

Martin wickelte gerade die letzte Stützbandage um Rostocks Fesselgelenke. »Lass uns zum Auto gehen, sobald du fertig bist«, sagte ich. »Die ersten Offiziellen kommen bereits.«

Um halb drei sollte ich starten, in der Dressurklasse L. In der Prüfung würde ich die verschiedenen Trabformen reiten müssen, versammelten Trab, Mitteltrab und starken Trab, außerdem versammelten Galopp und Mittelgalopp, doppelte Schlangenlinien, Schlangenlinien durch die ganze Bahn, einen einfachen Galoppwechsel sowie Kehrtwendungen auf der Hinterhand. Keine sehr anspruchsvolle Prüfung, aber für meine Verhältnisse doch eine Herausforderung.

Im Auto ließ ich mich in die weichen Polster des Beifahrersitzes sinken. Martin stand draußen, an einen Zaunpfahl gelehnt, und rauchte eine Zigarette. Im Kopf ging ich noch einmal die Lektionen durch. Ich hatte sie alle mit Charlotte geübt; in einer knappen Stunde würde ich sie allein und vor Publikum reiten. Rostock hatte sich während des Putzens beruhigt. Doch er war, was seine Befindlichkeit anging, kein zuverlässiges Turnierpferd. Man wusste nie sicher, wie nervös er auf eine fremde Umgebung reagieren würde, und manchmal war er auch einfach dickköpfig.

»Aufgeregt?«, fragte Martin und steckte seinen Kopf durch das heruntergekurbelte Seitenfenster.

»Ein bisschen«, ich lächelte. »Aber es wird schon schief gehen.« Er gab mir einen Kuss, ging um das Auto herum und setzte sich hinters Steuer. Wir packten das Picknickpäckchen aus, das Großmutter am Abend zuvor vorbeigebracht hatte, und ließen uns gebratene Schnitzel schmecken, Gurkensalat und Krapfen. Um Viertel vor zwei ging Martin in den Stall, sattelte Rostock und führte ihn hinaus. Im Schatten des Hängers saß ich auf. Rostock tänzelte und schnaubte, und ich redete auf ihn ein, um ihn zu beruhigen. Martin zog den Sattelgurt nach; Rostock hatte beim Satteln den Bauch aufgebläht. Im Schritttempo ritt ich den Parkplatz auf und ab, lockerte mich, lockerte Rostock. Um fünf vor halb drei ritten wir in die Halle.

Ein paar Zuschauer auf der Tribüne applaudierten, als ich mit Rostock in die Reitbahn ritt. Ich trabte hinüber zum Richterhäuschen, nahm beide Zügel in die linke Hand, ließ die rechte sinken, neigte den Kopf zum Gruß und nahm die Zügel wieder auf. Dann begab ich mich in Startposition. Einen Moment lang herrschte Stille in der Halle, auch Rostock war nun ganz still.

Dann setzte die Musik ein.

Rostock trabte an, wir zogen im versammelten Trab

durch die Länge der Bahn, wechselten an der Außenseite in einen versammelten Galopp, wechselten in einen starken Trab, ritten doppelte Schlangenlinien und einige Volten, wechselten wieder in einen versammelten Galopp und ritten weitere Volten. Es folgten doppelte Schlangenlinien in verschiedenen Tempi, ein Galoppwechsel, eine Kehrtwendung auf der Hinterhand. Am Ende verneigte ich mich noch einmal vor den Richtern und ritt aus der Halle.

Draußen am Anhänger wartete Martin schon. Er hatte von der Tribüne aus zugeschaut und war während des Applauses hinausgelaufen. Er half mir abzusitzen, hob mich auf den Beifahrersitz und brachte Rostock in den Stall. Dort nahm er ihm Zaumzeug und Sattel ab, wischte das Fell trocken, bürstete ihn und wechselte die Stützbandagen gegen Stallbandagen aus. Später führte Martin den Wallach in den Hänger, und wir verließen das Turnier, bevor es offiziell zu Ende ging.

Wir taten es absichtlich. Ich wollte vermeiden, dass einer der Richter mich im Rollstuhl sah. Mich im Regelsport mit Gesunden zu messen war eine Herausforderung. Man sollte mich wie einen gesunden Reiter bewerten, nach meiner Leistung. Ich wollte auf keinen Fall mit einem Behinderten-Bonus bedacht werden. Ich wollte nicht, dass man »der armen Behinderten« ein paar armselige Volten gönnerhaft zur großen Kür hochlobte und mit Auszeichnungen bedachte, was der Auszeichnung gar nicht wert war.

Rostock und ich nahmen in dieser Saison noch an einigen Wettkämpfen teil. Ein paar Mal landeten wir sogar auf einem der vorderen Plätze und bekamen Schleifen und Auszeichnungen. Ich wurde sicherer und freute mich zudem, meine Freunde und alten Bekannten wieder zu treffen, die ich immer nur auf Turnieren sah, da sie aus allen Teilen des Landes kamen. Man darf sich diese Szene ein bisschen wie eine fahrende Familie vorstellen, und es ist immer wieder schön, auf einem Reitturnier Menschen zu treffen, die wegen dem, was ihnen am meisten am Herzen liegt, weit, weit gefahren sind.

Nur den Richtern ging ich weiterhin mit Bedacht aus dem Weg.

Die Verkäuferin war pikiert, und ihr Gesicht verzog sich, als hätte sie in eine Zitrone gebissen.

»Mit so etwas macht man keine Späße«, sagte sie spitz und stolzierte, um Fassung bemüht, in Richtung Kasse. Martin und ich prusteten abermals los.

»Nehmen Sie es nicht so schwer«, rief Martin der Frau hinterher. »Wir amüsieren uns eben.«

»Wir amüsieren uns, obwohl ich im Rollstuhl sitze!«, rief ich. Durch ihren aufrechten Rücken ging ein kurzes Zucken.

Am Morgen beim Frühstück war ich deprimiert gewesen. Schon beim Aufwachen hatten sich beide Hände sehr steif angefühlt. Später verkrampften sie so sehr, dass ich nicht in der Lage war, meine Bluse zuzuknöpfen. Martin musste mir helfen. Als die Spasmen nachließen, zog ein schweres Zittern durch alle Finger. Unten in der Küche schenkte Martin Kaffee ein. Trotzig und wütend versuchte ich, die Tasse allein zum Mund zu führen. Ich bemühte mich, den Tremor zu beherrschen – doch die Tasse glitt mir aus der Hand. Der heiße Kaffee lief über den Tisch, die Tasse fiel zu Boden und zersprang auf den Küchenfliesen. Beinahe wäre Dennis noch in eine Scherbe getapst. Ich war kurz davor, in Tränen auszubrechen. Mehr als alles hasste ich es, meine Hände nicht unter Kontrolle zu haben. Ich empfand es als eine größere Einschränkung als die Tatsache, dass ich im Rollstuhl saß. Mit dem Rollstuhl konnte ich mich immer noch durch die Welt bewegen; wenn meine Hände sich verweigerten, war ich hilflos.

Martin schlug vor, nach Augsburg zum Einkaufen zu fahren.

»Wir waren lange nicht mehr in der Hutabteilung, findest du nicht?« Das war sein Trumpfkarte; die Hutabteilung stach fast immer.

Eine gute Stunde später saßen wir im Auto und fuhren über die Landstraße Richtung Autobahn. Der Rollstuhl lag im Kofferraum, und am Himmel erkämpfte die Sonne gerade einen Teilsieg gegen zahllose graue Wolken. Die Strahlen glitzerten auf den nassen Zweigen der Bäume, als läge der Wald unter einer Schicht von Krümeln aus Kristall. Seit ich vor eineinhalb Jahren aus dem Krankenhaus entlassen worden war, hatten Martin und ich zwei-, höchstens dreimal Zeit gefunden, einen halben Tag durch die Straßen zu bummeln und Schaufenster anzuschauen. Hatten meine Freunde und meine Familie anfangs befürchtet, mir könne langweilig werden, so hatte sich mein Leben schnell wieder mit Aktivitäten gefüllt. Neben den regelmäßigen Terminen beim Krankengymnasten und dem täglichen Training gab es im Stall jede Menge zu tun. Das Sattelzeug musste sauber gehalten und gepflegt, Futter angemischt und mit Zusatzstoffen versetzt werden. Irgendein Pferd musste immer geputzt, bewegt, auf die Koppel hinaus- oder wieder in den Stall zurückgebracht werden. Hatte Charlotte Manz keine Zeit, kümmerte ich mich um ihre Pferde – meine Revanche für die vielen Trainingsstunden. Dabei lernte ich auch eine Menge, denn Charlottes Pferde waren besser ausgebildet und leistungsfähiger als Rostock. Sie ritt schwierige S-Dressur-Turniere, während mein Wallach bereits in der mittelschweren M-Klasse an seine Grenzen stieß.

Auch zu Hause hatte ich meinen Aktionsradius vergrößert. Zwar erledigte Martin nach wie vor den Großteil der Hausarbeit, schrubbte das Bad, wusch die Wäsche, saugte Staub und putzte Fenster, doch ich kümmerte mich um Dennis, räumte das Geschirr aus der Spülmaschine, half bei der Buchführung und kochte, sodass, wenn wir abends aus dem Stall zurückkamen, etwas zu essen im Kühlschrank bereitstand.

Wir parkten nahe dem Bahnhof. Martin hob den Rollstuhl aus dem Kofferraum, klappte ihn auseinander, schob ihn neben die Beifahrertür und arretierte die Bremsen. Ich ließ mich vom Sitz auf die Straße hinuntergleiten. Vor zwei Monaten hatten wir einen Geländewagen gekauft, dessen hohe Sitze es mir ermöglichten, allein auszusteigen. Etwas wackelig stand ich auf dem Fußweg, doch solange ich mich anlehnen oder festhalten konnte, fühlte ich mich relativ sicher auf meinen Beinen. Mit einer Hand stützte ich mich auf die Armlehne des Rollstuhls, drehte und setzte mich. Martin löste die Bremsen, und wir zogen los. Rollstuhl zu fahren ist Kraftarbeit, die Räder links und rechts zu bewegen, erfordert trainierte Armmuskeln. Wenn ich mit Martin unterwegs war, nahm ich seine Hand, und halb schob ich, halb zog er mich.

Es war ein gewöhnlicher Wochentag, dennoch herrschte reger Betrieb. Männer, Frauen, Alte, Junge, Kinder liefen durch die Straßen, als würde niemand sie in den Büros, in den Schulen und Kindergärten erwarten. In Ichenhausen und Waldstetten waren die Straßen um diese Zeit wie leer gefegt.

Ich fühlte mich beobachtet.

Zu Hause hatten sich die Nachbarn daran gewöhnt, dass ich im Rollstuhl saß; hier in der Stadt spürte ich von allen Seiten neugierige Blicke. Blicke, die sagten: Armes Kind, noch so jung und schon im Rollstuhl. Ich hasste sie. Sollten die Leute sich doch um ihre Angelegenheiten kümmern. Ich riss mich zusammen. Ich lächelte einer alten Dame zu, die stehen geblieben war, den Mund zu einem tonlosen »Oh« geformt. Mitleid floss aus ihrem Blick wie ein klebriger Schmierfilm. Sie stand noch und sah uns nach, als wir um die Ecke bogen und auf das Kaufhaus zusteuerten.

Martin kaufte eine Tüte Lakritze, und wir fuhren mit der Rolltreppe hinauf in die Damenabteilung. Eine Schaufensterpuppe trug einen knallroten Ledermantel und ein goldenes Stirnband, das mich an eine Fernsehansagerin erinnerte, die vor Jahren vor allem dadurch von sich reden gemacht hatte, dass sie über eine umfangreiche Sammlung von Stirnbändern verfügte und bei jeder Moderation ein anderes anlegte. Martin hielt sich einen Minirock aus dem gleichen knallroten Leder an, und er sah so albern aus, dass ich lachen musste. Auch ihm waren die Blicke nicht entgangen.

»In die Hutabteilung?«, fragte er, und ich nickte.

Ich liebe Hüte. Oder, um präzise zu sein, ich liebe es, Hüte aufzuprobieren. Es amüsiert mich zu sehen, wie sich mein Gesicht verändert, je nachdem, ob ich einen Strohhut aufsetze, eine schwarze Baskenmütze, einen

Hut mit einem kleinen Schleier daran, wie man ihn bei Beerdigungen trägt, oder eines von diesen wagenradgroßen Gebilden, mit denen man in Ascot herumspazieren könnte. Am meisten amüsierte es mich jedoch, wenn Martin sich die verschiedenen Modelle aufstülpte. Gemeinsam lachten wir, bis uns die Bäuche wehtaten. Und bis eine Verkäuferin kam.

»Kann ich Ihnen helfen?«, fragte die Dame in einem Ton, der eigentlich hieß: Verschwinden Sie. Oder, noch wahrscheinlicher: Was fällt Ihnen eigentlich ein, sich hier so ungeniert zu vergnügen? Beziehungsweise: Was hat man überhaupt noch zu lachen, wenn man im Rollstuhl sitzt? Ich kannte diese Abstufungen der Empörung.

»Wir suchen einen Hut für meine Frau«, antwortete Martin unbeeindruckt. »Etwas Elegantes, für Abendgesellschaften.«

»Für Abendgesellschaften.« Die Verkäuferin brauchte ihre ganze Fantasie, um sich einen Krüppel auf einer Abendgesellschaft vorzustellen.

»Ja«, legte ich nach. »Mein Mann und ich sind zu einem Ball eingeladen und suchen etwas Besonderes, etwas Festliches.«

»Etwas Besonderes, etwas Festliches«, echote die Frau. Dann fasste sie sich. »Ich habe ein paar sehr elegante schwarze Damenhüte in der neuen Herbst/Winterkollektion.« Ihr Blick musterte mich von Kopf bis Fuß. »Ich hole sie Ihnen herüber«, sagte sie und stakste auf ihren hohen Absätzen davon.

Als sie zurückkam, mit vier oder fünf Hüten in beiden Händen, probierten Martin und ich gerade einen lavendelfarbenen Topfhut auf.

»Meinst du nicht ...«, ich prustete und brachte die

Worte nur mit Mühe hervor, »meinst du nicht, ich sollte noch vierzig Jahre warten, bis ich zu so einem Modell greife?« Ich sah aus wie die Königinmutter auf dem Weg zum Kaffeekränzchen.

»Ja, Schatz, das solltest du tun, unbedingt. Ich würde sonst über eine vorzeitige Scheidung nachdenken.« Martin zog den lavendelfarbenen Topfhut von meinem Kopf und ersetzte ihn durch einen ovalen grasgrünen Hut mit schmalem Rand. Die Verkäuferin räusperte sich.

»Haben Sie sich doch für ein weniger festliches Modell entschieden?«, fragte sie und schoss mit ihren Augen kleine gallegrüne Pfeile auf uns.

»Nun ...«, sagte Martin unbeeindruckt. Ich strich eine Haarsträhne beiseite.

»Ich weiß nicht ...« Ich drehte den Grasgrünen ein wenig hin und her. »Sehr elegant ist dieser Hut in der Tat nicht.«

»Vielleicht sollten wir die Abendgesellschaft doch sausen lassen, Schatz. Es kommen doch sowieso nur dicke Wichtigtuer mit ihren alten Schachteln.« Martin hielt prüfend einen roten Sommerhut hoch.

»Ja, Schatz.« Ich tat erleichtert. »Ich denke, das ist eine gute Idee. Lass uns lieber einen Strohhut kaufen, den ich am Wochenende bei unserem Segelausflug tragen kann.«

Martin nahm einen Strohhut mit einem kornblumenblauen Band aus der Auslage.

»Entspricht dieser hier deinen Vorstellungen?« Die Verkäuferin sah sprachlos zu. Es machte mir Spaß, sie in ihrer Fassungslosigkeit dort stehen zu sehen. Sie hielt noch immer die vier, fünf Hüte für die Abendgesellschaft in den Händen.

»Wissen Sie«, sagte ich und legte den Strohhut und den lavendelfarbenen Topfhut und den grasgrünen ovalen Hut auf den Tisch zurück. »Eigentlich wollten mein Mann und ich nur einmal ein paar Hüte aufprobieren und uns ein wenig amüsieren.«

»Ach so«, presste sie hervor. Dann raffte sie ihre Hüte zusammen. »Mit so etwas macht man keine Späße«, sagte sie spitz und stolzierte mit den Hüten in den Händen davon.

Als wir die Rolltreppe hinunterfuhren, lachten wir immer noch.

»Brauchst du vielleicht ein paar neue Unterhosen«, fragte Martin und grinste diabolisch.

»Du willst in die Damenwäscheabteilung?« Alle Mutlosigkeit vom Morgen war verflogen. So lange es noch so viel zu lachen gab, ließen sich auch kleine Niederlagen verkraften. Als wir zurückgingen zum Parkplatz, hatte sich sogar das beklemmende Gefühl angesichts der mitleidigen Blicke verflüchtigt. Was interessierten mich die Leute? Martin und ich hatten unseren Spaß, die Welt gehörte uns.

Martin Müller

Nach meinem Wehrdienst verpflichtete ich mich als Zeitsoldat. Man hatte mir zugesichert, dass man mich nicht in eine andere Kaserne versetzen würde. Ich war also in Connys Nähe und konnte mich jederzeit um sie kümmern. In meinen alten Betrieb wollte ich ohnehin nicht zurück. Zwar hatte ich kurz vor meiner Einberufung meinen Meisterbrief gemacht – ich war der jüngste

Meisterschüler Bayerns –, doch die Auftragslage in der Weberei war schlecht, und schließlich wurde das Unternehmen von einem italienischen Konzern übernommen. Als ich vier Jahre später vor der Entscheidung stand zu verlängern, hieß es, unsere Kompanie würde sich in Zukunft an Auslandseinsätzen beteiligen. Das kam für mich nicht infrage, und ich verließ die Armee.

Ich schrieb Bewerbungen. Und entdeckte eines Tages eine Anzeige, in der gezielt Berufssoldaten gesucht wurden. Dahinter verbarg sich ein Versicherungsunternehmen. Anfangs war ich skeptisch, doch Angebot, Rahmenbedingungen und Betriebsklima überzeugten mich. So wurde ich Versicherungs- und Immobilienmakler. Ich machte mich bald selbstständig, und das gab uns viele Freiheiten für unser gemeinsames Leben.

Damals, als Conny und ich geheiratet haben, da habe ich mir die Zukunft ganz traditionell vorgestellt: Ich wollte ein Haus, einen Garten, Tiere, vielleicht Kinder. Es war mir wichtig, finanziell abgesichert zu sein, einen gewissen Luxus zu genießen, reisen zu können. Ich wollte ein ganz normales Leben leben.

Daran hat Connys Krankheit nichts geändert.

Ich hatte nie das Gefühl, mich von meinen Träumen verabschieden zu müssen. Deshalb sah ich auch keinen Grund, mit meinem Schicksal zu hadern. Natürlich, in den ersten vier oder sechs Wochen nach der Diagnose, da hatte ich mich auch gefragt: Warum ich, warum sie, warum wir? Doch es gab auf diese Frage keine Antwort.

Darum habe ich sie irgendwann nicht mehr gestellt.

* * *

An Tagen, an denen Charlotte Manz keine Zeit hatte, übernahm Martin das Training. Er hatte häufiger zugesehen und besaß ein gutes Auge für Details. Mein Mann begleitete mich auch zu Trainingslehrgängen. Martins passives Wissen ist enorm. Sagte er, ich müsse eine Traversale ein wenig steiler reiten, ein wenig schneller die Seiten wechseln, so konnte ich mich darauf verlassen, dass ich genau das falsch gemacht hatte. Wechselte ich in den Galopp, korrigierte er sofort meinen Sitz, wenn ich dabei mit dem Oberkörper nach vorne kippte, was leicht geschah. An Tagen, an denen auch Martin wenig Zeit hatte, setzte er mich im Reitstall ab, und ich ritt allein meine Lektionen durch.

Ich konnte mit Mühe die Pferdedecken herunterziehen; doch konnte ich kein Pferd allein satteln. Ich konnte, angelehnt an die Stallwand, ein Pferd putzen; doch konnte ich nicht allein aufsitzen. Ich bewegte mich auf allen vieren durchs Stroh, um Hufe auszukratzen und legte im Sitzen Bandagen an; doch konnte ich nicht gut allein auftrensen. Trotzdem kam ich zurecht. Irgendjemand war immer da, der mir half.

Pferde sind intelligente Tiere. Sie passen auf. Wenn ich zu Rostock an die Box rollte, mich aus dem Rollstuhl hochzog und dabei umfiel – an manchen Tagen gehorchten meine Beine einfach nicht –, so ging dieses große Pferd behutsam und sanft mit mir um. Nie wäre der Rappe auf mich draufgetreten. Eher stupste er mich mit seiner Nase an und sah still zu, während ich versuchte, mich wieder aufzurichten. Führte ich Rostock aus dem Stall, den Strick seines Halfters locker im Schoß, trottete er artig hinter dem Rollstuhl her. Erschrak er, beispielsweise weil der Wind plötzlich eine Plastiktüte umherwehte, sprang der Wallach zur Seite – doch er streifte nie den Rollstuhl. Er schien zu wissen, dass er rücksichtsvoll mit mir umgehen musste. Und ich wusste, dass Rostock jederzeit auf mich Acht geben würde.

Ich bin mit Pferden aufgewachsen. Ich begegne ihnen mit Liebe und Respekt. Ich denke, das ist die Basis, der Grund, warum selbst Pferde, die sich vor ihren Besitzern aufführen wie wilde Teufel, in meiner Gegenwart zu Lämmern werden. Wenn man ein Lebewesen mag, achtet man darauf, dass es ihm gut geht, dass es gesund ist, dass es sich wohl fühlt. Man lernt es kennen, beobachtet sein Verhalten, lernt seine Regungen und Bewegungen zu deuten. Jemand, der sein Pferd aus dem Stall holt, es sattelt, reitet und wieder abgibt, dem wird sich die Seele seines Tieres nicht erschließen. Ich dagegen spüre, wenn meine Pferde schlechte Laune haben. Ich schaue ihnen ins Gesicht und lese darin wie in den Zügen eines vertrauten Menschen.

Daneben gibt es eine stille Kommunikation zwischen Mensch und Pferd, wahrscheinlich sogar grundsätzlich zwischen Mensch und Tier. Sie funktioniert allein über den Körperkontakt und die Körpersprache. Diese Sprache kann viel mehr bewirken, als Worte es vermögen. Tiere beurteilen Menschen nicht in Kategorien wie schön oder hässlich, reich oder berühmt oder behindert. Gelingt es einem Menschen, eine Beziehung zu einem Tier aufzubauen, dann nimmt dieses Tier ihn als Person an, ohne Einschränkung, ohne Kritik, ohne Spott oder Vorurteile. Ein Tier verstellt sich nicht, seine Signale sind eindeutig. Es zeigt Zu- oder Abneigung, Sympathie oder Antipathie – die Vielschichtigkeit menschlicher Kommunikation mit all ihren Finessen spielt hier keine

Rolle. Wenn ein Pferd seine Ruhe haben möchte, wendet es sich ab. Wenn es sich wohl fühlt, beim Putzen beispielsweise, reckt es den Hals, damit man ja nicht aufhört. Ein Pferd ist selten falsch, selten böse. Es gibt Pferde, die sich schlecht benehmen, doch wenn man genau hinschaut, entdeckt man fast immer, dass ihre Besitzer sie zu dem gemacht haben, was sie sind.

Immer wieder habe ich festgestellt, dass Pferde auf Rollstühle mit großem Interesse reagieren. Wildfremde Pferde kommen auf mich zu, furchtlos und neugierig beschnuppern sie die Reifen, gleiten mit ihren weichen Lippen über das kühle Metall des Gestänges, knabbern an den Gummigriffen. Auch gehen sie ausgesprochen vorsichtig mit mir um. Als wir noch in dem Haus am See wohnten, hatten wir Rostock in einem Stall ganz in der Nähe untergebracht. In der Nachbarbox stand eine Trakehnerstute. Sie war ein sehr nervöses Pferd. Als ich eines Tages, es war etwa ein Vierteljahr nach meiner Entlassung aus dem Krankenhaus, mit Martin in den Stall kam, lief uns ihre Besitzerin aufgeregt entgegen.

»Ich muss sofort zum Tierarzt.« Sie hielt ihren Hund, einen Terrier, in den Armen, er blutete am Kopf. »Die Stute hat nach ihm getreten.« Über dem rechten Auge des Terriers zog sich eine Platzwunde hin. Martin und ich versprachen, uns um die Stute zu kümmern, falls der Besuch beim Tierarzt länger dauern würde. Als die Frau gegen Abend zurückkam, blieb sie wie angewurzelt in der Stalltür stehen. Sie sah mich den Mittelgang entlangrollen, ich gab mit beiden Händen Schwung. Die Zügel ihrer Stute lagen locker in meinem Schoß.

»Das geht nicht gut ...«, rief sie. Ich hatte sie nicht

kommen sehen, und als ich ihren ängstlichen Aufschrei hörte, sah ich erstaunt zu ihr hinüber.

»Was geht nicht gut?«

»Die Stute. Sie ist launisch und nervös. Was, wenn sie gleich zu Seite springt? Wenn sie wegläuft?«

»Sie war die ganze Zeit lieb und lammfromm.« Wie zur Bestätigung stupste die Stute mit ihrer Nase durch mein Haar. Möglicherweise verhielt sich das Pferd gegenüber seiner Besitzerin weniger rücksichtsvoll. Pferde spüren, was sie sich erlauben können. Wie Kinder testen sie ihre Grenzen aus.

Eine unserer Bekannten hat einen mongoloiden Sohn. Ihr Pferd, ein Hannoveraner-Fuchs, erlaubt sich unter der Mutter gelegentlich ein paar Bocksprünge; sitzt der Sohn im Sattel, achtet das Pferd darauf, keinen falschen Schritt zu setzen. Es bewegt sich vorsichtig und ruhig, und der Junge ist auf dem Rücken des Pferdes so sicher wie in Abrahams Schoß. Es weiß abzuschätzen, was es mit ihm machen kann, was nicht, weiß, dass das Kind sich nicht aus eigener Kraft festhalten kann und stürzen würde. Pferde – wenn nicht sogar Tiere generell – haben ein Gespür dafür. Auch unsere Hunde – vor kurzem hatten wir noch einen Bernhardiner aufgenommen – liefen stets artig neben dem Rollstuhl her. Stoppten, sobald ich stoppte. Warteten, lehnten zuweilen ihre Köpfe gegen die Räder, und liefen los, sobald ich wieder anfuhr.

Oft in all den Jahren saß ich im Stall, und so wie andere Menschen meditierten, sah ich meinen Pferden zu. Ich genoss die Stille am Ende des Tages, lauschte dem gleichmäßigen Mahlen der Kiefer, wenn die Pferde fraßen, es ist ein sehr beruhigendes Geräusch. Manchmal kamen sie, stupsten mich mit ihren Nasen, wollten gestreichelt werden. Meine Pferde forderten stets meine Aufmerksamkeit ein, sie bestanden auf ihre Streicheleinheiten, zuweilen geradezu penetrant. Sie wollten, dass ich mit ihnen schmuste. Widmete ich ihnen zu wenig Zeit und Achtung, waren sie beleidigt. Beachteten mich nicht, taten, als sei ich Luft, wandten mir ihre Hintern zu, wenn ich in den Stall kam und ihre Namen rief. Pferde wollen nicht nur gefüttert und bewegt, sie wollen auch gemocht werden. Ich genieße ihre Zuneigung und gebe ihnen meine. Der Umgang mit Pferden ist für mich ein Miteinander, ein Geben und Nehmen, und so, wie manche Eltern sich wünschen, ihr kleines Kind würde sie wieder einmal eine Nacht durchschlafen lassen, aber alle Müdigkeit vergessen, wenn ihr Baby sie anlächelt, so freue ich mich über die Liebe, mit der mir meine Pferde begegnen. Wer das nie erlebt hat, kann sich möglicherweise gar nicht vorstellen, was für eine Freude darin liegen kann.

»Das Bein weiter nach hinten!« Martins Stimme verlor sich in der Weite der Reithalle. Er stieß sich vom Oxer ab und kam herüber. Rostock lief im Schritttempo die Stirnseite der Halle entlang und schnaubte. Ich blickte an meinem Bein entlang. Der Unterschenkel berührte beinahe Rostocks Schulter.

»Scheiße«, entfuhr es mir. Martin griff nach meinem Reitstiefel und schob das Bein zurück, bis es hinter dem Sattelgurt anlag.

»Es rutscht immer wieder vor. Ich habe es wirklich nicht bemerkt.«

»Ist aber kein Wunder, dass du Rostock nicht in den Galopp bringst«, sagte Martin.

»Nein.«

»Versuch es noch einmal.« Ich schluckte. Gab eine Parade, gab Druck mit der Hüfte. Rostock wechselte in einen eiligen Trab.

»Und jetzt auf der Mitte der Bahn angaloppieren!«, rief Martin. Ich gab eine halbe Parade und Druck mit der Hüfte. Rostock reagierte nicht.

»Verdammte Scheiße!« Ich spannte das Kreuz, parierte die Zügel und brachte Rostock zum Stehen. Martin kam, griff nach meinem Bein. Mit einer festen Handbewegung schob er den Schenkel an die richtige Stelle. Ich versuchte, der Bewegung zu folgen, achtete auf die Spannung der Muskeln im Oberschenkel, wie ich es einst im Krankenhaus geübt hatte, versuchte, mich zu orientieren, die Haltung beizubehalten, ohne dabei zu verkrampfen.

Es war mühselig.

»Versuch es noch einmal.« Martin war abgespannt, aber darauf bedacht, seine Gereiztheit zu verbergen. Seit einer Stunde trainierten wir, und nichts schien zu klappen. Ein Fehler folgte auf den nächsten. In manchen Augenblicken war ich drauf und dran anzuhalten, abzusteigen, Rostock in die Box zu führen und das Reiten für immer zu vergessen. Dann siegte wieder die Disziplin. Ich verbot mir jedes Selbstmitleid.

»Ich versuche es noch einmal.« Ich gab eine Parade, gab Druck mit der Hüfte. Rostock wechselte vom Trab in einen leichten Galopp und kreuzte durch die Länge der Halle. Dann fiel er zurück in den Trab; ich hatte es gewusst, bevor es so weit war. Beim Reiten konzentrierte ich mich auch auf Rostocks Körper, auf das Spiel seiner Muskeln und Sehnen. So spürte ich, was er im nächsten Moment tun würde. Das gab mir die Möglichkeit, mit entsprechenden Hilfen Signale zu setzen, die dem Pferd sagten, was ich wollte. Die ihn im richtigen Moment angaloppieren ließen – sofern die Kommunikation klappte. Ich sah an meinem Bein hinunter. Der Unterschenkel lag knapp vor dem Sattelgurt.

Ich stieß an meine Grenzen.

»Willst du es noch einmal versuchen?«, fragte Martin und schob mein Bein zurück. »Oder hören wir auf und trainieren morgen weiter?«

»Ich versuche es, bis es klappt.« Ich trieb Rostock an die Stirnseite der Halle, gab eine Parade, gab Druck mit der Hüfte. Er galoppierte an. Ich schielte hinunter. Mein Bein lag an der richtigen Stelle. Ich konzentrierte mich, versuchte, Rostocks Bewegungen mit dem ganzen Körper zu folgen, ohne das Bein dabei nach vorne rutschen zu lassen. Es klappte. Bis wir zu einer Galopppirouette ansetzten.

Wie oft habe ich mir in solchen Momenten zwei gesunde Beine gewünscht!

Wieder stapfte Martin durch den Mulm auf dem Hallenboden und arrangierte meine Unterschenkel.

»Es wird schon besser«, sagte er aufmunternd. Ich ritt vor zur Stirnseite der Halle, gab eine Parade, gab Druck mit der Hüfte.

Wir hatten anderthalb Stunden trainiert, als ich absaß. Rostock schwitzte, sein Fell glänzte nass. Ich war erschöpft, mein Atem ging schnell, und mein Gesicht glühte rot. Reiten ist Knochenarbeit, und an Tagen wie diesem ein besonders undankbarer Job. Doch hatte ich inzwischen eine Perspektive. Zwei Wochen zuvor hatte ich mit dem Rappen bei einem Dressurturnier den zweiten Platz belegt.

Das Turnier war gut gelaufen. Ein freundlicher Tag, ich hatte viele nette Bekannte getroffen, unter anderem Anna und ihre Schwester Elfi. Rostock war für die mittelschwere Prüfung angemeldet, die Lektionen hatten wir zuvor trainiert, und anders als bei manch anderem Turnier zeigte sich Rostock diesmal in guter Form. Er war ausgeglichen und kein bisschen nervös. Wie immer hatte Martin mir draußen am Anhänger beim Aufsitzen geholfen. Ein paar Minuten bevor wir zum Start aufgerufen wurden, ritt ich in die Halle.

»Hals- und Beinbruch«, rief Anna.

»Den Beinbruch würde ich wohl nicht spüren«, erwiderte ich.

Ich ritt in die Halle, hinüber zum Richterhäuschen. Als Rostock und ich den Richtern gegenüberstanden, wollte ich beide Zügel in die rechte Hand nehmen, doch eine plötzliche Spastik machte meine rechte Hand beinahe bewegungsunfähig. Ich zögerte einen Moment und neigte den Kopf zum Gruß.

»Können Sie die Zügel nicht loslassen«, schnauzte einer der Richter unvermittelt. Erstaunt sah ich hoch. Sein Gesichtsausdruck war ungehalten. »Zügel loslassen und runter mit der linken Hand« bellte er. »Oder sind Sie behindert?«

»Ja«, sagte ich. »Woher wissen Sie das?« Einige im Publikum lachten. Dann nahm ich Aufstellung.

Die Prüfung war nicht leicht, aber auch nicht wirklich schwierig. Wir ritten die Lektionen problemlos, allein einmal hatte mein Wallach bei einer Parade mit den Zähnen geknirscht und das Maul geöffnet, was von den Richtern üblicherweise als leichter Fehler gewertet wird. Es würde Punktabzug geben, doch da alles andere gut geklappt hatte und auch Sitz und Haltung vorbildlich gewesen waren, war ich zuversichtlich, als ich aus der Halle ritt. Dass ich am Ende den zweiten Platz belegte, hätte ich trotzdem nicht erwartet. Es freute mich umso mehr, und Martin war der Erste, der mir gratulierte. Wir beschlossen, den Erfolg noch ein wenig zu feiern, bevor alle wieder auf die Autobahn und nach Hause fuhren. Als wir uns mit Anna und Elfi und einigen anderen Bekannten auf den Weg ins Reiterstübchen machten, trafen wir jenen Richter. Er sah meinen Rollstuhl – und wurde tiefrot. Im Vorbeifahren nickte ich ihm kurz zu.

Oben standen zahlreiche Reiter an der Theke, andere saßen mit ihren Familien an langen Holztischen. Wir fanden einen freien Tisch nahe dem Ofen und bestellten Bier und Brause.

»Ihnen scheint es ja sehr gut zu gehen«, sagte spitz eine Frau, die ich zuvor mit ihrer Tochter gesehen hatte. Das Mädchen war ebenfalls in der M-Dressurprüfung gestartet. »Wenn man Sie hier so sieht, mag man gar nicht glauben, dass Ihnen etwas fehlt.« Ihr Blick glitt über meinen Rollstuhl. Sie war die Frau eines Arztes. Sie und ihr Mann hatten viel Geld in das Pferd ihrer Tochter investiert und auch an der Ausrüstung und den Reitstunden nicht gespart. Trotzdem hatte das Mädchen nur den zwölften Platz erreicht.

»Ich verstehe nicht, worauf Sie hinauswollen«, sagte ich und sah der Frau direkt ins Gesicht. Die anderen am Tisch verstummten, und das schien der Frau unangenehm zu sein.

»Ich habe den Eindruck, Sie ziehen hier eine gewaltige Show ab mit Ihrem Rollstuhl.« Ihre Stimme war schrill. »Versuchen Sie, die Richter milde zu stimmen?

Finden Sie es gerecht, mit Ihrer Mitleidsnummer andere Reiter, die wesentlich härter trainiert haben, auszustechen?« Ich war sprachlos.

Die Frau redete sich in Rage. »Ich finde, Sie haben Ihren zweiten Platz nicht verdient! Die Auszeichnung sollte Ihnen aberkannt werden. Ich werde entsprechende Schritte veranlassen.« Damit drehte sie sich um und verschwand. Immer noch stumm starrte ich auf die Tür.

Anna fand als Erste die Sprache wieder. »Was ist denn mit der los? Ist sie krank?«

»Die spinnt.« Elfie tippte sich mit dem Zeigefinger gegen die Stirn.

»Ich würde sagen, sie ist eifersüchtig. Weil Conny besser geritten ist als ihre Tochter.« Martin hob sein Glas und prostete mir zu. »Auf den Neid!«

Jetzt fand auch ich die Sprache wieder. »Ich reite so schlecht, dass ich es nötig habe, im Rollstuhl zu sitzen und auf die Tränendrüse zu drücken? Habe ich das richtig verstanden?«

»Lass dich nicht verunsichern«, sagte Anna.

»Die Frau spinnt«, sagte Elfie, zum zweiten Mal.

»Nein, sie ist eifersüchtig«, sagte Martin. »Neidisch.«

»Es ärgert mich, dieses dumme Geschwätz!«

»Auf solche Äußerungen kannst du stolz sein«, rief Anna, und ihre Stimme füllte den Raum, sodass auch einige Leute an den Nebentischen zu uns herübersahen.

»Stolz?« Ich muss Anna völlig perplex angesehen haben. Die Unterstellung, ich würde auf einen Behinderten-Bonus spekulieren, schockierte mich; was ich insgeheim befürchtet hatte, war tatsächlich geschehen.

»Neid muss man sich erarbeiten«, sagte Anna. Es dauerte einen Moment, bis ich die Bedeutung des Satzes erfasste. Diese Frau hatte mich nie trainieren sehen, sie hatte nie meine Tränen gesehen in Augenblicken, in denen alles aussichtslos schien. Plötzlich zog ein Lächeln über mein Gesicht. »Du hast Recht«, sagte ich zu Anna. Und zu Martin gewandt hob ich mein Glas. »Auf den Neid!«

Zwar ärgerte ich mich noch eine Weile über jene Szene; bis heute gehen solche Sätze nicht spurlos an mir vorbei. Doch besann ich mich fortan auf Annas Worte und sagte mir: Solange ich Neider habe, werde ich so schlecht nicht reiten ... Ich verkehrte jeden Angriff in sein Gegenteil und nutzte ihn als Motivation. Gemeine Worte, die mich verletzen sollten, wurden mir zum Antrieb. Ihr werdet noch viel neidischer werden, schwor ich, euch werde ich es zeigen.

Die Mutter des Mädchens veranlasste übrigens nicht, dass man mir den zweiten Platz aberkannte. Sie wusste wohl insgeheim, dass sie sich blamiert hätte. Wann immer wir sie und ihre Tochter später auf einem Turnier trafen, bedachte sie mich allerdings mit bösen Blicken. Sie verwand es nicht, dass ein Krüppel besser ritt als ihr Kind.

11

In den riesigen Messehallen roch es nach Mist und Pferden. Alle waren sie gekommen, die Züchter, die Händler, die Ausstatter und Reiter. Bayerns Pferdeliebhaber treffen sich jedes Jahr auf der »Pferd International« in München. Martin und ich waren auch dabei.

In Halle drei hatten wir einen Züchter besucht und schwärmten noch von einer braunen Turnierstute, als eine laute und raumfüllende Stimme meinen Namen rief. Ich sah in die Richtung, aus der die Stimme kam und entdeckte Anna, die sich aus einer Gruppe von Leuten löste und winkte.

»Mein Vater hat eine Araberstute gekauft«, rief sie, die Hände wie eine Flüstertüte um den Mund gelegt. »Edel und schön, aber ein richtiges Biest. Schaut sie euch an, wenn ihr wollt, wir haben einen Stand in Halle fünf!« Dann winkte sie noch einmal und verschwand mit der Gruppe hinter einem Stand. Martin und ich beschlossen, später vorbeizuschauen; erst einmal hatten wir beide großen Hunger, wir waren seit dem frühen Morgen unterwegs.

Beim Mittagessen blätterten wir im Programmheft und überlegten, welche Veranstaltungen wir am Nachmittag besuchen sollten. Im Rahmen der »Pferd International« fanden jedes Jahr große Spring- und Dressurturniere sowie zahlreiche Showprogramme statt. Ich wollte unbedingt das Dressurreiten in der Olympia-Reitanlage sehen, da dort Isabell Werth starten würde, die ich schon als Jugendliche bewundert hatte. Bis zum Abend würden wir es kaum schaffen, mehr als zwei Veranstaltungen zu sehen. Das Gelände war riesig, das Angebot ebenfalls, und außerdem waren wir mit einem Händler verabredet, denn Rostock brauchte eine neue Kandare.

Wir beschlossen, zuerst unseren Händler aufzusuchen. Um drei Uhr würde das Turnier beginnen. Danach würden wir weitersehen. Martin stand auf und ging zur Getränketheke, um zwei Cappuccino zu holen. Ich blätterte noch ein bisschen durch das Programmheft. Im Anschluss an den Ausstellerkatalog entdeckte ich einen Hinweis, der mich elektrisierte. Als Martin zurückkam, zeigte ich ihm die aufgeschlagene Seite.

»Bayerische Meisterschaften der behinderten Dressurreiter«. Ich tippte mit dem Finger auf die Seite. »In der Olympiareithalle. Da möchte ich unbedingt hin.«

Die »Bayerischen Meisterschaften« begannen im unmittelbaren Anschluss an das Turnier, bei dem Isabell Werth gestartet war, und so behielten wir unsere Plätze auf der Tribüne. In der Pause zwischen beiden Wettkämpfen holte Martin Getränke. Ich las ein Flugblatt, das man uns am Eingang gegeben hatte. Anstelle der Leistungsklassen des Regelsports standen im Behindertenreitsport verschiedene *Grades,* die sich nach der Schwere der Behinderung richteten. Die Namen der Reiter, die teilnehmen würden, waren mir allesamt fremd, ich kannte niemanden.

Die Reiter aus *Grade* eins eröffneten das Turnier. Ihre Lektionen waren nicht besonders schwierig. Doch eine Reiterin, die keine Beine und zwei missgebildete Arme hatte, beeindruckte mich. Ihr Pferd, eine schlanke Fuchsstute, ging vorbildlich durch die Prüfung, obwohl die Frau nur mittels der Trense Kommandos geben konnte. Die Zügel hielt sie links und rechts mit drei Fingern, die beinahe direkt an ihre Schultern anschlossen. Pferd und Reiterin schienen sehr gut aufeinander eingespielt zu sein. Die Männer und Frauen, die später in *Grade* drei und vier starteten, ritten durchweg anspruchsvolle Lektionen, und ich war erstaunt über das Niveau.

Als wir uns nach dem Ende des Turniers in einem Pulk von Zuschauern zum Ausgang bewegten, sprach uns eine Frau an. Sie mag Ende vierzig gewesen sein und hatte den athletischen Körper einer Langstreckenläuferin. »Reiten Sie auch?«, fragte sie und ihr Blick glitt dabei über meinen Rollstuhl.

»Seit ich denken kann.« Ich mochte die Aufmerksamkeit, mit der sie den Rollstuhl betrachtete, nicht, doch wirkte die Frau sehr sympathisch, und so schluckte ich mein Missfallen.

»Sind Sie auch schon auf Turnieren gestartet?« Sie hatte dunkelgraue Augen, eine Farbe, wie ich sie noch nie gesehen hatte.

»Ja«, antwortete ich. Martin, der versucht hatte, den Rollstuhl durch die Menschenmenge zu lenken, blieb stehen. Vor dem Ausgang hatte sich ein Stau gebildet. »Ich nehme an Regelsportturnieren teil, an M-Dressurprüfungen, Leistungsklasse drei.«

»Das ist ja interessant«, sagte die Frau, und obwohl ich sie nie zuvor gesehen hatte, glaubte ich zu sehen, dass ihre Gedanken auf Hochtouren arbeiteten. »Hätten Sie nicht Lust, auch einmal im Rahmen eines Behindertenturniers zu starten?«, fragte sie schließlich.

Ich hatte nie zuvor daran gedacht. Bis vor ein paar Stunden hatte ich noch nicht einmal gewusst, dass überhaupt Behindertenreitturniere auf so hohem Niveau ausgeschrieben wurden. In den Medien wurde damals kaum über den Behindertendressursport berichtet. Als sich der Stau vor dem Ausgang auflöste und wir die Halle verließen, stellte sich die Frau als Karin Kuckuck vor. Sie engagierte sich im Behindertensport, organisierte Dressurturniere, betreute Reiter, kümmerte sich um Leihpferde, Transporte und all die vielen Kleinigkeiten, die im Rahmen eines Wettbewerbs anfallen. »Die ›gute Seele‹ ...«, lachte sie. Dann fragte sie uns nach unseren Namen und lud uns zu einem Kaffee ein. Später, als wir in der Cafeteria des Messegeländes saßen, stieß eine zweite Frau dazu, Eva Gröger. Beide hatten sich der Förderung des Behindertendressursports verschrieben und versuchten, mich dafür zu gewinnen.

»Wir sind noch nicht so zahlreich und freuen uns über jeden, der mitmacht«, sagte Eva Gröger.

»Wir freuen uns vor allem über jede Reiterin aus höheren *Grades*«, ergänzte Karin Kuckuck und sah mich mit ihren grauen Augen unverwandt an. »Wir wollen zeigen, was Behinderte können!« Ich versprach, mir die Sache durch den Kopf gehen zu lassen.

Auf der Heimfahrt sprach ich mit Martin darüber.

»Warum sollte ich es nicht einmal versuchen?«, sagte ich.

»In der Münchner Olympiahalle zu reiten ...« Ich sah zu Martin hinüber. Ich stellte mir vor, Rostock in diese imposante Halle hineinzuführen. »Das würde mir gefallen.«

Wieder zu Hause, beschloss ich, einen Sportgesundheitspass zu beantragen. Martin und ich fuhren zu meinem Neurologen nach Ulm. Er untersuchte mich und schickte seinen Befund zusammen mit weiteren Unterlagen an das »Kuratorium für Therapeutisches Reiten«. Das Kuratorium ist ein nationaler Dachverband, in ihm widmen sich zahlreiche Organisationen dem Behindertensport sowie der Therapie und der Heilkunde mittels Pferden. Ich wurde in *Grade* drei eingestuft. Ein paar Wochen später bekam ich meinen Sportgesundheitspass mit der Post zugeschickt.

Bereits während die bürokratische Prozedur lief, hatten Martin und ich darüber nachgedacht, ein neues Pferd anzuschaffen.

»Rostock ist in seiner Leistung nicht kontinuierlich genug«, sagte Martin. »An einem Wochenende geht er hervorragend durch die gesamte Prüfung, am nächsten ist er nervös oder launisch, und du kannst dich auf den Kopf stellen, ihr werdet keinen guten Platz belegen.«

»Meist gelingt es mir, ihn zu versöhnen. Und dann läuft er gut.«

»Aber er ist zu wechselhaft, um an einer ›Bayerischen Meisterschaft‹ teilzunehmen.«

»Aber er ist mit mir durch dick und dünn gegangen. In meiner schwersten Zeit hat er mich geduldig und wie auf Händen durch die Halle getragen. Er hat alles mitgemacht, was ich von ihm verlangt habe.«

Die Argumente gingen hin und her. Doch Martin hatte Recht. Rostock taugte nur bedingt zum Turnierpferd. Nach langen Diskussionen beschlossen wir, ihn zu verkaufen und mir stattdessen ein Turnierpferd zu suchen.

In der folgenden Nacht schlief ich schlecht. Ich

träumte von Rostock, immer wieder lief er durch zerrissene Traumbilder, während ich, unfähig mich zu bewegen, hinter einer Glaswand stand. Ich versuchte, seinen Namen zu rufen, doch sobald ich meinen Mund öffnete, kullerten kleine bunte Perlen heraus, die zu großen Blasen heranwuchsen und mich einhüllten, bis ich schließlich in einem schier undurchdringlichen Kokon steckte. Ich suchte mein Pferd. Doch ich konnte nichts mehr sehen, war abgeschnitten von der Welt, eingewickelt, festgesetzt. Manchmal erwachte ich vor Schreck, lag für Momente wach, streckte im Halbschlaf meinen Arm nach Martin aus und glitt im nächsten Moment zurück in einen unruhigen Schlaf, in dem ich Rostock wieder auf einer Wiese stehen sah.

Am Morgen erwachte ich. Martin lag neben mir, er schlief noch. Ich stapelte zwei Kopfkissen aufeinander, wickelte mich in mein Federbett und sah aus dem Fenster. Im Kopf formulierte ich eine Annonce und stellte mir vor, in der Anzeigenabteilung der örtlichen Zeitung anzurufen und den Text durchzugeben. »Pferd zu verkaufen, freundliches Wesen, gutes Gebiss, Preis Verhandlungssache ...« Ich malte mir aus, es würde tatsächlich ein Interessent anrufen. Stellte mir vor, er käme in den Stall, ginge zu Rostock in die Box, streichelte ihn. Ritt ihn. Kaufte ihn. Alles in mir wehrte sich dagegen.

Ich sah zu Martin hinüber. Er schlief fest.

Seit ich Rostock bekommen hatte, waren Jahre vergangen. Es mag für manch einen schwer zu verstehen sein, doch mir war dieses Pferd ans Herz gewachsen. Uns verband zu viel, unvorstellbar, dass ich ihn zu fremden Leuten geben würde.

Martin räkelte sich. Er schlug ein Auge auf, sah, dass

ich wach war und öffnete beide Augen. Erstaunt und verwundert sah er mich an.

»Ich verkaufe Rostock nicht. Eher gebe ich das Turnierreiten auf.«

»Guten Morgen, Frau Müller«, sagte Martin mit müder Stimme.

»Ich meine es ernst. Ich habe es mir in allen Details ausgemalt, und es ist, wie ich es sage: Ich verkaufe Rostock nicht.«

»Wie lange bist du schon wach?«

»Keine Ahnung, aber ich habe sowieso schlecht geschlafen. Hast du gehört? Ich verkaufe Rostock nicht.« Martin rieb sich den Schlaf aus den Augen. Jetzt tat es mir Leid, dass ich ihn so überfahren hatte. Ich gab ihm einen Kuss. »Guten Morgen, Herr Müller.« Martin brummte etwas und schlüpfte in seine Pantoffeln.

Am nächsten Morgen erwachte ich, und Martin lag bereits wach im Bett. Als er sah, dass ich die Augen aufschlug, sagte er, so abrupt wie ich am Tag zuvor: »Einverstanden, wir kaufen ein drittes Pferd dazu.«

In den folgenden Wochen machten wir uns auf die Suche nach einem Turnierpferd. Bekannte hatten uns auf einen Züchter aufmerksam gemacht. An einem freien Wochenende fuhren wir hin.

Auf dem Hof war niemand zu sehen. Wir stiegen aus und klingelten an der Eingangstür des Haupthauses. Als niemand öffnete, machten wir uns auf den Weg zum Stall. Martin schob den Rollstuhl. Trotz seiner Geländebereifung erwies sich die Auffahrt als Hindernisparcour, denn sie war mit Kopfsteinpflaster gepflastert. Als wir die Stalltür erreichten, war ich mächtig durchgerüttelt. Auch im Stall war niemand zu sehen, allein ein Schäferhund kam uns entgegen. Als Wachhund kann ihn niemand angeschafft haben, denn als er uns sah, wedelte er freudig mit dem Schwanz. Er leckte meine Hand und schnupperte neugierig an den Reifen des Rollstuhls. Schließlich ging Martin zurück zum Auto und hupte. Ich rollte unterdessen, begleitet von dem Schäferhund, den Mittelgang des Stalles entlang. Die meisten Boxen waren leer, wahrscheinlich standen die Pferde auf der Koppel hinter dem Stallgebäude.

Ich hörte Stimmen, und im nächsten Augenblick betrat Martin an der Seite eines Mannes den Stall. Der Mann erinnerte mich etwas an Onkel Karl, nur war er deutlich größer, er musste an die zwei Meter groß sein.

»Guten Tag«, sagte der Mann. Er reichte mir die Hand, wobei er sich herunterbeugen musste. »Sie suchen ein Pferd?« Sein Blick glitt über den Rollstuhl, einen Moment lang wirkte er erstaunt, doch dann benahm er sich, als käme alle Tage jemand mit einem Rollstuhl in seinen Stall gerollt. Er führte uns hinters Haus und wies auf einen Schimmel, der auf der Weide graste.

»Er ist noch ›roh‹«, sagte der Mann. »Noch nicht eingeritten.«

Wir beobachteten das Pferd eine Weile. Es war jung und kräftig. Nach ein paar Minuten stieg der Mann über den Zaun und ging auf den Schimmel zu. Auch in seinem schaukelnden Cowboygang erinnerte er mich an Onkel Karl. Ich zog mich aus dem Rollstuhl hoch und hielt mich am Gatter fest, während Martin den Rollstuhl in das Innere der Koppel trug. Anschließend holte er mich, und als der Mann mit dem Pferd am Halfter kam, saß ich bereits mitten auf der Wiese. Der Schimmel zeigte keine Berührungsängste. Neugierig inspizierte er den

Rollstuhl, schnupperte an den Gummireifen und nieste, als ich ihn an den Nüstern streichelte. Beinahe rosa lagen sie da, umgeben von grau-weißem Fell. Der Schimmel schnaubte. Martin kraulte ihn hinter den Ohren und hob dann seine Beine, um sich die Hufe genauer anzusehen. Das Pferd ließ es geschehen.

Sein Besitzer ließ ihn laufen, und es zeigte sich, dass der Wallach in allen Gangarten sehr schwungvoll war. Er gefiel uns. Wir einigten uns mit seinem Züchter auf einen akzeptablen Preis. Auf der Heimfahrt überlegten wir, welchen Namen wir dem Pferd geben könnten, denn der Schimmel war noch nicht als Turnierpferd eingetragen. Das war jedoch erforderlich, sonst würde ich mit ihm nicht auf Turnieren starten dürfen. Da sein Vater Rubinstein hieß, musste sein Name ebenfalls mit »R« beginnen. Am Ende nannten wir ihn Royal Magic, ein Name, auf den ich kam, als ich ein paar Tage später mit Großmutter in einem Schreibwarenladen an der Kasse stand und ein Sortiment von Tuschkästen erblickte. Einer der kleinen Farbnäpfe unter dem durchsichtigen Plastikdeckel war mit einem Schild gekennzeichnet, auf dem »Royal Magic Blue« stand. Am nächsten Tag schickte ich einen Brief mit allen erforderlichen Unterlagen an unseren Spitzenverband, die Deutsche Reiterliche Vereinigung.

Gemeinsam begannen Martin und ich, Royal Magic auszubilden. Nachdem wir ihn einen Monat lang an die Longe genommen hatten, um seine Rückenmuskeln zu trainieren, begann ich, ihn vorsichtig an Trense und Sattel zu gewöhnen. Royal Magic erwies sich als gelehriges Pferd, er folgte problemlos. Ich gab ihm Leckerbissen zur Belohnung und lobte ihn. Eine Weile später hob

Martin mich zum ersten Mal hinauf. Der Schimmel hatte sich bald an das fremde Gewicht auf seinem Rücken gewöhnt.

Nach vier Monaten gingen Martin auf Rostock und ich auf Royal Magic zum ersten Mal ins Gelände. Der Schimmel war durch nichts zu erschüttern, und wo Rostock zu Unbeständigkeit neigte, bewies Royal Magic Nervenstärke und Gelassenheit.

Daran, dass meine Beine unterhalb der Knie völlig taub waren, hatte ich mich längst gewöhnt. Was mir zusetzte, war, dass die Krankheit sich langsam verschlimmerte. Ich gehöre zu jenen zwanzig Prozent von Patienten, bei denen sich die Beschwerden allmählich entwickeln, primär-chronisch oder chronisch-progredient nennen die Mediziner diese Verlaufsform. Die Symptome bilden sich hierbei meist nur teilweise oder gar nicht zurück.

Immer häufiger kämpfte ich mit Spasmen in den Händen und im Becken. Letztere störten vor allem beim Reiten; immerhin hatte ich mittels Hüftdruck versucht, die Schenkelhilfen zu ersetzen, die ich nicht mehr geben konnte. Außerdem hinderte mich eine steife Hüfte daran, geschmeidig mit den Bewegungen des Pferdes mitzugehen. Es war jedes Mal, als würden sich meine Beckenknochen festhaken, als würde eine Arretierung einrasten. Gut, dachte ich, als es zum ersten Mal geschah, damit musst du nun also auch leben. Ich gab mir Mühe, möglichst entspannt im Sattel zu sitzen, um nicht zusätzlich zu verkrampfen. Manchmal ließen die Spasmen bereits nach wenigen Minuten nach.

Meine feinmotorischen Fähigkeiten wurden schlechter. Es fiel mir schwer, mit Messer und Gabel zu hantieren. Im Restaurant bestellte ich Pizza, denn die konnte ich mit einigen groben Schnitten zerteilen. An Schnecken oder gefüllte Pastetentörtchen wagte ich mich ungern, auch Suppe mochte ich in der Öffentlichkeit nicht löffeln. Zu Hause schafften wir ein Telefon mit besonders großen Tasten an, damit ich mich seltener verwählte. Als ich eines Tages meine Schuhbänder nicht mehr allein zubinden konnte, kaufte Großmutter mir Turnschuhe mit Klettverschluss. Wenn Martin meinem Pferd eine Kandare aufzäumte – über das Doppelgebiss können Reiter feinere Zügelhilfen geben, als es bei einer Trense der Fall ist – und ich vier statt zwei Zügel in den Fingern hielt, musste ich mir diese reichen lassen. Allein konnte ich sie nicht greifen. In meinem internationalen Sportgesundheitsausweis wurde vermerkt, dass ich künftig bei Turnieren die Richter grüßen durfte, ohne die Zügel dabei loszulassen.

Ab und zu bekam ich Sehstörungen. Anfangs traten sie ein- oder zweimal im Monat auf, bald jedoch einmal pro Woche. Sie kamen plötzlich, von einem Moment zum anderen nahm ich meine Umgebung verschwommen wahr. Mir war, als wäre ich betrunken. Ereignete es sich innerhalb des Trainings, bat ich Martin oder Andrea, die Reitlehrerin, mit der ich seit einer Weile regelmäßig arbeitete, weniger »Kringel« einzubauen. Unter solchen Umständen ist es schwierig, aufrecht im Sattel zu sitzen und Volten und Zirkel zu reiten. Der Gleichgewichtssinn wird mächtig auf die Probe gestellt. Glücklicherweise ist es mir bis heute nur ein einziges Mal innerhalb einer Prüfung passiert, dass ich Sehstörungen bekam; mit Mühe ritt ich die Prüfung einigermaßen ordentlich zu Ende.

Vereinzelt stellten sich auch jene Doppelbilder ein,

von denen bereits Siggi in der Klinik erzählt hatte. Kurzfristig konnte ich mir helfen, indem ich ein Auge mit der Hand zuhielt oder die Augen zusammenkniff wie ein Kurzsichtiger. Doch über längere Zeit waren diese Beeinträchtigungen äußerst lästig. Vor allem beim Autofahren verlor ich leicht die Orientierung. Ich saß auf meinem Beifahrersitz und fühlte mich wie in einem Computerspiel, bei dem ich nie wusste, was mich im nächsten Augenblick erwartete – eine Kurve?, ein Unfall? Oft war ich mir sicher, dass ich mich gleich im Graben wiederfinden würde. Am Ende schloss ich die Augen und wartete, dass der Horror vorüberging. Martin bemühte sich, in solchen Momenten ruhig und gleichmäßig zu fahren.

Mit der Zeit ließen auch meine Kräfte nach. Ich war schneller erschöpft, musste meine Kräfte einteilen, mich schonen. Damals, nach der Entlassung, hatte ich versucht, schnell wieder möglichst viel allein erledigen zu können. Nun erlebte ich, wie meine Selbstständigkeit schrumpfte, auch wenn die Einschränkungen kurzzeitig waren und vorübergingen. Ich brauchte häufiger fremde Hilfe. Martin stand mir jedoch mit gewohnter Selbstverständlichkeit bei, und so konnte ich die Veränderungen ohne allzu große Wut oder Trauer in mein Leben integrieren.

Trotz der Schwierigkeiten nahm ich weiterhin an Wettkämpfen teil. Mein Mut und mein Wille wuchsen in dem Maß, in dem mein Körper abbaute. Es war die Krankheit selbst, die meinen Ehrgeiz weckte und mich lehrte, stark zu sein. Wer mit einer schweren Krankheit so normal wie möglich leben will, seinen Beruf, seine Hobbys, seine Freunde, seinen Mann behalten will, darf nicht schwächeln. Außerdem machte es mir einfach Spaß, mich mit gesunden Reitern zu messen. Ich wollte wissen, ob ich mit ihren Leistungen mithalten konnte. Wenn ich manchmal sogar besser ritt als sie, zeigte mir das, dass ich stärker war als meine Krankheit.

Ich hatte viel Zeit in Royal Magics Ausbildung investiert, und er machte, trotz seines jungen Alters, gute Fortschritte. Als erneut die »Pferd International« bevorstand, meldeten wir ihn kurzerhand für drei Prüfungen der »Bayerischen Meisterschaften der behinderten Dressurreiter« an. Ich machte mir keine Hoffnungen auf eine gute Platzierung; der Wallach sollte einfach ein bisschen Turnierluft schnuppern. Für Martin und mich hatte die Nennung zudem den Vorteil, dass wir an allen Tagen freien Eintritt hatten.

Man gab mir zwei Prüfungsaufgaben vor, deren Schwierigkeitsgrad etwa dem einer L-Dressur im Regelsport entsprach. Wie im Behindertensport üblich, waren sie jedoch ein wenig den Behinderungen der Reiter angepasst. Die Aufgaben bestanden hauptsächlich aus Trabvolten sowie Trab- und Galoppverstärkungen. Zusätzlich würde ich eine Kür reiten, die gewisse Pflichtelemente enthielt; ihre Anordnung blieb mir überlassen. Gemeinsam mit Andrea hatte ich verschiedene Durchläufe ausprobiert, und Martin hatte Abende vor dem Computer verbracht und Musik zusammengeschnitten und abgemischt. Die Kür wurde zu Musik geritten, und die einzelnen Lektionen brauchten, je nachdem ob ich Schritt, Trab oder Galopp ritt, Musik in unterschiedlichen, jeweils passenden Tempi.

Mit Royal Magic im Hänger fuhren wir nach München. Auf dem Rücksitz lag ein Kleidersack. Martins Mutter und Großmutter hatten mir ein wunderschönes Kostüm genäht. In Anlehnung an Royal Magics Namen hatten sie einen royalblauen Rock geschneidert, der weit und edel fiel und hinten über die weiße Kruppe des Schimmels hing. Dazu trug ich eine weiße Bluse mit blauem Revers sowie meinen Zylinder, um den ich ein royalblaues Hutband gebunden hatte.

»Mal sehen, ob du die Beste wirst. Die Schönste bist du auf jeden Fall!«, sagte Martin, nachdem er mir aus dem Rollstuhl aufs Pferd geholfen und den blauen Rock über Royal Magics Kruppe gebreitet hatte. Freudig und ein wenig aufgeregt ritt ich auf dem Platz vor der Olympiahalle auf und ab, um den Wallach zu lockern. Wir wiederholten noch einmal einzelne Lektionen. Royal Magic war die Ruhe selbst. Anders als bei den vielen Wettkämpfen, die ich mit Rostock geritten war, war ich diesmal diejenige, die ein wenig nervös war. Obwohl ich nichts erwartete, hatte mich die aufgeladene Stimmung in der Olympiahalle in eine gewisse Aufregung versetzt.

Die ersten beiden Prüfungen liefen hervorragend, und wer immer später erfuhr, wie jung Royal Magic war, staunte. Die Kür absolvierten wir ebenfalls tadellos, doch zählten die Punkte hierfür in der Gesamtwertung nicht mit. Als ich am Ende die Halle verließ, empfing mich Martin begeistert. Ich hatte die »Bayerischen Meisterschaften der behinderten Dressurreiter« auf Anhieb gewonnen.

Die Zuschauer waren begeistert und die örtliche Presse schrieb später, in Anlehnung an mein Kostüm, »... einer Märchenfigur gleich ...«. Allein die Reiter reagierten sehr unterschiedlich. Eine der ersten Gratulantinnen war

Karin Kuckuck, die mich freudig umarmte und mit ihren grauen Augen anstrahlte. Doch während und nach der Siegerehrung sah ich mich umgeben von verärgerten Gesichtern. Ich begriff, wie naiv ich gewesen war. Natürlich kannte ich aus dem Regelsport den Neid, der unter Reitern herrschte, all das Konkurrenzgebaren, die Eifersucht auf jeden, der erfolgreicher ritt. Fälschlicherweise hatte ich erwartet, dass dies im Behindertensport nicht so sei. Die behinderten Reiter, so hatte ich gedacht und dabei von mir auf andere geschlossen, die wären sicherlich froh, überhaupt noch reiten zu können. Sie würden mit mehr Spaß und weniger Verbissenheit an den Start gehen als andere Amateure oder gar die Profireiter. Doch hier wurden Landesmeisterschaften ausgetragen, und da gehörten Neid und Konkurrenz dazu wie überall. Ja, vielleicht waren sie sogar noch ein wenig ausgeprägter.

Doch ich – ich war sehr, sehr stolz auf meinen Erfolg.

Nach den »Bayerischen Meisterschaften« fuhren Martin und ich mit Royal Magic zu verschiedenen kleineren Behindertenturnieren, die ich fast immer gewann. Auch an Regelsportturnieren nahm ich nach wie vor teil. Dann las ich die Ausschreibung für ein internationales Behindertenturnier in Holland.

Wieder führten wir Royal Magic in den Anhänger, luden Sattel, Zaumzeug, Putzkiste und Rollstuhl in den Kofferraum. Diesmal brachen wir besonders früh auf; die Reise von Bayern nach Holland würde lang werden. Großmutter hatte uns am Tag zuvor ein Proviantkörbchen vorbeigebracht, und ich war sehr dankbar gewesen, denn die Vorbereitungen und das häufige Training hatten mich so beansprucht, dass ich kaum Zeit gefunden hatte, auch nur ein paar Kleidungsstücke und unsere Zahnbürsten zusammenzupacken.

Vier Tage zuvor war ich morgens mit Gelenkschmerzen in den Armen aufgewacht. Viele MS-Patienten stellen fest, dass ihre Symptome im Winter nachlassen, und dass sie sich in den kalten Monaten wohler fühlen. Bei mir ist es genau umgekehrt, mir geht es umso besser, je wärmer es ist. Spätestens ab Oktober muss ich jederzeit mit rheumaähnlichen Beschwerden rechnen. Während der folgenden Tage konnte ich mich nur unter Schmerzen durch die Gegend bewegen. Das Training geriet zur Tortur. Doch wollte ich, kurz vor einem so wichtigen Wettkampf, nicht darauf verzichten. Mein Neurologe in Ulm verschrieb mir Schmerztabletten. Sie schlugen nicht an – nicht einmal, als ich die Dosis bis zur zulässigen Obergrenze erhöhte. Ich biss die Zähne zusammen. Am Ende stellte sich eine gewisse Gewöhnung ein. Hatte ich am ersten und zweiten Tag bei jeder Bewegung Tränen in den Augen gehabt, stellte ich am dritten Tag fest, dass ich den Schmerz sozusagen mitdachte. Ich war nicht mehr überrascht, wenn er durch meine Arme brannte, denn ich erwartete ihn bereits. Am vierten Tag gehörte er so selbstverständlich zu meinem Alltag, dass ich ihn bereits als weniger schlimm empfand, obwohl er objektiv nicht nachgelassen hatte. Auch später sollte ich immer wieder feststellen, dass man lernen konnte, mit Schmerzen zu leben.

Am Morgen der Abfahrt war ich jedoch heilfroh, dass die Beschwerden über Nacht verschwunden waren. Ich hoffte, sie würden nicht wieder auftreten, bevor das Turnier vorüber war.

Vor Ort spürte man das internationale Niveau. Die

Aufgaben waren deutlich schwieriger, als ich es von bisherigen Behindertenwettkämpfen kannte. Zudem war ich aufgrund meiner Leistungen neu klassifiziert worden und startete in *Grade* vier, der Klasse mit den höchsten Anforderungen. Dort stieß Royal Magic jedoch an seine Grenzen. Der Wallach war noch viel zu jung, als dass ich ihn beispielsweise an die Kandare hätte gewöhnen können. Die meisten Reiter hatten dagegen ihren Pferden Kandaren angelegt, und dieses Manko konnten wir nicht ausgleichen. Obwohl Royal Magic sich alle Mühe gab, überforderten ihn die Prüfungen. In der einfacheren Prüfung landeten wir auf dem zweiten Platz, in der schwierigeren auf dem achten. Trotzdem war ich stolz und zufrieden, angesichts der Umstände war das eine gute Leistung.

Wieder zu Hause, bekam ich Post vom »Kuratorium für Therapeutisches Reiten«. Man wollte neben dem bestehenden A-Kader einen B-Kader bilden, um talentierte behinderte Nachwuchstalente gezielt zu fördern. Die Reiter des A-Kaders hatten bereits internationale Erfolge eingefahren und zwei Jahre zuvor an den »Paralympics«, den olympischen Spielen für behinderte Sportler, in Atlanta teilgenommen. Ich wurde aufgefordert, meine Bewerbungsunterlagen einzureichen. Während ich meine Turniererfolge auflistete, überkam mich zum ersten Mal das Gefühl, in einen Strudel zu geraten, von dem ich noch nicht absah, wohin er mich führen würde. Jahrelang war ich aus Spaß geritten. Seitdem ich krank war, ritt ich, um mir und der Welt zu beweisen, dass ich nicht unnütz war. Die Aussicht, möglicherweise Mitglied eines Nationalkaders zu werden, löste ein leichtes aufgeregtes Kribbeln in mir aus. Gleichwohl ließ ich mich weder zu allzu großen Hoffnungen noch zu besonderem Stolz hinreißen.

Inzwischen war Royal Magic gewachsen und so kräftig, dass es für mich immer anstrengender wurde, ihn zu reiten. Jedes Training glich einer Kraftprobe. Er reagierte nicht willig genug auf Hilfen und Kommandos. Seine Eignung als Dressurpferd war begrenzt. Martin und ich entschlossen uns, den Schimmel zu verkaufen. Wir brachten ihn zurück zu seinem Züchter und kauften ein neues Pferd, eine zierliche Hannoveraner-Stute, mit schwarzem Fell und weißen Fesseln. Ihr Vater war ein bekannter Deckhengst und ein ausgezeichnetes Dressurpferd namens Donnerhall. Über ihre Mutter wusste der Verkäufer nicht mehr zu berichten als ihren Namen. Unsere Stute trug den Namen Donnerlicht. Als Turnierpferd war sie unerfahren, und so begann ich an dem Punkt, an dem ich vor nicht allzu langer Zeit auch mit Royal Magic begonnen hatte.

Donnerlicht lernte schnell, zudem war sie sehr charakterstark. Die Stute fürchtete sich vor nichts und bewies in allen Situationen Nerven und Ruhe. Bald zeigte sich, dass sie ausgesprochen brav und sehr anhänglich war. Dennoch war ich unzufrieden. Ich wusste nicht, wie meine Krankheit sich entwickeln würde, wie lange ich noch in der Lage wäre zu reiten, zu trainieren und zu Wettkämpfen zu reisen. Ich wollte meine Zeit nutzen und mich weiterentwickeln, anstatt immer wieder von vorne zu beginnen, ein Pferd für die einfachsten Turniere auszubilden. So entschlossen Martin und ich uns, ein weiteres Pferd anzuschaffen.

El Capo war ein Holsteiner von zehn Jahren und gesunder Statur. Er war bereits ausgebildet, zeigte gute

Leistungen und besaß Turniererfahrung. Eine Annonce in einem Fachblatt hatte uns auf den Schimmel aufmerksam gemacht, und da sein Besitzer nicht allzu weit entfernt wohnte, fuhren Martin und ich kurzerhand hin.

Wir warteten in einer Ecke der Halle, während der Besitzer das Pferd von der Koppel hereinholte. Als der Schimmel die Halle betrat, tänzelte er ein wenig. Dann sah er mich und lief schnurstracks auf mich zu. Sein Besitzer versuchte, ihn zurückzuhalten, doch das Pferd ließ sich nicht beirren und zog den Mann beinahe hinter sich her. Ich streckte die Hand aus und ließ El Capo daran schnuppern. Er schnüffelte an meinen Fingern, fuhr mit seinen Nüstern über meinen Handballen und den Ärmel meiner Jacke. Ich kraulte seinen Hals, und er stupste mit der Nase gegen mein Knie. Doch am meisten faszinierte ihn der Rollstuhl, den er gründlich untersuchte. Der Besitzer zog am Halfter des Wallachs, doch da ich das Interesse der Pferde an Rollstühlen inzwischen kannte, beruhigte ich ihn.

»So etwas hat er noch nie gemacht«, sagte der Mann. Verwundert. Später ließ er El Capo frei in der Halle laufen, und wann immer der Schimmel die Stirnseite passierte, brach er aus und kam zu mir herüber. Er hat mich ausgesucht, nicht umgekehrt. Die Chemie zwischen El Capo und mir stimmte vom ersten Moment an, und so ist es bis heute geblieben. Trenst Martin ihn auf, zickt El Capo zuweilen herum wie ein launischer Teenager; komme ich in seine Box, beugt er seinen Kopf, und Sekunden später sitzt die Trense. Fürchtet El Capo sich vor etwas, geht er an Martins Seite keinen Schritt weit; komme ich, fühlt er sich sicher. Ein paar Worte, ein sanftes Streicheln, und das Pferd folgt mir überall hin. Mein

»Schimmelmann«, wie ich ihn bald nannte, vertraut mir blindlings.

Dabei muss El Capo ein hoffnungsloser Fall gewesen sein, ein gerissenes, launisches, durch und durch unberechenbares Pferd. Als ich später seine Erstbesitzerin ausfindig machte, eine Frau, die ihn als Fohlen einst seinem Züchter abgekauft hatte, fragte sie mich erstaunt: »Lebt der Schimmel noch?« Sie erzählte haarsträubende Geschichten. Der Wallach hatte seine Reiter abgeworfen, auch wenn sie noch so gut ritten, Reitlehrer waren oder versierte Bereiter. Er machte, was er wollte, lief schneller rückwärts als vorwärts, und wer ihn sah, sagte bald nur noch: »Aus diesem Pferd wird nie etwas.«

Schimmelmann und ich waren vom ersten Start an ein wunderbares Team und heimsten Auszeichnungen und Preise ein. Mit ihm fuhr ich auch nach Wiesbaden. Das »Kuratorium für Therapeutisches Reiten« hatte zur Sichtung der Kandidaten eingeladen. Aufgrund der Bewerbungsunterlagen waren die zwanzig besten Reiter ausgewählt worden; die zehn Besten unter ihnen sollten in besagten B-Kader aufgenommen werden. Die Veranstaltung begann an einem Freitagnachmittag und fand in einer großzügigen Reitanlage statt. Als Martin und ich am Sonntagabend wieder nach Hause fuhren, war ich unter den ersten Zehn.

Nun begannen die Dinge, ihren eigenen Lauf zu nehmen, und manchmal erschrak ich über das Tempo.

Im Behindertensport fällt die Förderung der Sportler schlichter aus als im Regelsport, es steht weniger Geld zur Verfügung, die Sponsoren fehlen. Dass ich zum Nationalkader der behinderten Dressurreiter gehörte, hieß zunächst einmal nicht mehr, als dass ich zweimal im Jahr zu einem Lehrgang nach Warendorf eingeladen wurde. Doch bedeutete die Tatsache, dass ich in den Kader aufgenommen worden war, einen Wendepunkt in meiner Reiterlaufbahn.

1999 wählten die damalige Bundestrainerin, der Leiter des Kuratoriums, eine Richterin sowie der Chef der nationalen Equipe acht Reiter aus den bestehenden Kadern aus. Sie sollten an der Weltmeisterschaft der behinderten Dressurreiter in Dänemark teilnehmen. Ich war unter diesen acht Reitern. Vier von uns konnten auf ihren eigenen Pferden starten; die anderen vier bekamen vor Ort Leihpferde gestellt. Ich durfte mit meinem Schimmel an den Start gehen, El Capo hatte in der Qualifikation überzeugt. Ich war sehr froh darüber, denn obwohl ich mit anderen Pferden gut zurechtkam, ritt ich lieber auf meinem eigenen. Schimmelmann würde mich nie im Stich lassen. Wir trainierten jeden Tag. Andrea, die Reitlehrerin, gab ihr Letztes, wir wollten uns auf keinen Fall blamieren. Dann, etwa vier Wochen vor der Abreise, lahmte der Schimmel.

El Capo musste sich auf der Koppel verletzt haben. Äußerlich war zunächst nichts zu sehen, doch als Martin ihn in den Stall führte, beschlich mich eine Ahnung. Etwas war nicht in Ordnung. Es war mein Gespür, das mich warnte, und es trog nicht. Der Tierarzt kam, und als er El Capo untersuchte, stellte er eine Sehnenzerrung fest.

»In einem Monat ist die Weltmeisterschaft«, entfuhr es mir.

»Das wird der Schimmel nicht schaffen ...«, sagte der

Tierarzt und schüttelte den Kopf. Einen Moment lang standen mir Tränen in den Augen. Ein Traum platzte, leicht und innerhalb von Sekunden, wie eine Seifenblase. All die Trainingsstunden, das Ringen darum, so gut wie möglich zu sein, sollte umsonst gewesen sein? Wäre es um irgendein Turnier gegangen – ich hätte geschluckt, wäre kurz enttäuscht gewesen und hätte mich abgefunden; doch es ging um die Teilnahme an einer Weltmeisterschaft.

Ich wusste, ich müsste so schnell wie möglich das Kuratorium verständigen. Es dauerte, bis jemand den Hörer abnahm. »El Capo fällt aus. Ihr müsst euch nach einem anderen Reiter umsehen«, sagte ich. Die Reaktion am anderen Ende der Leitung fiel ganz anders aus als erwartet.

»Nun mal langsam«, sagte der Mitarbeiter des Kuratoriums. »Immer schön die Ruhe bewahren. Vielleicht findest du ein Ersatzpferd. Uns liegt jedenfalls sehr daran, dass du startest.«

Und dann lernte ich Herrn Mäurer kennen.

Er war Unternehmer und leitete eine große Firma in der Gegend. Daneben war Herr Mäurer passionierter Reiter. Er besaß an die hundert Pferde, ein ganzes Gestüt mitsamt Personal, vom Pferdepfleger über diverse Bereiter bis zu gut geschulten Reitlehrern. Herr Mäurer lud mich ein und bot mir an, eines seiner Pferde Probe zu reiten. Algebra, eine hübsche, zierliche, braune Stute, die schon optisch gut zu mir passte. Als ich Algebra ritt, sahen Martin, Herr Mäurer und ein paar seiner Angestellten zu. Ich ließ Algebra im versammelten Trab gehen und in einen starken Trab beschleunigen, ritt eine Traversale und probierte einige Galoppwechsel.

»Kommst du klar mit ihr?«, fragte Herr Mäurer, als ich nach einer halben Stunde am Eingang zur Halle hielt.

»Ja. Ich fühle mich wohl auf diesem Pferd. Ich habe ein gutes Gefühl.«

»Prima. Wann holt ihr sie ab?« Dabei sah Herr Mäurer vor allem Martin an. Der war genauso sprachlos wie ich. Dann sagte Herr Mäurer: »Ich würde sie euch gern bringen lassen, aber ich habe im Moment keinen LKW zur Verfügung. Einige meiner Pferde sind auf dem Weg zu einer Meisterschaft in Brandenburg.«

»Ich glaube, der Transport ist das geringste Problem ...«, stammelte ich.

Da Martin und ich am nächsten Morgen früh nach Warendorf aufbrechen mussten, wo am Nachmittag ein WM-Vorbereitungslehrgang beginnen sollte, beschlossen wir, Algebra noch am selben Abend mit unserem Hänger abzuholen.

In den kommenden Wochen trainierte ich mit Algebra, wie ich zuvor mit El Capo trainiert hatte – bis an den Rand der Erschöpfung. Daneben verbrachte ich jede freie Minute mit meinem Schimmel. Ich fuhr fast nur noch nach Hause, um zu schlafen. Jeden Tag rollte ich mehrere Male zu El Capos Box, legte ihm ein Halfter an, und wie ein folgsamer Eleve lief Schimmelmann hinter dem Rollstuhl her, hinaus zur Wasserstelle. Dort, an der Außenseite des Stallgebäudes, hielt ich an, zog mich an einem Geländer hoch, ließ mich auf den Boden und in die Hocke sinken und begann, kühles Wasser aus einem Schlauch über den Fuß des Pferdes zu brausen. Alle im Stall lachten, weil ich stets mit einem Gartenschlauch auf dem Schoß unterwegs war, und manche frotzelten: »Wir können unsere Pferde gar nicht mehr waschen. Immer sitzt Conny draußen und kühlt ihrem Schimmel die Beine.«

Doch die Mühen waren nicht umsonst. Drei Tage vor der Abreise kam noch einmal der Tierarzt in den Stall. Er untersuchte El Capo gründlich.

»Ich bin erstaunt«, sagte er. »Ich hätte es nicht für möglich gehalten, aber die Sehne ist ausgeheilt.«

Nun stellte sich die Frage, ob ich auf einem trainierten fremden Pferd oder auf meinem eigenen Schimmel, der jedoch vier Wochen gestanden hatte, in Dänemark an den Start gehen sollte. Herr Mäurer hatte es mir freigestellt. Sollte sich El Capo noch erholen, würde ich Algebra zurückbringen; wenn nicht, könnte ich mit der Stute an der Weltmeisterschaft teilnehmen. Ich entschloss mich, es mit meinem eigenen Pferd zu versuchen. Einen Tag vor Abreise luden Martin und ich Algebra in unseren Hänger und brachten sie zurück.

Dann fuhren wir nach Dänemark.

Der Start der deutschen Reiter war für Sonnabend angesetzt, und so blieb vor Ort noch ein wenig Zeit, mit El Capo zu trainieren. Es kam, wie ich es insgeheim erwartet hatte. Mein Schimmel gab alles.

Als ich am Morgen des Starttages in den Stall kam, stand Schimmelmann in seiner Box und wirkte geradezu gut gelaunt. Die fremde Umgebung ängstigte ihn nicht, eher schienen ihn all die Menschen, die Atmosphäre, die Spannung, die in der Luft lag, zu stimulieren. Ich dachte an Rostock und seine Unberechenbarkeit auf Wettkämpfen; El Capo war ein Turnierprofi.

Die Stimmung im deutschen Team war gut, beinahe ausgelassen. Wir alle waren entschlossen, es der Welt zu zeigen. Den ganzen Vormittag über verfolgten wir die Prüfungen der anderen Reiter. Aus den verschiedensten Ländern waren Teams angereist, man hörte die unterschiedlichsten Sprachen, an allen Ecken erklang ein babylonisches Durcheinander von Stimmen.

Ich startete in der Einzelwertung. Am Nachmittag half Martin mir aufs Pferd. Ich ritt El Capo ab, ließ ihn im Schritt gehen, traben, ein wenig galoppieren. Wir wiederholten einzelne Lektionen, der Schimmel lief fehlerlos. Ich war zuversichtlich und kein bisschen nervös. Als es so weit war, gab Martin mir einen Kuss und klopfte Schimmelmann auf die Schulter. Ich sah die Ader an Martins Schläfe pulsieren und schmunzelte; mein Mann war aufgeregter als ich. Martin reichte mir den Zylinder, ich zog die Handschuhe über und strich meinen Blazer zurecht. Immer wieder war ich die Aufgabe im Kopf durchgegangen. Ich hatte jedes Detail im Gedächtnis. Alle Traversalen, Trabverstärkungen, Galoppwechsel. Als der Aufruf ertönte, streckte Martin beide Daumen hoch und drückte sie fest. Ich ritt in die Halle. Grüßte die Richter und nahm Aufstellung. Sammelte mich. Konzentrierte mich. Gab eine Parade, legte die Gerte an und trabte los.

Die Prüfung verlief besser, als ich es angesichts der kurzen Trainingszeit erwartet hatte. Bis auf zwei kleine Patzer ging der Schimmel fehlerfrei durch die Prüfung. Alle Ergebnisse der einzelnen Reiter würden später für die Mannschaftswertung zusammengerechnet. Dabei gab es einige starke Teams aus anderen Ländern, vor allem die englische, die dänische und die holländische Mannschaft machten unserer Equipe heftig Konkurrenz. Alle drei wurden als Favoriten gehandelt. Da die Punktunterschiede nicht allzu groß waren und selbst der letzte Reiter die Rangfolge noch verändern konnte, fieberten wir alle bis zur letzten Sekunde. Unsere Betreuer, die uns zuvor schon beim Putzen und Aufzäumen geholfen hatten, kochten beruhigenden Kräutertee. Mit dampfenden Tassen saßen wir da und verfolgten die Wertungen auf der Anzeigetafel. Der Tee schmeckte nicht, und er half auch kein bisschen gegen unsere kollektive Nervosität ...

Am Ende wurde in *Grade* vier eine Holländerin Weltmeisterin; ich wurde Vizeweltmeisterin. England belegte in der Mannschaftswertung den ersten Platz und holte den WM-Titel, Deutschland landete auf dem zweiten Platz. Mit einem solchen Erfolg hatte ich in meinen kühnsten Träumen nicht gerechnet.

Mit zwei Silbermedaillen im Gepäck fuhren Martin und ich zurück nach Hause.

Zu Hause fand ich eine Nachricht im Briefkasten. Ein Bote hatte versucht, einen Blumenstrauß zuzustellen. Mit Großmutter fuhr ich in die Gärtnerei, um ihn abzuholen.

Der Strauß war riesig und wunderschön, und er kam von Herrn Mäurer, der mir mit lieben Worten zu meinem WM-Erfolg gratulierte. Ich freute mich sehr. Gleichzeitig zeigte dieser Blumenstrauß, was ich von meiner eigenen Familie zu erwarten hatte. Selbstverständlich freuten sich Großvater und Großmutter sowie Martins Eltern mit uns. Auch im Stall jubelten alle unsere Bekannten und Freunde, und mehr als einmal saßen wir beisammen und feierten den Sieg. Doch dieser Blumenstrauß war von meiner Mutter gebunden worden. Die Gärtnerei meines

Stiefvaters war die einzige in der näheren Umgebung, die Blumen versandte. Meine Mutter hatte telefonisch Herrn Mäurers Auftrag entgegengenommen, sie hatte ihn ausgeführt, hatte die Karte mit der Gratulation zur Vizeweltmeisterschaft geschrieben. Als sie mir den Strauß überreichte, gratulierte sie selbst mir jedoch mit keinem Wort.

Unser Kontakt war weder eng noch gut; dennoch erschreckte mich ihr Verhalten. Verhielt sich so eine Mutter gegenüber ihrer Tochter? Nach einer Weile beschloss ich, mich nicht weiter darüber zu ärgern. Doch ist mir der Vorfall bis heute deutlich in Erinnerung, ich habe ihn nicht vergessen.

Auch die Reaktionen der Medien waren beschämend. Die lokale Presse berichtete in einigen Artikeln, dass eine behinderte Reiterin aus der Umgebung Vizeweltmeisterin geworden war. Martin und ich überlegten, ob wir nun auch die regionale oder, besser noch, die überregionale Presse für den Behindertenreitsport interessieren könnten. Wir riefen zuerst in der Redaktion der Regionalzeitung an. Die Antwort war knapp und eindeutig: Wir sollten uns wieder melden, wenn ich mich für die Olympischen Spiele qualifiziert hätte.

Beide waren wir schockiert. Die Reaktion des Redakteurs zeigte, welche Bedeutung der Behindertensport in den Augen der Öffentlichkeit besaß. Reiten an sich interessiere seine Leser schon, hatte der Mann gesagt. Und wann immer ein größeres Dressur- oder Springturnier stattfand, war die Presse auch zur Stelle. Allerdings nur im Regelsport der gesunden Reiter. In Dänemark war eine Weltmeisterschaft ausgetragen worden, doch nahezu unter Ausschluss der deutschen Öffentlichkeit. Als wäre diese WM keine sportliche Leistung gewesen. Es war ein Teufelskreis. Die Medien beachteten den Behindertenreitsport kaum, die Reiter fanden nur schwer Sponsoren – denn wie sollten diese mit ihnen werben? Also verfügten behinderte Reiter über weniger finanzielle Mittel und mussten umso größere Anstrengungen unternehmen, wenn sie ihrem Sport auf hohem Niveau nachgehen wollten.

Einer der wenigen, die sich im Behindertendressursport finanziell engagierten, war Lothar Bäuerle, ein Unternehmer, der eine eigene Reitanlage unterhielt und die »Bayerischen Meisterschaften« unterstützte. Im Dezember gaben Lothar Bäuerle und seine Frau in ihrer Villa ein Essen. Eva Gröger und ihr Freund waren eingeladen, Martin und ich, Marius Kipp, einer der Bereiter auf Bäuerles Gestüt, mit seiner Frau sowie die Vorstandsmitglieder des Reitvereins, in dem Bäuerle Mitglied war. Eine kleine Gruppe, die sich in nettem Rahmen zu einem vorzüglichen Essen traf. Nach dem Diner hielt Lothar Bäuerle eine kurze, launige Ansprache. Als er geendet hatte, läutete er mit einer kleinen Glocke, die am Kopfende des Tisches neben seinem Teller stand. Das Bimmeln war kaum ausgeklungen, da öffnete eine Hausangestellte die Tür. Sie trug eine silberne Vase. Hinter ihr folgte ein weiteres Hausmädchen mit einem aufwändig verpackten Geschenk.

»Liebe Gäste«, setzte Lothar Bäuerle an und sah zu seiner Frau hinüber. »Meine Gattin und ich möchten heute Abend noch einer viel versprechenden Sportlerin eine kleine Aufmerksamkeit für ihre besonderen sportlichen Leistungen überreichen.« Alle in der Tafelrunde sahen zu mir herüber. Für einen Moment war mir, als errötete ich. Frau Bäuerle überreichte mir die Präsente, und, etwas überwältigt, bedankte ich mich. Ich zog an den Schnüren und Bändern und Kordeln der aufwändigen Verpackung. Sie enthielt einen Bilderrahmen, und als ich das Papier beiseite schob, musste ich laut lachen. In dem Rahmen steckte ein Foto von El Capo und mir, das Martin heimlich an Bäuerles geschickt hatte. Er zwinkerte, als ich zu ihm hinübersah.

Im Laufe des Abends unterhielt ich mich mit Herrn Bäuerle. In seiner gemütlichen, umgänglichen Art fragte er, ob ich einen Wunsch hätte. Ich antwortete, dass ich gern seine Firma sowie seine Reitanlage und Ställe ansehen würde.

»Kein Problem, Mädle«, sagte Bäuerle.

Am nächsten Tag wurden wir zuerst durch die Fabrikhallen geführt. Am Eingang gab man uns weiße Kittel, und jeder musste ein Häubchen über die Haare ziehen.

»Das ist Vorschrift in einem Lebensmittelunternehmen«, sagte die Dame, die uns führen sollte. Wir hatten viel Spaß, denn in den Kitteln und mit den Häubchen auf den Köpfen sahen wir alle aus, als kämen wir von einem fremden Stern. Die Dame erklärte uns sämtliche Maschinen und die einzelnen Produktionsschritte, und angesichts der Mengen von Frischkäse, Joghurt und leckeren Backwaren lief nicht nur mir das Wasser im Mund zusammen.

Am Nachmittag fuhren wir hinaus zu den Ställen. Zu beiden Seiten der Anlage zogen sich Wälder hin, und die Ruhe in dieser Abgeschiedenheit war idyllisch. In einem der Ställe trafen wir Marius Kipp. Er führte gerade eine Schimmelstute in ihre Box. Pferd und Reiter waren nass geschwitzt. Ich parkte meinen Rollstuhl neben der Boxtür und sah Marius zu, wie er die Stute mit einem Schweißmesser trockenrieb. Marius war neben seinem Job bei Lothar Bäuerle selbst ein höchst erfolgreicher Dressurreiter und gehörte zum Kader der Nationalmannschaft der Regelsportreiter. Er ritt neben Größen wie Isabell Werth und Ulla Salzgeber.

»Ihr behinderten Reiter steht wirklich in unserem Schatten«, sagte Marius. »Dabei bewundere ich eure Leistungen. Man muss sich einmal eine Vorstellung davon machen, welche Überwindungen und Anstrengungen nötig sind, sich jeden Tag aufs Neue über sein Handicap hinwegzusetzen. Wer sich die Mühe macht, bekommt einen Eindruck von euren Leistungen.«

»So wie du denken aber nicht allzu viele Leute. Zumindest nicht die, die auch das Geld hätten, uns ein wenig zu unterstützen. Die investieren lieber in euch gesunde Reiter, ihr seid einfach die besseren Werbeträger.«

»Das ist zynisch, aber wahr.« Wir unterhielten uns eine Weile, bis die Stute schließlich gestriegelt und gebürstet in ihrer Box stand. Marius schloss die Tür. Mit dem Putzzeug in der Hand lehnte er sich an die Stalltür.

»Ich hätte da eine Idee«, sagte er. »Was hältst du davon, wenn wir beide bei den diesjährigen ›Munich Indoors‹ ein gemeinsames Showprogramm reiten?« Ich schluckte. Die »Munich Indoors« waren eine Veranstaltung, zu der alljährlich die Großen des Pferdesports anreisten. Spitzensportler, Branchenspezies, illustre Besucher. Samstagabends fanden im Rahmen eines riesigen Showprogramms viele Aufführungen diverser Reiter statt.

»Hast du Lust?« Marius' Vorschlag erschreckte und lockte mich gleichermaßen.

»Und wir sagen niemandem, dass ich behindert bin?«

»Genau.«

»Würde mir wirklich Spaß machen ...«

»Mir auch.« Marius grinste.

»Einverstanden. Ich bin dabei.« Vielleicht ließen sich so ein paar mehr Menschen für den Behindertenreitsport interessieren.

»Ich spreche mit Bäuerle. Da er die ›Munich Indoors‹ sponsert, sollte unsere Teilnahme an dem Showprogramm kein Problem sein.«

Am kommenden Wochenende trainierte ich mit Marius, und gemeinsam stellten wir eine Kür zusammen.

»Du reitest ziemlich gut«, sagte Marius, als wir die Pferde geputzt und gefüttert hatten und das Putzzeug in einem großen Schrank neben der Sattelkammer verstauten. »Willst du nicht auch eine offizielle Prüfung bei den ›Munich Indoors‹ reiten?«

»Marius, es ist nett, dass du das fragst. Aber so gut bin ich nicht, dass ich mich mit Isabell Werth und den anderen Koryphäen messen könnte. Ich will mich nicht blamieren.«

»Ich glaube nicht, dass du dich blamieren würdest.« Später sprach Marius mit Martin, und beide entschieden über meinen Kopf hinweg, dass ich im Rahmen der »Munich Indoors« meine erste St.-Georg-Prüfung reiten sollte, eine der schwierigsten Prüfungen, die der Regelsport kennt. Die beiden meldeten mich kurzerhand an.

Wir kamen am Donnerstagabend und brachten gerade die Pferde in die Ställe, die man uns auf dem Gelände der Münchner Olympiahalle zugewiesen hatte. Marius hatte vier Pferde zu versorgen, allesamt hochkarätige Dressurpferde. Martin führte El Capo am Halfter in die Box. Ich rollte mit dem Rollstuhl hinterher, die Kiste mit dem Putzzeug, ein weiteres Halfter sowie ein paar Karotten auf dem Schoß. Neben der Boxtür bremste ich, stellte die Kiste auf den Boden und sah zu, wie Martin dem Schimmel bereits die Stützbandagen anlegte. Ein Mann trat aus einer der angrenzenden Boxen. Er hatte semmelblonde Haare und trug elegante Leinenhosen, die beinahe denselben Farbton hatten wie sein Haar. Er wirkte ein wenig unpassend und zu edel gekleidet für einen Pferdestall. Der Mann lächelte und blieb stehen, als er auf der Höhe unserer Box angekommen war. Versonnen betrachtete er den Schimmel und Martin und blinzelte.

»Gell, es ist schon spannend, wenn man als Behinderter mal hinter die Kulissen von so einem Ereignis sehen darf.« Er sah zu mir herab.

Einen Moment lang starrte ich den Mann an. Marius, dessen Gesicht hinter den Streben der Nachbarbox auftauchte, grinste. »Ja, das ist ganz toll«, antwortete ich. Der Mann lächelte, nickte und ging weiter.

Am Abend hatten wir Gelegenheit, uns die Halle anzusehen, in der am Samstag das Showreiten stattfinden sollte. Wir zäumten unsere Pferde auf, Martin sattelte El Capo und half mir hinauf. Mit den Händen schob ich abwechselnd erst meinen linken, dann den rechten Fuß in den Steigbügel. Als ich vor zur Halle ritt, entdeckte ich am Eingang jenen Mann wieder. Er hörte das Geklapper der Hufe und drehte sich um. Er sah mich an. Sah weg. Sah mich wieder an. Ich nickte.

»Wissen Sie«, sagte ich, als wir an ihm vorbei in die Halle ritten, »nur mit dem Zuschauen mag ich mich nicht zufrieden geben.« Nun war er es, der um Fassung rang. Sein Gesicht färbte sich tiefrot unter den semmelblonden Haaren. Eine ganze Stunde lang sah der Mann zu, wie ich mit dem Schimmel meine Runden zog und gemeinsam mit Marius unser Showprogramm probte. Marius grinste immer wieder, und jedes Mal wusste ich ohne Worte, woran er dachte.

Am nächsten Tag saß ich im Stroh auf meiner Putzkiste, der Rollstuhl stand vor der Boxtür. Ich schmuste mit Schimmelmann und bürstete ihn, dabei reckte er genießerisch seinen weißen Hals, dass die Adern hervortraten und er aussah, als habe ein Bildhauer ihn hingemeißelt.

»Darf ich mal?«, fragte Marius und deutete auf den Rollstuhl.

»Fahren?« Ich lachte. »Bitte, nur zu!«

Marius setzte sich in den Rollstuhl.

»Zuerst musst du die Bremsen lösen. Sonst kommst du nicht von der Stelle.« Marius sah sich fragend um. »Der Hebel dort.« Er folgte meinem Blick und löste die Bremsen. Mit Schwung griff er nach den Rädern. Ein Stöhnen folgte.

»Da muss man ja Kraftsportler sein, wenn man das Ding bewegen will.« Marius verzog sein Gesicht in gespieltem Entsetzen.

»Ich bin trainiert, mir fällt die Anstrengung nicht mehr auf.«

In dem Moment kam Martin zur Tür herein. »Draußen hat es gekracht. Auf der Autobahn sind drei Autos ineinander gefahren.« Die Stadtautobahn führte am Olympiastadion entlang.

»Das schau ich mir an«, sagte Marius und rollte mit dem Rollstuhl den Gang entlang.

»Ja, Marius! Was ist denn mit dir passiert?« Ein Mann, der mit einer der Reiterinnen verheiratet war, trat aus einer der angrenzenden Boxen und sah entgeistert auf Marius und den Rollstuhl. Marius musste scharf bremsen, sonst hätte er den Mann umgefahren, so plötzlich war er aus der Box herausgekommen. »Um Gottes willen!«, rief der Mann, und die Bestürzung stand ihm ins Gesicht geschrieben.

»Nichts ist passiert«, antwortete Marius.

»Aber ...« Der Mann deutete auf den Rollstuhl.

»Kleiner Perspektivenwechsel.« Marius stand auf und verbeugte sich vor dem sprachlosen Mann. »Ich wollte mal ausprobieren, wie es ist, wenn man Rollstuhl fährt.«

Der Mann atmete hörbar aus. Dann machte er seiner Empörung Luft. »Damit treibt man keine Scherze!«, schimpfte er. »So etwas gehört sich nicht.« Wütend stapfte er den Gang hinunter.

Die Menschen verstehen selten Spaß, wenn es um Behinderte geht. Dass jemand sich dafür interessiert, wie die Welt aussieht, wenn man sie mit dem Rollstuhl erobern muss, wenn jemand also neugieriges Interesse und keinerlei Berührungsängste zeigt, dann ist das vielen suspekt, und sie verpacken ihren Schock in Entrüstung.

Später sattelte Martin den Schimmel und half mir hinauf. Die Prüfung war für ein Uhr angesetzt, bis dahin waren es noch zwei Stunden. Üblicherweise blieb ich bei Turnieren relativ ruhig, mit Nervosität oder Lampenfieber hatte ich kaum zu kämpfen. Doch dieses große Turnier, meine erste St.-Georg-Prüfung und die prominente Konkurrenz setzten mir zu. Ich rechnete mir keinerlei

Chancen aus, wollte mich aber unter keinen Umständen blamieren. Die ganz Aufregung hatte mich ein wenig müde gemacht. Auf einem etwas abseits gelegenen Reitplatz ritt ich El Capo warm und trainierte noch einmal die Lektionen der Prüfung. Martin sah zu und korrigierte kleine Fehler. Schimmelmann lief gut, doch auch er wirkte etwas verhalten. Wir waren beide nicht in allerbester Form.

»Setz noch einmal mit der Pirouette ein!«, rief Martin. Ich gab eine Parade, trieb El Capo in den Galopp, galoppierte die Längsseite der Bahn entlang und ließ ihn auf der Hinterhand umspringen.

»Du hast nichts zu verlieren«, sagte Martin, als er mir aus dem Sattel half. »Betrachte es einfach als Herausforderung, nicht mehr und nicht weniger.«

»Es wäre mir aber verdammt peinlich, wenn ich auf dem letzten Platz landen würde.« Ich griff mit einer Hand nach dem Rollstuhl, mit der anderen Hand stützte ich mich auf Martins Arm. Dann rutschte ich auf mein Sitzkissen.

»Das wird schon nicht geschehen.«

Es geschah auch nicht. Die Prüfung verlief besser als das Training. Ich hatte mir vorgenommen, auf keinen Fall Letzte zu werden, und immerhin dieses Ziel erreichte ich. Unter den zwanzig gestarteten Spitzenklassereitern landeten mein Schimmel und ich auf dem vorletzten Platz.

Für den Nachmittag war eine Pressekonferenz mit den Stars der »Munich Indoors« anberaumt worden. Da die Presse mitbekommen hatte, dass unter all den gesunden Reitern auch eine Behinderte war, wurde ich ebenfalls in die Pressestelle gerufen. Meine Teilnahme an diesem

Regelsportturnier kam plötzlich einer Sensation gleich, war geradezu phänomenal, und von einem Moment auf den anderen sah ich mich umringt von Reportern, Kameras und Mikrofonen. Eine junge Frau stellte sich als Volontärin unserer Regionalzeitung vor.

»Würden Sie mir ein Interview geben?«, fragte sie. Einen Moment lang war ich versucht, sie auf ihren Kollegen anzusprechen, der uns vor nicht allzu langer Zeit noch erklärt hatte, wenn ich mich eines Tages für die Olympiade qualifiziert hätte, wäre ich möglicherweise ein interessantes Thema für seine Leser. Doch die junge Frau war sympathisch, und was konnte sie dafür, dass sie solch einen zynischen Redaktionsleiter hatte. Ich beschloss, die Gunst der Stunde für mich zu nutzen, gab Interviews und sammelte Adressen der Ansprechpartner in den verschiedenen Redaktionen.

Gegen Abend wurde ich ruhiger und freute mich auf das Showreiten mit Marius. Im Hotel besprachen wir ein letztes Mal unsere Kür, zu der Martin eine moderne Musik zusammengestellt hatte. Anschließend aßen wir gemeinsam mit Großmutter und Großvater, die extra aus Ichenhausen angereist waren. Renate und Rainer, zwei gute Bekannte, hatten sie in ihrem Auto mitgenommen. Sie alle wollten sich das Showprogramm ansehen. Später zog ich mich um, und wir fuhren zurück zur Olympiahalle.

Die Halle war bereits gut gefüllt, auf allen Rängen saßen Zuschauer in eleganter Kleidung. Martin half mir in den Sattel. Auch Marius saß auf, und gemeinsam führten wir die Pferde zum Eingang der Arena. Vor einem roten Samtvorhang hielten wir und warteten. Draußen erklang die Ansage. Eine Männerstimme kündigte uns an, nannte unsere Namen, ein paar unserer Erfolge. Ich wurde als Vizeweltmeisterin und Bayerische Meisterin vorgestellt. Ein wohliger Schauer durchlief mich. Nun ging es um nichts als den Spaß am Reiten. Draußen klatschte das Publikum.

Der Vorhang öffnete sich, und Marius und ich ritten in die dunkle Olympiahalle. Nur das Innere der Reitbahn war erleuchtet. Nebeneinander ritten wir in die Mitte der Halle und brachten unsere Pferde zum Stehen. Marius lächelte und zwinkerte mir flüchtig zu. Einen Moment lang herrschte Stille. Dann setzte die Musik ein. Unsere Kür bestand aus Trabtraversalen, einigen Galopptraversalen, fliegenden Galoppwechseln und mehreren Galopppirouetten. Leicht und fehlerfrei bewegten sich die Pferde durch die schwierigen Lektionen, es war, als tanzten sie einen Pas de deux. Die Harmonie war vollkommen.

Am Ende standen El Capo und Marius' Rappe nebeneinander. Das Publikum applaudierte. Manche Besucher waren aufgestanden und gaben *Standing Ovations*. Wir verbeugten uns, wieder und wieder. Als wir uns anschickten, die Arena zu verlassen, bat eine Stimme aus dem Lautsprecher uns, zu bleiben. Die Scheinwerfer erloschen, es war plötzlich stockdunkel. Im nächsten Moment wurde ein Lichtkegel auf uns gerichtet. Der Schimmel erschrak und wich zurück, doch ich brachte ihn sofort wieder zur Ruhe. Ein zweites Licht wurde auf den roten Samtvorhang gerichtet, und dort erschien in diesem Moment Lothar Bäuerle mit seiner Frau. Lächelnd kamen beide auf uns zu. Ich sah zu Marius hinüber, er zuckte mit den Schultern. In seinem Gesicht konnte ich nicht lesen, ob er wusste, was hier stattfand, oder ob er ebenso überrascht war.

Lothar Bäuerle wurde ein Mikrofon gereicht. »Meine Damen und Herren, liebe Reiter, ich freue mich, dass Sie heute Abend so zahlreich hier erschienen sind. Wir durften soeben einem ganz wunderbaren Showprogramm zusehen, und ich möchte die Gelegenheit nutzen, Ihnen die Reiterin dieses Duos etwas genauer vorzustellen.« Lothar Bäuerle wandte sich mir zu. »Diese Reiterin heißt Cornelia Müller. Sie ist Bayerische Meisterin der behinderten Dressurreiter und seit kurzem sogar Vizeweltmeisterin der behinderten Dressurreiter.« Wie Marius und ich es uns ausgemalt hatten, ging jetzt ein Raunen durch die Halle. »Conny Müller sitzt im Rollstuhl. Sie ist an Multipler Sklerose erkrankt und spürt ihre Beine nicht mehr. Das hat sie jedoch nicht davon abgehalten, weiter zu reiten. Im Gegenteil. Diese Frau reitet heute erfolgreicher als zu den Zeiten, da sie noch gesund war.« Stille. Dann setzten die ersten Zuschauer zu einem erneuten Applaus an. »Ich möchte Conny Müller heute Abend und in diesem Rahmen noch einmal zu ihrem Vizeweltmeistertitel gratulieren.« Lothar Bäuerle machte eine kleine Verbeugung in meine Richtung. Der Applaus schwoll an.

Ich schluckte. Ich war überrascht. Und stolz. Ich freute mich ... – sehr, sehr, sehr. Überwältigt sah ich zu Marius hinüber. Er lachte und klatschte ebenfalls. Lothar Bäuerle nahm einen kleinen Pokal aus den Händen seiner Gattin und überreichte ihn mir. In einer spontanen Geste küsste ich den Pokal.

Abschließend ritten Marius und ich eine Ehrenrunde durch die Olympiahalle, das Publikum klatschte und vom Band wurde ein Tusch eingespielt. Dann verschwanden wir wieder hinter dem roten Samtvorhang.

Als Martin mich später auf die Tribüne hinauffuhr, kam ein Mädchen auf mich zu. Schüchtern erst und etwas verhalten, man sah, dass sie ihren ganzen Mut zusammennahm. Mit beiden Händen streckte sie mir einen Block und einen Stift entgegen. Ihre Stimme war so leise, dass ich sie einen Moment lang kaum verstand.

»Ein Autogramm, bitte ...« Es war das erste Mal, dass mich jemand um ein Autogramm bat. Ich biss mir auf die Lippe, spürte, wie ein verlegenes, aber stolzes Lächeln über mein Gesicht zog. Als ich nach dem Stift griff, löste sich eine kleine Gruppe Mädchen aus dem Hintergrund, und sie streckten mir ebenfalls Zettel, Postkarten und Stifte entgegen. Das kleine Mädchen blickte auf meine Unterschrift, sah mich an, bedankte sich und schaute sich stolz im Kreis um. Auch Erwachsene kamen nun und baten um Autogramme für ihre Kinder.

»Sie sind ganz super geritten«, sagte das Mädchen noch, und seine Stimme klang jetzt mutiger und klarer. Dann verschwand die Kleine in dem Pulk.

Die Großmutter

War das schön! Ich hab auf meinem Platz gesessen und geweint, so sehr, dass ich manchmal gar nichts mehr sehen konnte.

Die ganze Stimmung war so feierlich. Die Halle war ja dunkel, und nur die Reiter und ihre Pferde wurden von den Scheinwerfern angestrahlt. Vorher waren schon andere Reiter aufgetreten, die waren auch gut, aber als dann die Conny und der Marius aus dem roten Samtvorhang herausritten, da war das etwas ganz Besonderes.

Die beiden sind geritten wie zwei richtige Profis, es sah so erhaben aus, und die Conny war so hübsch anzusehen auf ihrem Schimmel. Ich habe oben im Schlafzimmer ein Foto hängen von diesem Abend. Den Rahmen hatte mir mein ehemaliger Chef einmal geschenkt, er hatte mir ein Bild gemalt und es gerahmt. Aber nach dem Abend habe ich gesagt: Das Bild muss raus, da kommt jetzt das Foto von der Conny rein!

Und als dann noch der Herr Bäuerle kam und der Conny nachträglich zu ihrem Vizeweltmeistertitel gratulierte, da war ich schon sehr, sehr stolz auf mein Kind. Wissen Sie, die Conny war immer eine gute Reiterin. Aber richtig erfolgreich wurde sie erst, nachdem sie so krank geworden war. Der Martin hatte sie ja nach der Entlassung aus dem Krankenhaus einfach eines Tages aufs Pferd gesetzt, und ich denke, das war der Anfang. Die beiden sind dann zu so vielen Turnieren gefahren. Die Conny hat wirklich hart gearbeitet für ihren Erfolg. Das hat niemand gesehen. Sie hat hart trainiert und nie aufgegeben, auch wenn ihr Körper ihr manchmal böse Streiche gespielt hat. Die Conny ist ein Mensch, der sich nichts anmerken lässt, und sie hat sich auch nie anmerken lassen, wie sehr ihr die Vorstellung, vielleicht nie wieder reiten zu können, zugesetzt hat. Aber ich ... – ich kenne meine Enkelin.

Wissen Sie, das Mädle hat so viel Energie! Sie packt's immer wieder! Und das ist richtig so. Eine Bekannte sagte, die Energie habe die Conny von mir. Nun ja, vielleicht ist es so.

An diesem Abend in München, da war ich mordsmäßig stolz auf mein Mädle. Freilich, ich habe mich jedes Mal gefreut, wenn sie irgendwo gewonnen hat. Und mein Mann – mei, der hat's ja jedem erzählt, wie erfolgreich seine Conny war. Ob der's nun hören wollte oder nicht, das war dem Opa ganz gleich. Aber dieser Abend in München – wir haben uns so gefreut für sie. Das Mädle hat seinen Weg gemacht.

* * *

Dass die Großeltern an diesem Abend auf der Tribüne saßen und zusahen, war für mich eine Gelegenheit, ihnen für das, was sie mir gegeben haben, ein wenig zu danken. Sie haben manches Mal bei sich selbst gespart, um mir Reitstunden und ein eigenes Pferd zu ermöglichen. Und nun nahmen sie teil an meinem Erfolg, der ein bisschen auch der ihre war.

Ein paar Wochen später bekam ich einen Brief vom »Deutschen Behinderten-Sportverband«. Mit fliegenden Fingern riss ich den Umschlag auf und las, dass ich offiziell für die Teilnahme an den »Paralympics« in Sydney nominiert worden war.

12

Man hatte es bereits nach der erfolgreichen WM-Teilnahme in Dänemark angekündigt; nun war es offiziell. Sechs Reiterinnen würden die deutsche Nationalmannschaft im Dressurreiten bei den »Paralympics«, den olympischen Spielen für behinderte Sportler, in Sydney vertreten. Ich war eine von ihnen.

Die riesige Freude darüber ging nahtlos in aufreibende Vorbereitungen über. Es blieben noch rund neun Monate Zeit. Für Martin und mich stand bereits im Januar 2000 fest, dass wir gemeinsam nach Sydney fliegen würden. Martin, hieß es, könne als mein offizieller Begleiter mitreisen. Dennoch mussten wir die Kosten kalkulieren. Martins Verdienstausfall als Freiberufler, unsere laufenden Kosten, Zusatzkosten ... Schnell war klar, dass wir Sponsoren finden mussten.

Martin Müller

Am Ende ist auch eine Olympiade ein Verwaltungsakt. Zunächst mussten wir Unmengen von Formularen ausfüllen, Formulare, Formulare und noch mehr Formulare. Bis hin zu den Maßtabellen für die Ausstatter, denn die Sportler wurden ja bis auf die Unterhosen eingekleidet.

Dann haben wir versucht, Sponsoren zu finden.

Es stellte sich heraus, dass ich doch nicht als offizieller Begleiter mitreisen konnte. Eine andere Teilnehmerin war, da sie weder Beine noch Arme hatte, derart eingeschränkt, dass man ihren Mann mitreisen ließ. Und für zwei offizielle Begleiter fehlte das Geld. Trotzdem habe ich keine Sekunde daran gedacht, Conny allein reisen zu lassen. Wer lässt seinen Partner bei so einem Ereignis schon allein? Dem größten sportlichen Event, das es auf der Welt gibt.

Wir haben ungefähr vierzig Sponsorengesuche verschickt, an große Unternehmen, an kleine Firmen im Landkreis. Fünfundneunzig Prozent der Unternehmen haben nicht einmal geantwortet. Zwischenzeitlich hatten wir hochgerechnet, was uns die Teilnahme an den »Paralympics« kosten würde. Als ich die Zahlen sah, wurde mir schwindelig. Verdienstausfall, laufende Kosten, Reisekosten, Ausrüstung, vermehrtes Training über Monate, Zusatzfutter, Lehrgänge – die Ausgaben waren enorm. Aber wir wollten Conny so gut wie möglich vorbereiten. Wir hatten ja nicht vor, nach Australien fliegen, um dort Urlaub zu machen ...

Am Ende war es wieder Herr Mäurer, der uns unterstützte. Und unsere Gemeinde. Ja, hier in Waldstetten haben die Leute Geld gesammelt, damit ich Conny nach Sydney begleiten konnte! Da hatten wir wirklich Glück. Ein Maler hat dann noch ein Bild gestiftet, das wurde versteigert. Und Conny und ich haben eine richtige Werbe-Tour absolviert, sind durch die Lande gefahren, haben uns überall vorgestellt, mit Leuten gesprochen, an einem Showprogramm teilgenommen und sind durch alle Zeitungsredaktionen getingelt. Über Monate ging das so. Wir waren jeden Tag sechzehn, siebzehn Stunden auf den Beinen. Es war eine Ochsentour. Zu guter Letzt bekam ich einen Bandscheibenvorfall und war zweieinhalb Monate krank. In meiner Firma haben mich die Kollegen unterstützt, alle halfen mit, mir den Rücken frei zu halten.

Trotzdem war es lange Zeit nicht sicher, ob wir genug Geld zusammenbekämen und ich mitfliegen könnte.

* * *

Da wir aus Kostengründen nicht mit unseren eigenen Pferden nach Sydney reisen konnten, sondern vor Ort Leihpferde gestellt bekommen würden, konzentrierte ich mich im Training darauf, so häufig wie möglich auf fremden Pferden zu reiten. Weil ich viele Menschen kannte, die mir jederzeit ihre Pferde überließen, ergaben sich genügend Gelegenheiten.

Ein fremdes Pferd durch eine schwierige Prüfung zu reiten ist ein bisschen wie ein Blindflug. Selbst wenn es sich um ein hervorragendes Pferd handelt, selbst wenn der Reiter sehr gut ist, brauchen beide eine Weile, um sich aneinander zu gewöhnen, um eine gemeinsame Sprache zu finden. Nur wenn Pferd und Reiter einander kennen, wenn sie – zumal in der gespannten Atmosphäre einer Prüfung – innerhalb von Sekundenbruchteilen erspüren können, was der jeweils andere im nächsten Moment will oder tun wird, lassen sich Fehler vermeiden. Zudem ist es für mich als behinderte Reiterin immer wichtig, ein Pferd an meine individuellen Hilfen zu gewöhnen.

Inzwischen waren die Aufgaben der beiden Prüfungen, die wir in Sydney zu reiten hätten, bekannt. Ich verbrachte fast den gesamten Tag im Stall und trainierte intensiv. Die Prüfungen waren für alle Reiter verbindlich und enthielten spezielle Behindertenaufgaben. Sie sahen unter anderem Traversalen, fliegende Wechsel, Volten, Diagonalen mit Trab- oder Galoppverstärkung sowie Schrittpirouetten vor. Dazu gab es Rahmenrichtlinien für die Kür; in der Anordnung der Pflichtelemente war jeder frei, ebenso in der Musikauswahl.

Ich probierte im Training die unterschiedlichsten Abläufe, ritt sie wieder und wieder durch, versuchte Alternativen einzuplanen – einfachere Schenkelweichen anstelle von Traversalen – und mich auf alle Eventualitäten einzustellen. Vom Schwierigkeitsgrad entsprachen die Lektionen etwa einer S-Dressur im Regelsport, waren also nicht einfach. Bei all dem hatte ich jedoch nicht die geringste Ahnung, was für ein Pferd ich in Sydney zugewiesen bekäme. Es war keineswegs sicher, dass es auf dem Leistungsstand meines Schimmels wäre. Doch von der Leistung des Pferdes hängt im Turnier ebenso viel ab wie von der Leistung des Reiters.

In der Universitätsklinik in Ulm musste ich mich einer Sportgesundheitsprüfung unterziehen. Man testete meine Lungenfunktion, wozu der untersuchende Arzt mich in eine kleine gläserne Kammer setzte, wo ich mittels eines Mundstücks in ein Röhrchen atmen musste. Mithilfe anderer Geräte berechnete man meine Fettschicht, kontrollierte die Herzströme und erstellte Belastungs-EKGs. Kurz, die Mediziner kontrollierten, ob ich körperlich fit genug war, um ohne Komplikationen oder Spätschäden an einem Hochleistungssportereignis teilzunehmen.

»Alles bestens«, sagten die Ärzte. »Sie sind topfit.«

Bis ich eines Morgens im April aufwachte. Martin hatte Frühstück gemacht und stellte das Tablett gerade auf dem Boden neben dem Bett ab. Ich stemmte meine Ellenbogen gegen die Matratze, richtete mich auf und zog, mit einiger Anstrengung, die Beine nach. Als ich saß, steckte Martin mir zwei Kissen in den Rücken und gab mir einen Kuss.

»Guten Morgen, Frau Müller«, lachte er.

»Guten Morgen, Herr Müller. Sie dürfen gern servieren ...«

Martin hob das Tablett vom Boden. Mit einem gespielten Drohen im Blick antwortete er: »Nicht so vorlaut, Frau Müller, sonst müsste ich unter Umständen doch in der Küche auftragen.« Ich griff mit der Linken nach dem Tablett, um es herüberzuziehen. Im selben Moment schoss ein schriller Schmerz durch meinen Rücken.

Reglos saß ich im Bett, mit weit aufgerissenen Augen.

»Was ist los?«, fragte Martin erschrocken. Er stellte das Tablett beiseite und kroch ins Bett. »Mein Gott, du bist ganz bleich.«

Ich konnte mich nicht bewegen. Ich war nicht einmal in der Lage, auch nur ein Wort zu sagen. Es dauerte mehrere Minuten, bis der Schmerz etwas nachließ.

»Ich glaube, ich habe mich falsch bewegt«, flüsterte ich.

»Ein Hexenschuss?«

»Irgend so etwas.« Ich nickte. Und der Schmerz tobte erneut den Rücken hinauf. Ich spürte, wie mir Tränen über die Wangen liefen. Was immer ich bislang über Hexenschüsse, Ischiasbeschwerden und sonstige Wirbelleiden gehört hatte – es war wahr. Diese Schmerzen waren die Hölle.

Irgendwann am Vormittag gelang es Martin, mich halbwegs anzuziehen und zum Arzt zu bringen.

»Sie haben sich einen mittelschweren Bandscheibenvorfall eingehandelt«, diagnostizierte er.

In den kommenden Tagen fuhr Martin mich täglich, manchmal sogar zweimal pro Tag in die Praxis. Der Doktor renkte meine Wirbel ein, gab mir Spritzen und verordnete Packungen und sanfte Massagen. Am Ende der Woche ließen die akuten Schmerzen so weit nach, dass ich die Schmerzmittel absetzen konnte. Doch war ich weit davon entfernt, mich auf ein Pferd zu setzen und für die »Paralympics« zu trainieren.

Es dauerte drei Wochen, bis ich mich erholt hatte und zum ersten Mal wieder in den Stall fuhr. Als ich auf dem Schimmel in die Halle ritt, spürte ich die Steifheit in meinem Körper. Auch meine Kondition hatte nachgelassen. Ich war nervös. Obwohl bis zum Start in Sydney noch knapp ein halbes Jahr Zeit blieb, lief die Uhr. Ich war zu diszipliniert und zu sehr darauf bedacht, mich optimal auf die Behindertenolympiade vorzubereiten, um solche Ausfälle hinzunehmen. Ich trainierte von früh bis spät. Andrea, meine Reitlehrerin, machte oft Überstunden, um mir zusätzlichen Unterricht zu geben.

Als erneut die »Bayerischen Meisterschaften der behinderten Dressurreiter« anstanden, fragte man mich, ob ich teilnehmen würde.

»Es wäre eine gute Vorbereitung«, sagten manche.

»Es kann gefährlich werden, wenn du über deine Grenzen gehst«, warnten andere, unter anderem Martin. Doch ich fühlte mich, vor allem meinem Sponsor Lothar Bäuerle gegenüber, verpflichtet und sagte zu. In beiden Prüfungen wollte ich an den Start gehen, nicht aber in der Kür. Außerdem entschied ich mich, das Turnier nicht mit El Capo, sondern auf unserer Stute Donnerlicht zu reiten, wegen ihres weicheren Gangs.

Es war dennoch ein Fehler.

Ich absolvierte beide Prüfungen unter starken Schmerzen. Ich biss die Zähne zusammen und hatte zeitweilig Tränen in den Augen. Erstaunlicherweise gewann ich am Ende die Meisterschaften. Doch nun lag ich tagelang reglos im Bett, selbst stärkste Schmerzmittel zeigten keinerlei Wirkung.

Ich wurde in eine Reha-Klinik eingeliefert. Vier Monate vor dem Beginn der »Paralympics« lag ich bewegungslos in einem Klinikbett, starrte an die Decke und zwang mich, um alles in der Welt die Ruhe zu bewahren.

»Wir müssen Sie zuerst an einen Schmerztropf hängen«, hatte der Arzt bei der Einlieferung gesagt. »Solange Sie solche Schmerzen haben, können wir mit der Therapie nicht beginnen.« Nach drei Tagen erschien zum ersten Mal eine Masseurin. Sie führte einen spezielle Behandlung durch, bei der sie mit einem schmalen Metallstab an den Nervenbahnen entlangfuhr und einzelne Punkte gezielt stimulierte. Die Behandlung trug entscheidend dazu bei, dass meine Verspannungen sich lockerten, die Schmerzen nachließen und die Krankengymnasten mit ihrer Arbeit beginnen konnten.

In der zweiten Woche ordnete Dr. Holzer, der Stationsarzt, eine Kernspintomografie an. Die Erinnerungen an jene Untersuchung damals in München tauchten auf, verbunden mit dem Schrecken über den vertauschten Krankenbrief. Wieder fuhr man mich in ein abgedunkeltes Zimmer, in dem eine große metallene Röhre stand. Inzwischen hatte ich Erfahrung, und als die fahrbare Liege sich in Bewegung setzte, schloss ich die Augen.

Dachte an Rostock. An Martin. An Großmutter.

Als die Liege sich erneut in Bewegung setzte, hatte ich das Gefühl, diesmal sei die Zeit geradezu schnell vergangen. Vielleicht lag es auch daran, dass man mir einen Kopfhörer gegeben hatte, und ich keinen rhythmisch niedergehenden Hammerschlägen ausgesetzt war, wie einst in München.

»Sie müssen damit rechnen, dass Sie im Oktober nicht gesund genug sind, um mit Ihrer Mannschaft nach Sydney zu fliegen«, sagte der Dr. Holzer, als die Ergebnisse vorlagen. Er hatte Martin und mich in sein Sprechzimmer kommen lassen. Ich spürte, wie Martins Blick auf mir ruhte. Auch Dr. Holzer sah mich an. Er hatte in Worte gefasst, was mir seit Tagen unablässig durch den Kopf kreiste. Nicht einmal nachts ließen sich die Befürchtungen vertreiben, wiederholt war ich gegen drei oder vier Uhr aufgewacht und hatte grübelnd wach gelegen, bis es dämmerte und ich die ersten Schwestern mit ihren quietschenden Gummischuhen über den Stationsflur laufen hörte. Mir war, als hätte man mich kurz vor der Zielgeraden zurückgepfiffen.

»Wie sicher ist Ihre Prognose?«, fragte ich.

»Das kann ich Ihnen nicht sagen«, antwortete Dr. Holzer. »Der Verlauf einer Bandscheibenbehandlung ist eine ganz individuelle Angelegenheit. Viel hängt von Ihrer Konstitution ab. Und natürlich wird jede Genesung von der psychischen Grundhaltung des Patienten beeinflusst.«

»Den Willen gesund zu werden habe ich. Da können

Sie ganz sicher sein.« Dr. Holzer erwiderte nichts, und auch Martin sah mich wortlos an. Nein, ich würde mich nicht so kurz vor dem Höhepunkt ausbremsen lassen.

Ich sprach mit den Krankengymnasten, Christoph und Ulli, die mich abwechselnd betreuten. Auch sie äußerten sich zurückhaltend, wollten sich auf nichts festlegen. »Kann sein, dass du fit bist. Kann aber auch sein, dass du im Oktober immer noch Schmerzen hast«, sagte Ulli, während er mein Bein anwinkelte und es langsam in Richtung meines Bauches drückte.

»Macht mit mir, was ihr wollt.« Er bog mein Knie nach rechts, meine Hüfte zog hinterher. »Und wenn ich auf dem Zahnfleisch zurückgekrochen komme – es ist mir egal. Aber ich will in Sydney reiten!«

Alle Therapeuten bemühten sich nach Kräften. Otmar und Erik massierten, Ulli und Christoph bauten meine Muskulatur auf. Mit einem roten Stift hatte Ulli auf meinen persönlichen Terminplan geschrieben: Fitmachen für Sydney – oberste Priorität!

Drei Wochen später wurde ich entlassen. Die regelmäßigen Behandlungen fanden fortan ambulant statt. Martin muss sich zu dieser Zeit vorgekommen sein wie ein Krankenwagenfahrer. Daneben versorgte er vier Pferde, zwei Hunde, einen Haushalt – und er hatte einen Beruf, mit dem er unseren Lebensunterhalt verdiente. Lothar Bäuerle, der natürlich von meinen Beschwerden erfahren hatte, arrangierte einen Termin bei einem Allgemeinmediziner in Freiburg, den er kannte und lobte, und der sich auf Behandlungsmethoden aus der asiatischen Medizin spezialisiert hatte.

Als Martin und ich zum ersten Mal seine Praxis betraten, befiel mich das Gefühl, einen Antiquitätenladen zu betreten. Die hohen Wände der Gründerzeitvilla leuchteten in intensivem Rot und Orange. Das Mobiliar war spärlich, aber erlesen. Eine Lackkommode neben der Tür, eine geschnitzte Vitrine im Wartezimmer, ein paar Stühle mit fein gedrechselten Beinen, hohen Lehnen und Sitzflächen, die mit gold, weiß und rot gestreiftem Stoff bezogen waren. An den Wänden hingen Zeichnungen und alte Drucke von Kalligrafien. Auf einem Tischchen stand eine schwarze Schale, in die jemand Wasser gefüllt hatte. Darin schwamm eine Kugel.

Dr. Girard sah weder asiatisch noch wie ein Feingeist aus. Als er die Tür öffnete und uns begrüßte, machte er den Eindruck eines Boxers, der nervös um seinen Gegner herumtänzelte. Er wirkte ganz und gar nicht wie ein Arzt, in dessen Hände man sich gern und vertrauensvoll begab. Ich konnte mir kaum vorstellen, warum Lothar Bäuerle so große Stücke auf diesen Mann hielt.

Ich verstand es, als Dr. Girard mit der Untersuchung begann. Alle Unruhe verschwand, und in seinen massigen Körper zog eine selbstverständliche Gelassenheit ein, als er mit sanften Berührungen begann, meinen Rücken zu untersuchen.

»Wie lange sitzen Sie bereits im Rollstuhl?«, fragte er. Ich rechnete kurz nach.

»Sieben Jahre.«

»Treiben Sie Sport? Gehen Sie zur Krankengymnastik?« Während er das fragte, drückte er mit seinen Fingern auf eine Stelle unterhalb der Schulterblätter.

»Ja.« Die Berührung war unangenehm, und ich zuckte zurück.

Dr. Girard ließ seinen Finger auf der Stelle und hielt

auch den Druck unvermindert. Nach einer Weile spürte ich, dass die Muskulatur etwas nachgab und der Druck nachließ.

»Ich gebe Ihnen eine Spritze. Sie wird das Gewebe etwas betäuben und die Schmerzen mildern, wenn ich Sie gleich massiere.« Ich war nicht glücklich über diese Aussicht, aber ich ergab mich wortlos meinem Schicksal. Im Hintergrund hörte ich den Arzt hantieren. Wie immer begann ich, konzentriert zu zählen, langsam und monoton ließ ich jede Ziffer vor meinem geistigen Auge erscheinen. Dennoch spürte ich den Stich und zuckte. Dann spürte ich Dr. Girards warme Hand auf meinem Rücken. »Schon vorbei«, sagte er.

Er wartete einige Minuten, dann begann er mit der Massage. Sie fühlte sich anders an als die Massagen, die ich kannte. Die Bewegungen waren sparsamer, zielten auf einzelne Stellen in der Muskulatur, verweilten, drückten, verweilten erneut. Wie zuvor schon spürte ich, dass die Verspannungen dabei peu à peu nachließen. Während der ganzen Behandlung sprach Dr. Girard kein Wort. Erst als ich mich wieder angezogen hatte und ihm mit Martin an einem hübschen und sicherlich teuren Tisch mit hellen Intarsien gegenübersaß, erklärte er mir den Grund meiner Beschwerden.

»Wenn Sie viel sitzen, verkürzt sich die Muskulatur, die von den Beinen in den Rücken hinaufführt. Es ist erstaunlich, wie schnell so etwas geht. Der Körper reagiert zügig, wenn er in bestimmten Bereichen nicht ausreichend gefordert wird. Mit Krankengymnastik und Sport lässt sich dieses Bewegungsdefizit etwas ausgleichen. Dennoch verliert die Rückenmuskulatur mit der Zeit an Festigkeit. Darunter leidet auch die Wirbelsäule. Trainierte Muskeln stützen sie eben besser als schwache Muskeln. Ihre Anfälligkeit für Bandscheibenvorfälle steigt also, das ist leider so.« Als hätte er meine Gedanken gelesen, fuhr er fort: »Doch, man kann etwas dagegen tun.« Er lachte, und Martin und ich stimmten ein. »Wir werden diese Behandlung noch ein paar Mal wiederholen. Dann sehen wir weiter.«

Als er uns zur Tür begleitete, wirkte er wieder wie ein nervöser Boxer. Sobald man ihn aus seinem ureigensten Element, aus der Beschäftigung mit einem kranken Körper, herausriss, wirkte dieser Mann wie ein Fisch auf dem Trockenen.

Wir fuhren nach Hause. Am nächsten Tag saß ich zum ersten Mal wieder auf einem Pferd. Reiten sollte ich, hatte Dr. Girard noch gesagt. Ohne Angst und was das Zeug hielt, um meine Muskulatur zu stärken. Sollten sich weitere Schmerzherde bemerkbar machen, würde er diese beim nächsten Mal behandeln. Ich gehorchte. Und ritt, was das Zeug hielt.

Ein paar Mal fuhren Martin und ich noch zu Dr. Girard, und die Fortschritte, die seine Therapie bewirkte, waren enorm. Daneben wurde ich weiterhin von Christoph, Ulli, Erik und Otmar in der Ambulanz der Reha-Klinik behandelt. Außerdem untersuchte ein Chirotherapeut regelmäßig meine Wirbelsäule. Dieses Zusammenspiel verschiedenster Bemühungen sorgte dafür, dass ich wieder in Form kam.

Als Martin und ich Dr. Girard am Ende der Behandlung nach der Rechnung fragten, denn er unterhielt eine Privatpraxis, antwortete er lächelnd: »Die Behandlung verbuche ich unter ›Sponsoring für Hochleistungssportler‹.« Winkend stand er in der Tür, trat von einem Bein auf das andere, und sah dabei wieder aus wie ein nervöser Boxer.

Es war Anfang Juli. Ich hatte noch gut drei Monate Zeit, um zu trainieren.

Die Luft war feucht, denn es hatte die ganze Nacht geregnet. Moritz, unser Bernhardiner, schlief in der Sattelkammer, und draußen zogen die Amseln Kreise über den Feldern. Martin hatte mich vor einer Stunde in den Stall gebracht und war dann ins Büro weitergefahren. Andrea drehte sich eine Frühstückszigarette und El Capo gähnte.

»Achte auf einen reinen Drei-Schlag-Galopp! Gib deinem Pferd die richtigen Hilfen!«, rief Andrea. »Und denk dran: sechs bis acht Sprünge bei einer ganzen Pirouette!« Ich gab eine halbe Parade. Der Schimmel wechselte in den Galopp. Ich sammelte und konzentrierte mich. Versammelte das Pferd im Galopp, schob den äußeren Schenkel zurück. Der Schimmel galoppierte, zog durch die Länge der Bahn und sprang die Pirouette.

»Mehr Durchlässigkeit im Genick!«, rief Andrea.

Der Schweiß stand mir im Gesicht, kleine Tropfen breiteten sich links und rechts der Nase auf der Haut aus. El Capo dampfte. Ich gab Druck mit der rechten Hüfte. Wir galoppierten die Längsseite der Bahn entlang. Ich gab dem Schimmel einen leichten Schlag mit der Gerte, gab das Kommando – und er sprang. Drehte sich auf der Hinterhand, flog herum. Ich zog mit.

Andrea lehnte am Oxer und schippte die Asche von ihrer Zigarette. »Du hast die Pirouette zu groß angelegt. Das kann nichts werden.«

Sie triezte mich. Ich gab eine halbe Parade, und El Capo wechselte in den Trab. Ich atmete tief durch. Rekapitulierte alle Details dieses Morgens. Galoppsprünge verlangten Kraft und waren nicht einfach; trotzdem waren El Capo und ich sie schon häufig ohne Mängel geritten. Ich sah an meinem Bein hinunter. Es lag ein Stückchen zu weit am Sattelgurt. Ich beugte mich vor und griff mit dem Arm nach meiner Wade. Die Halle begann, sich zu drehen. Sofort setzte ich mich wieder aufrecht in den Sattel. Mit weit aufgerissenen Augen wartete ich, bis der Schwindel nachließ. Mein Krankengymnast hatte mir einmal erklärt, warum ich, wenn ich stehe und die Augen schließe, sofort umfalle. Mein Körper verliert die Orientierung. Da meine Füße ohnehin nicht spüren, dass sie auf dem Boden stehen, braucht mein Hirn zumindest Bilder, um die Situation einzuordnen. In gewisser Weise ersetzten die Augen das fehlende Gespür in den Beinen. Ähnlich war es, als ich mich plötzlich nach unten beugte.

»Alles in Ordnung?«, fragte Andrea und legte ihre Hand auf meinen Oberschenkel. Ich nickte.

»Willst du eine Pause machen?«

»Nein, es geht schon wieder.« Ich zog die Zügel leicht an und gab Druck mit der Hüfte. El Capo trabte los. Ich ließ ihn in den Galopp wechseln, schob den äußeren Schenkel zurück. Der Schimmel galoppierte und sprang die Pirouette.

»Schon besser«, rief Andrea. »Und jetzt setz noch einmal bei den Traversalen ein, und reite den Ablauf von Anfang an: Traversalen, fliegender Galoppwechsel, Pirouette!« Sie stapfte zurück zu ihrem Oxer und drehte sich eine neue Zigarette.

Ich wechselte durch die Länge der Bahn und brachte den Schimmel zum Stehen. Dann gab ich eine Parade, ließ El Capo ein weiteres Mal antraben, verlagerte das Gewicht nach innen, schob den äußeren Schenkel zurück und lenkte das Pferd in eine Traversale hinein. Aus dem Augenwinkel sah ich, wie im Eingang zur Halle eine blonde Frau mittleren Alters erschien. Sie trug Reithosen und schwarze Stiefel und sah ein wenig ratlos aus. Als der Schimmel in versammeltem Trab durch die Reitbahn kreuzte und auf Andrea zuhielt, bekam ich mit, wie sie der Frau zunickte und ihr ein Zeichen mit der Hand gab, das bedeuten mochte, sie käme gleich. Ich sah zur Uhr an der Stirnseite. Es war zehn Uhr. Wir hatten anderthalb Stunden hochkonzentriert trainiert. El Capo passierte den Oxer, hielt auf die Ecke der Halle zu, wandte sich nach links, lief die Stirnseite entlang und fiel in einen Galopp. Ich gab das Kommando für einen fliegenden Galoppwechsel, und der Schimmel wechselte vorbildlich von der linken auf die rechte Hand. An der Stirnseite der Halle ließ ich das Pferd in einen ruhigen Trab wechseln, klopfte ihm zwei-, dreimal anerkennend auf den Hals und sah zu Andrea hinüber. Sie reckte den Daumen in die Luft. Dem Schimmel tropfte Schaum vom Maul.

Als Andrea mir aus dem Sattel in den Rollstuhl half, spürte ich die Erschöpfung, sie schien durch jede Faser meines Körpers zu kriechen. Die Zügel im Schoß rollte ich den Gang hinunter, El Capo folgte mir zur Box. Janina, eines der Stallmädchen, half mir, den Schimmel trockenzureiben. Gegen die Wand der Box gelehnt, begann ich, sein weißes Fell zu bürsten, während Janina die Hufe auskratzte. El Capo bog genießerisch seinen Hals, und ich lobte ihn und schmuste mit ihm. Später rieb ich die weiche Haut seiner Maulwinkel mit Calendulasalbe ein, damit sie nicht einrissen. Gemeinsam versorgten Janina und ich Rostock und Donnerlicht. Als ich mir einen Kakao aus dem Automaten zog und damit zur Reithalle vorfuhr, trieb die blonde Frau ihre Fuchsstute gerade in Schlangenlinien durch das Oval der Reitbahn. Andrea sah zu und rauchte. Die Frau war eine ungeübte Reiterin, sie hatte ihr Pferd nicht im Griff, immer wieder versuchte die Stute auszuscheren.

Am Nachmittag würden Andrea und ich weitertrainieren. Bis zum Beginn der »Paralympics« blieben uns noch genau einundzwanzig Tage.

Martin Müller

Einen Monat vor der Abreise haben wir endlich mein Flugticket gebucht. Bis dahin hatten Conny und ich gezittert.

Es hieß, die Schlachtenbummler dürften nicht in der offiziellen Maschine mitreisen. Also habe ich eine andere Maschine gebucht. Über das Internet haben wir eine Unterkunft gesucht und einen Mietwagen reserviert. Australien ist groß, sage ich nur ...

Nun mussten wir noch die praktischen Dinge klären: Wer kümmert sich um die Hunde? Wo bringen wir unsere Pferde unter?

Eines Morgens Anfang Oktober ging es los.

* * *

Der Flug ging mittags um ein Uhr ab Frankfurt. Unser neuer Bundestrainer, Ernst Hall, und Birgit Fanz-Holten, unsere Equipechefin, hatten alle Hände voll zu tun.

Die Nationalmannschaft der behinderten Dressurreiter bestand aus sechs Frauen. Nina Meierbär war ebenfalls an Multipler Sklerose erkrankt und ritt in *Grade* eins. Sie war so schwer behindert, dass ihr Mann als offizieller Begleiter mitreiste. Kerstin Fuchs lief mit Hilfe von Prothesen. Ihre Beine waren von Geburt an verkürzt, die Füße schlossen direkt an die Oberschenkel an. Außerdem fehlten ihr an einer Hand drei Finger. Kerstin arbeitete als Narkoseärztin und ritt, seit sie mit zehn Jahren aus Neugier eine Freundin in den Reitstall begleitet hatte. Constanze Feuermann litt an Querschnittslähmung, konnte sich aber mit Hilfe von Krücken fortbewegen. Kerstin und Constanze starteten beide in *Grade* zwei. Marita Meise war ohne Arme zur Welt gekommen, ihre Mutter hatte während der Schwangerschaft das Schlafmittel Contergan eingenommen. Wir neckten sie und nannten Marita unser Vögelchen; sie wedelte dazu mit ihren kurzen Armen und lachte. Sie kannte und verstand den Humor, der unter Behinderten manchmal herrscht und der Gesunde oft verstört. Iris Pöschel schließlich litt an einer Krankheit, die dazu geführt hatte, dass ihr Gewebe, wenn es einmal gedehnt wurde, sich nur unvollständig zurückbildete. Iris' Körper glich dem einer Gummipuppe, sie konnte sich mit Leichtigkeit beide Füße in den Nacken legen, doch war diese Beweglichkeit nicht ungefährlich. Auch sie hatte das Reiten nach der Diagnose nicht aufgeben wollen. Marita und Iris hatten sich für *Grade* drei qualifiziert. Ich selbst sollte erneut in *Grade* vier starten.

Der »Deutsche Behinderten-Sportverband« hatte uns auf einen normalen Linienflug gebucht, doch bis auf wenige Urlauber oder Geschäftsreisende befanden sich fast nur Athleten an Bord. Die Maschine flog zunächst nach Hongkong, die Reisezeit sollte elf Stunden betragen. Vor allem auf den Plätzen der zweiten Klasse bekamen manche Sportler bald Probleme, es fiel ihnen schwer, lange Zeit auf begrenztem Raum still zu sitzen. Unsere Physiotherapeutin begann, krankengymnastische Übungen mit uns zu machen, ausgleichende Dehn- und Streckbewegungen. Angesichts der allgemeinen Enge beschloss Birgit Kramer kurzerhand, die Plätze vor den Notausgängen des Flugzeugs zu ihrem behelfsmäßigen Trainingslager zu machen. Es dauerte nicht lange, bis eine Stewardess kam und protestierte. Doch schließlich sah das Bordpersonal ein, dass auf einem Flug mit Behinderten manches – zwangsläufig – ein bisschen anders war, und ließ uns gewähren.

In Hongkong hatten wir elf Stunden Aufenthalt. Wir checkten im Flughafenhotel ein, teilten uns zu viert ein Zimmer und konnten uns ein wenig ausruhen. Später nahmen wir an einer Stadtbesichtigung teil, die der »DBS« für uns arrangiert hatte. Dann wurden wir wieder zum Flughafen gebracht. Nach insgesamt dreißig Stunden stiegen wir in Sydney ermattet und erschöpft aus der Maschine. Eine feuchte Wärme schlug uns entgegen. Ich sah aus, als habe man mich soeben aus der Donau gefischt, leichenblass.

Martin Müller

Ich hatte Glück, meine Vermieterin holte mich am Flughafen in Sydney ab. Sie stand hinter der Absperrung und winkte. Wir haben dann noch am Terminal meinen Mietwagen abgeholt. Meine Vermieterin sagte, ich solle einfach hinter ihr herfahren. Sie würde ganz langsam fahren. Ich war noch nie zuvor im Linksverkehr unterwegs gewesen.

Gefahren ist die Frau aber wie eine Irre. Wir mussten einmal quer durch Sydney durch, in Richtung der Blue Mountains. Ich sollte mir den Weg merken, hatte sie noch gesagt, dann fände ich später leicht zum Olympiagelände. Dort sollte ich später meine Akkreditierungsunterlagen abholen. Ich habe verzweifelt versucht, die Frau nicht im Gedränge zu verlieren. Mehr als einmal streifte ich einen Bordstein – die Entfernungen sind verdammt schwierig einzuschätzen, wenn man plötzlich auf dem Beifahrersitz sitzt und trotzdem lenkt ...

Nach einer Stunde waren wir da, und das Haus und die Landschaft entschädigten mich für die Fahrt. Es war wunderbar. Die Sonne schien, meine Unterkunft war groß und wunderschön, es war einfach *lovely.*

Ich bin dann später zum Olympiagelände zurückgefahren, und was soll ich sagen, ich habe mich dermaßen verfahren. Hatte dreißig Stunden nicht geschlafen und irrte verloren durch Sydney. Das war gar nicht *lovely.*

Am nächsten Morgen bin ich zwei Stunden eher aufgestanden und habe Conny vom Flughafen abgeholt. Und dann fand auch schon die Eröffnungszeremonie statt.

* * *

Die Eröffnungszeremonie war atemberaubend, nie hatte ich ein solches Meer von Menschen und Lichtern gesehen.

Das Stadion war bis auf den letzten Platz ausverkauft. Einhundertzehntausend Zuschauer waren gekommen, um bei der Eröffnung der »Paralympics« dabei zu sein. Es war bereits Abend, als die *opening ceremony* begann. Sie war als opulentes Rockspektakel inszeniert, das mit der australischen Nationalhymne begann, die von einem Sänger und einem großen Orchester intoniert wurde. Mit Musik und Gesang, mit über dreitausend Tänzern und übermannsgroßen bunten Figuren wurden anschließend die Traditionen und die Naturschönheiten des fünften Kontinents unter freiem Himmel gefeiert.

Die Athleten warteten unterdessen auf den Einmarsch der Nationen. Alle waren aufgeregt, manche hatten Freudentränen in den Augen, überall schien es zu brodeln. Afrikanische Sportler trugen bunte Trachten, asiatische Atlethen waren in leuchtende Tücher gewandet. Die deutsche Mannschaft war offiziell ausgestattet worden, die Frauen trugen graue Anzüge, die Männer dunkle Blazer und helle Hosen. Alle hatten wir Strohhüte bekommen, und unser Bundestrainer drückte gerade jedem ein Fähnchen in die Hand, eine kleine Ausgabe der Nationalflagge.

»Jetzt geht's los! Jetzt geht's los!«, riefen die ersten Sprechchöre. Und dann setzte sich diese große bunte Menge in Bewegung.

Draußen empfing uns eine überwältigende, unfassbar große Menschenmenge, die begeistert applaudierte und ihre kleinen Taschenlampen schwenkte, die die Veranstalter hatten verteilen lassen. Es war ein Gefühl, das man kaum jemandem vermitteln kann, der nicht dabei gewesen ist. Nie hätte ich mir vorstellen können, was es bedeutet, so vielen Menschen gegenüberzustehen. Es war gigantisch, größer als alles, was ich je erlebt hatte.

Eine Basketballspielerin im Rollstuhl trug die deutsche Flagge. Hinter ihr reihten sich die Teams der einzelnen Disziplinen in den Zug ein. Einige hatten Schilder gemalt, auf denen stand »Hello Australia! Thank you for these nice games!«, andere warfen ihre Hüte in die Menge, und die Zuschauer fingen sie begeistert auf. Es dauerte, bis alle viertausend Athleten im Stadioninneren waren. Sie gingen, rollten, humpelten ins Stadion, manche wurden in ihren Rollstühlen geschoben. Und die Zuschauer schienen jeden Einzelnen aus vollem Herzen und voller Kehle bei diesen Spielen zu begrüßen. Ein nicht endendes Konzert aus Applaus, Rufen, Pfiffen, Lachen und freudigem Jubel umhüllte uns. Auf dem Rasen standen überall riesige Lautsprecher, aus denen Musik dröhnte, und die Bässe ließen meinen Magen kribbeln.

Einer von diesen einhundertzehntausend jubelnden Menschen auf den Rängen war Martin. Das Reglement sah vor, dass nur die Sportler, ihre Trainer und die offiziellen Betreuer in die Arena einzogen, und so konnten wir diesen erhebenden Augenblick nicht teilen. Es war der Höhepunkt meiner sportlichen Karriere, ich hatte es bis zu den olympischen Spielen geschafft – und ich hatte es geschafft, weil Martin mich zu jeder Zeit unterstützt hatte. Ich hätte ihn so gern an meiner Seite gehabt.

Ein älterer Mann mit weißem Haar rollte mit seinem Rollstuhl über die Aschenbahn. Links und rechts standen die Menschen Spalier und klatschten. Der Mann gab den Rädern seines Rollstuhls Schwung, riss die Arme hoch und winkte. Zwischen seinen Knien hielt er die Fackel mit dem paralympischen Feuer. 11500 Kilometer hatte sie zurückgelegt, über den halben australischen Kontinent war sie getragen worden.

Eine junge Frau übernahm die Fackel und reichte sie an eine andere Sportlerin im Rollstuhl weiter. Die Athletin streckte die Fackel in die Höhe. Im Stadion zog Stille ein. Gebannt folgten einhundertzehntausend Zuschauer und viertausend Sportler aus aller Welt ihren Bewegungen.

Im nächsten Moment entzündete die behinderte Sportlerin das Feuer für die »Paralympics 2000«. Lauter Applaus und Jubel setzten ein. Ein monumentales Feuerwerk entzündete den eben noch dunklen Nachthimmel. Inmitten des Gefunkels loderte das paralympische Feuer.

Viertausend Athleten aus einhundertfünfundzwanzig Nationen traten an, der Welt zu zeigen, dass sie auch mit Handicaps Großes vollbringen konnten.

In den Tagen nach der Eröffnung gab es nichts zu tun. Unsere Leihpferde sollten erst in ein paar Tagen eintreffen. Wir nutzten die Gelegenheit, uns zu akklimatisieren und die Stadt ein wenig kennen zu lernen.

Sydney ist nicht die Hauptstadt Australiens, wie viele meinen; aber die Stadt hätte alle Qualitäten dazu. Sie ist weltoffen, tolerant und mit Sicherheit eine der schönsten Städte der Welt. Natürlich wollten wir in der knappen Zeit so viel wie möglich sehen. In einem Punkt waren sich alle einig: Das weltberühmte Opernhaus gehörte zum Pflichtprogramm unserer Besichtigungstour.

Wir näherten uns ihm vom Wasser. Mit dem Schiff fuhren wir vom Pazifik aus in die fjordähnliche Bucht von Port Jackson, unter der mehr als einen Kilometer langen Brücke hindurch, die den Fluss an dieser Stelle überspannt. Das weiße Gebäude mit seinen spitzen Dächern lag am Ufer in der Sonne wie ein seltener, exotischer Fisch. Anderntags gingen wir im »Victoria Building« shoppen, einem imposanten Gebäude mit Fliesenböden, hohen Bögen, alten Lampen und vielen Läden auf mehreren Ebenen. Wir besuchten die Koalabären und Kängurus im Zoo und eine Ausstellung über die Geschichte der Aborigines. Überall begegneten uns offene und herzliche Menschen.

Fast immer wurden wir angesprochen. Wenn wir mit dem Zug in die Stadt fuhren, trugen wir unsere Akkreditierungskarten an einem Band um den Hals, denn sie erlaubten es uns, alle Verkehrsmittel kostenlos zu benutzen.

»Was für ein Sportler sind Sie, in welcher Disziplin starten Sie?«, fragten uns die Australier.

»Reiten«, antworteten wir.

»*Oh, how beautiful*!« Begeistert und stolz nahmen die Menschen Anteil an dem großen Ereignis in ihrem Land. Dabei unterschieden sie nicht zwischen der »richtigen« Olympiade und den Behindertenspielen. Ihre Leidenschaft galt allen Sportarten.

»Darf ich Sie um ein Autogramm bitten«, fragten sie, und manche baten, sich mit uns fotografieren lassen zu dürfen. Begeistert schwärmten sie von der Eröffnungszeremonie, zählten auf, welche Wettkämpfe sie bereits besucht hatten und welche sie noch miterleben wollten. Wenn der Zug hielt und wir ausstiegen, verabschiedeten sie sich und riefen uns lachend »*Good luck*!« hinterher.

Alle Straßen, Plätze und öffentlichen Einrichtungen waren behindertengerecht angelegt. Die Ampeln sendeten Signale, sodass Blinde hören konnten, wann rotes Licht und wann grünes Licht angezeigt wurde. An den Zügen und U-Bahnen stand immer jemand bereit, der einem eine Rampe hinlegte, sodass wir bequem und selbstständig ein- und aussteigen konnten. Ich hätte mich auch ohne Martin durch Sydney bewegen können. Kein einziges Mal stand ich vor einem Bürgersteig oder einem anderen Hindernis und überlegte, wie ich es wohl überwinden könnte. Stand ich doch einmal herum, dann weil ich einen Weg nicht fand. Es dauerte nur Sekunden, bis jemand freundlich fragte: »*Can I help you*?«

Es war faszinierend zu sehen, wie eine Gesellschaft funktionieren konnte, die Behinderte nicht ausgrenzte. Der olympische Gedanke, Sportler aller Nationen zu zusammenzubringen, hat in Sydney seine perfekte Umsetzung erfahren, denn hier waren nicht nur Athleten aller Länder, sondern auch Menschen mit und ohne Behinderungen gleichberechtigt vereint.

Wir Sportler waren alle im olympischen Dorf untergebracht worden. Die Reitveranstaltungen fanden außerhalb des Olympiageländes statt, im Horseley-Park, einer großen Anlage, die etwa eine halbe Stunde Busfahrt entfernt lag. Das Reglement war streng und verbot allen, die nicht unmittelbar an den Spielen beteiligt waren, den Zutritt zum Dorf. Martin durfte mich in den gesamten drei Wochen kein einziges Mal dort besuchen. Nur zu den Wettkämpfen hatte er durch seine Akkreditierungskarte Zutritt.

Am Morgen der Auslosung hatten wir uns zeitig getroffen. Vor der Halle herrschte reger Betrieb. Die Pferde waren von einer Reihe australischer Halter zur Verfügung gestellt worden. Insgesamt waren einhundertundsieben Tiere im Pool, zweiundsiebzig von ihnen würden am Ende starten. Dressurreiter aus allen Nationen drängelten sich ins Innere der Halle. Jeder versuchte, sich einen möglichst präzisen Eindruck von den Tieren zu verschaffen. Das Reglement war auch hier streng.

Zahlreiche Helfer führten die Pferde schließlich in die Reitbahn und befestigten kleine Schilder mit einer Nummer darauf am Zaumzeug. Die Sportler drängten sich auf der Tribüne, wobei alle versuchten, die Plätze mit der besten Aussicht zu ergattern. Nacheinander wurde jedes einzelne Pferd aufgerufen und vorgeführt. Alle Athleten machten sich Notizen, schrieben ihre Eindrücke auf kleine Notizblocks. Währenddessen bereiteten die Veranstalter an der Stirnseite der Halle die eigentliche Auslosung vor. Die Nummern sämtlicher Pferde wurden auf Zettel geschrieben, die Zettel wanderten umgehend in eine gläserne Lostrommel, die von einem glatzköpfigen Mann mit rotem Gesicht bewacht wurde.

Als das letzte Pferd die Halle wieder verlassen hatte, begann die Auslosung. In alphabetischer Reihenfolge wurden die einzelnen Nationen aufgerufen. Nacheinander nannte eine Frau die einzelnen *Grades* und die Namen der jeweiligen Reiter in dieser Kategorie. Zu jedem Namen zog der Glatzkopf einen Zettel mit einer Losnummer aus seiner gläsernen Trommel. Als das deutsche Team an der Reihe war, waren unsere Nerven zum Zerreißen gespannt. Ich hatte einige sehr, sehr gute Pferde während der Schau gesehen, aber auch einige, die keinen sehr leistungsstarken Eindruck gemacht hatten. Auch Martin starrte gebannt auf den Tisch, auf dem die Lostrommel ruhte.

»*Grade one,* Nina Meierbär«, rief der Glatzkopf mit breitem Akzent. »*Number thirteen.*« Ich sah auf meinen Notizblock. Nummer dreizehn war ein Fuchs, ein Pferd, das etwas müde auf mich gewirkt hatte.

»*Grade two.* Kerstin Fuchs, *number fiftysix.*« Nummer sechsundfünfzig war eine Schimmelstute, kein besonders talentiertes Pferd, aber es hatte Temperament gezeigt.

»*Grade two*«, rief der Glatzkopf und zögerte. »Constänzz Fireman.« Trotz aller Spannung lachten wir. Niemand hatte bislang Constanzes Nachnamen richtig ausgesprochen, unter unseren Nachbarn im olympischen Dorf hieß sie sogar »*burning woman*«, da sie auch noch leuchtend rote Haare hatte.

Als ich an der Reihe war, biss ich mir vor Aufregung auf die Unterlippe. »*Grade four* – Cornelia Muller. *Number twentytwo*.« Nummer zweiundzwanzig. Ein schwarzer Hengst, der nicht mehr ganz jung gewirkt hatte. Martin sah gespannt herüber.

»Zufrieden?«, fragte er. Ich wusste nicht, ob ich mich freuen sollte. Ich hatte mir die Nummern einiger Pferde notiert, die ich auf keinen Fall ziehen wollte. In die Zeile darüber hatte ich die Nummern meiner Favoriten geschrieben. Niemand aus unserer Mannschaft hatte ein wirklich schlechtes Pferd zugewiesen bekommen; aber es hatte auch niemand ein wirklich hochkarätiges Pferd gezogen.

Am Ende nahm der Glatzkopf seine gläserne Lostrommel und hielt sie fest wie einen Schatz. Sein Gesicht leuchtete rot wie eine Boje. Die Frau, die alle Losnummern in einer Liste verzeichnet hatte, reichte die Bögen einem grau melierten Herrn, der zu den Organisatoren gehörte.

»Lasst uns hinuntergehen«, sagte Ernst Hall, unser Bundestrainer, und es war ihm anzusehen, dass auch er nicht wusste, ob er froh oder verzweifelt sein sollte.

Das Reglement sah vor, dass jeder Reiter das ihm zugewiesene Pferd zwanzig Minuten lang Probe reiten durfte. Danach mussten wir uns entscheiden. Wir hatten die Wahl, einen Antrag auf eines der im Pool verbliebenen Pferde zu stellen. Stellten mehrere Länder einen Antrag auf dasselbe Pferd, würde wiederum per Los entschieden. In jedem Fall würden wir das uns dann zugewiesene Pferd akzeptieren müssen.

Unserer Equipechefin half uns, einen Weg durch die Menschenmenge zu bahnen. Überall wimmelte es von Athleten, Betreuern, Pferdebesitzern und Organisatoren. Martin steuerte meinen Rollstuhl zu den Boxen. Vor einer Box, an der ein Zettel mit der Nummer zweiundzwanzig hing, stand eine blonde Frau.

»*Hi*«, sagte die Frau. »Ich bin Judy. Du wirst meinen Rudi reiten?« Ich nickte und lächelte. Ich hatte es ziemlich eilig, mir mein Pferd genauer anzusehen, aber ich wollte nicht unhöflich sein. Rudi reckte unterdessen neugierig seinen Kopf gegen die Gitterstäbe der Box. Dabei wurden seine Lippen beiseite gedrückt. Seine Zähne und das Zahnfleisch lagen frei, und es sah aus, als würde Rudi mich zur Begrüßung angrinsen. Mein Schulenglisch war nicht besonders gut, doch die ersten Tage in Sydney hatten mir Gelegenheit gegeben, ein bisschen zu üben.

»*Hi,* Rudi«, sagte ich und kraulte seine Ohren.

»Rudi ist sein Spitzname. Eigentlich heißt er Hallsbury. Er kommt aus Deutschland, er ist ein Hannoveraner. Soweit ich weiß, ist Rudi das einzige Pferd deutscher Herkunft, das bei den Spielen startet. Da trifft es sich, dass er ausgerechnet eine deutsche Reiterin gefunden hat.« Judy lachte. Ich erzählte ihr von unserer Stute Donnerlicht, die ebenfalls ein Hannoveraner war.

Als Judy den Rappen aus der Box führte, beschnupperte er zuerst den Rollstuhl. Dann mich. Dann wieder den Rollstuhl. Der interessierte Rudi ganz offensichtlich am meisten. Ich streichelte über den weißen Fleck auf dem Kopf des Hengstes. Rudi war kein besonders großes Pferd und relativ zierlich. Er hatte ein freundliches Wesen, doch er wirkte wirklich alt.

»Neunzehn Jahre ist Rudi«, sagte Judy, und ich erschrak ein bisschen, als sie das sagte.

Während des anschließenden Probereitens zeigte sich, dass Rudi trotz seines Alters recht flott durch die Lektionen ging. Zwar gehorchte er allen Kommandos, doch kostete es mich einige Anstrengung, sein Tempo zu drosseln und ihn ruhig und gleichmäßig zu reiten, um alle Lektionen sauber zu absolvieren. Ich besprach mich mit Martin und unserem Trainer. Sollte ich Rudi akzeptieren? Ich schaute auf meinen Notizblock, um zu sehen, welche Pferde noch im Pool waren.

»Die Chance auf ein besseres Pferd ist genauso groß wie die Möglichkeit, ein schlechteres Pferd zu bekommen.«, sagte Ernst Hall.

»Es hätte schlimmer kommen können«, sagte Martin. Noch einmal ging ich alle verbliebenen Nummern durch und verglich sie mit meinen Notizen zu den jeweiligen Pferden.

Die Entscheidung war schwierig. Wieder und wieder blätterte ich durch die Seiten. Meiner Ansicht nach war die Wahrscheinlichkeit, ein schlechteres Pferd zu bekommen sogar größer. Alle hochklassigen Pferde waren bereits aus dem Rennen, nur eine viel versprechende Stute und ein brauner Wallach mit guter Ausbildung waren noch im Pool. Doch wie groß waren meine Chancen, eines dieser beiden Pferde per Antrag zu ergattern? Schließlich entschied ich mich, Rudi zu akzeptieren.

Dass wir, anders als die Nationalmannschaft der gesunden Reiter, auf fremden Pferden starteten, war etwas, was das Reglement vorsah. Man wollte eine gewisse Chancengleichheit garantieren. Natürlich kostet es Geld, Pferde per Flugzeug oder Schiff um den halben Erdball zu befördern und sie anschließend noch für mehrere Wochen in Quarantänestationen zu halten. Und Geld ist im Behindertensport nun einmal knapper bemessen als im Regelsport. Und manche Nationalmannschaften tun sich schwerer als andere, Sponsoren für ihre behinderten Sportler zu finden. Dadurch, dass alle Teilnehmer der »Paralympics« auf fremden Pferden reiten, bestehen gleiche Chancen für sämtliche Sportler, unabhängig ob sie aus einem reichen oder armen Staat kommen. Doch in meinen Augen steht und fällt der Erfolg mit der Auslosung der Pferde, und damit handelt es sich am Ende nicht wirklich um einen fairen Vergleich der sportlichen Leistung.

Nach der Auslosung blieb uns knapp eine Woche Zeit, in der wir mit den Pferden trainieren konnten und sie auf unsere individuellen Hilfen umstellen mussten. Niemand in der Mannschaft hatte das große Los gezogen; doch waren wir alle entschlossen, das Beste aus der Situation zu machen. Die Stimmung war gut und hoch motiviert. Als Mannschaft waren wir stark, eine schwächere Mannschaft hätte mit unseren Pferden sicherlich größere Schwierigkeiten gehabt. Wir versuchten einfach, das Beste aus den Tieren herauszuholen.

Dabei raste die Zeit.

Das Training fand auf zwölf großen Plätzen im Horseley-Park statt, auf Reitbahnen unter freiem Himmel. Die Organisatoren hatten allen Teams ein bestimmtes Zeitkontingent zugeteilt. Unsere Equipechefin und der Bundestrainer stellten einen Plan auf, der für jede von uns sechs Reiterinnen genaue Trainingszeiten vorsah. Dabei galt es auszuprobieren, ob es für die einzelnen Pferde besser war, sie eine Stunde intensiv zu reiten, oder, um allzu großer Erschöpfung vorzubeugen, das Training auf eine halbe Stunde am Vormittag und eine weitere halbe Stunde am Nachmittag zu verteilen.

Mir selbst ging es körperlich sehr gut. Wie immer wirkte sich die Wärme positiv aus, und abgesehen von einem gelegentlichen Kribbeln in den Händen war ich topfit. Manchmal stieg die Erinnerung an den Bandscheibenvorfall auf. Meine Angst, am Ende nicht in Sydney dabei sein zu können, war jetzt nicht mehr als eine dünne, blasse Erinnerung.

Jeden Morgen um zehn Uhr fand ich mich mit Rudi vor Arena neun ein. Am Ende des Trainings schwitzte er, Schaum tropfte ihm vom Maul, und er war müde. Das regelmäßige Training strengte ihn an. Judy war stets dabei. Die Halter waren ausnahmslos stolz, dass ihre Pferde an einem solchen sportlichen Großereignis teilnahmen, und bis auf wenige Ausnahmen waren sie die ganze Zeit über bei ihren Pferden. Judy sah beim Training zu, half mir, Rudi zu versorgen, kümmerte sich um teure Zusatznahrung und pflegte Zaum- und Sattelzeug. Dieses Engagement und diese Hilfsbereitschaft haben mich sehr beeindruckt. Niemand bekam einen Cent dafür, gerade einmal das Fahrgeld wurde den Haltern erstattet. Es fiel mir schwer, mir etwas Vergleichbares in Deutschland vorzustellen, ein Großereignis, bei dem am Ende aller Einsatz mit einem freundlichen »Vergelt's Gott!« quittiert wurde. Rückblickend denke ich, dass vor allem die Menschen, denen ich in Australien begegnet bin, die »Paralympics« zu einem besonderen Ereignis gemacht haben. Zwischen den einzelnen Trainingseinheiten gab es viel zu tun. Die Musiken für unsere Küren mussten abgeben werden. Martin filmte das Training, fuhr mit der Videocassette in seine Unterkunft und bastelte eine zu den Lektionen passende Musikcollage zusammen. Er saß vor seinem Computer, schnitt und mischte, verwarf, schnitt und mischte erneut, verwarf wieder und unternahm noch einen Versuch. Am nächsten Tag patzte Rudi im Training bei einem Galoppwechsel. Ich wiederholte die Lektion, musste aber erkennen, dass die Kür, so wie ich sie mir ausgemalt hatte, mit diesem Pferd nicht zu reiten war. Ich warf den Ablauf ein weiteres Mal um, und Martins Arbeit begann von vorn. Am Ende brannte er eine CD, die ich an die zuständige Stelle weiterreichte. Ansonsten war Martin jeden Tag im Horseley-Park und half. Er kümmerte sich um das Sattelzeug, wusch Wäsche, er beobachtete mich im Training und korrigierte meine Fehler. Er war mein Coach.

Innerhalb der Mannschaft herrschte eine sehr kameradschaftliche Stimmung. Alle unterstützten einander. Wer gerade nicht trainierte, sah den anderen beim Training zu. Oder schielte hinüber zu den anderen Nationen, beobachtete deren Sportler, um einen Eindruck davon zu bekommen, wie leistungsstark sie waren, wie sie mit ihren Pferden zurechtkamen – kurz: mit welcher Konkurrenz wir zu rechnen hatten. Jeder half jedem, und immer fand sich jemand, der in die nächstgelegene Cafeteria fuhr, um kalte Getränke für das Team zu holen. Dabei bekamen wir zu spüren, dass Australien ein weitläufiger Kontinent ist. Die Architekten hatten mit Platz nicht gegeizt, und die Entfernungen zwischen unserem Wohnhaus, den Trainingsarenen, den Ställen, Toiletten und Kantinen waren erheblich. Es blieb nicht einmal Zeit, einen Wettkampf der Schwimmer oder Handballspieler zu besuchen! Wann immer ich doch einmal ein oder zwei freie Stunden hatte, fuhr ich hinaus zu Martin und saß mit ihm auf der Veranda. Wir unterhielten uns, und ich genoss die Abgeschiedenheit und die Ruhe.

Im olympischen Dorf teilte ich mir ein Zimmer mit Birgit Fanz-Holten. Da unsere Equipechefin und unsere Physiotherapeutin beide den gleichen Vornamen trugen, waren wir schnell dazu übergegangen, sie Doktor-Birgit und Chef-Birgit zu nennen. Chef-Birgit war eine angenehme Mitbewohnerin, wir verstanden uns gut und hatten viel Spaß miteinander. Das Bad mussten Doktor-Birgit und ich uns mit anderen Sportlern teilen, was am Ende dazu führte, dass die Frauen (sic!) vor verschlossenen Türen standen und warteten, bis die Männer endlich ihre Morgentoilette beendet hatten. Da alle feste Trainingszeiten einhalten mussten, gerieten wir manchmal in echte Bedrängnis. Eines Morgens packte ich meine Zahnbürste und fuhr ungewaschen mit dem Bus zum Horseley-Park hinüber. Hätte ich weiterhin versucht, mir zu Hause die Zähne zu putzen – ich wäre zu spät gekommen.

Dann kam der erste Tag der Prüfung.

Die Sonne schien wie jeden Tag, und es wehte ein angenehmer Wind. Am Vortag war Ruhetag gewesen. Es hatte ein allgemeines Trainingsverbot geherrscht, auf dessen Einhaltung streng geachtet wurde. Rudi hatte sich erholt, und als ich in den Stall kam, war Judy bereits bei ihm.

»Ich war so stolz und aufgeregt, ich konnte kaum schlafen«, sagte sie. Sie fieberte mit ihrem Pferd mit, wie ich es kaum je bei einem Pferdehalter erlebt hatte. »*Look*!«, sagte Judy und zog den Ärmel ihrer Trainingsjacke hoch. Auf ihrem Arm trug sie die deutsche Flagge als Tatoo.

»Nein, es ist bloß ein Abziehbild. Meine Tochter sammelt diese Dinger«, lachte Judy, als sie mein erschrockenes Gesicht sah. »*No worries*!« Ich lachte ebenfalls. »Kann ich dir bei den Vorbereitungen helfen?«

»Gern.« Wir putzten Rudi ausgiebig, kämmten seine Mähne und bürsteten den Schweif. Später zog ich mich um. Alle deutschen Reiterinnen trugen weiße Reithosen, ein schwarzes Jackett mit dem Bundesadler auf der Brust, Stiefel, weiße Handschuhe und Reithelm. Als ich in den Stall zurückkam, rollte mir Kerstin Fuchs mit der Videokamera entgegen. Sie filmte, seit wir in Frankfurt losgeflogen waren. Ich grinste in die Kamera und winkte mit meinem schwarzen Reithelm. Rudi war allein in seiner Box. Ich fand Martin draußen, er stand mit Judy vor der Stalltür, und sie schwatzten. Ich rollte zu ihnen hinüber. Martin umarmte mich. Wir hatten in den vergangenen Tagen wenig Zeit für einander gehabt.

Am Abend zuvor war die Startfolge ausgelost worden. Ich würde als Letzte starten. Unser Trainer und Chef-Birgit hatten auf die Minute genau ausgerechnet, wer wann auf dem Pferd zu sitzen und sich wo einzufinden hatte. Martin und Judy gingen in den Stall zurück und sattelten Rudi. Ich streifte die Handschuhe über. Später half Martin mir aufzusitzen. Ich ritt hinüber zu dem Vorbereitungsviereck. Eine halbe Stunde lang ließ ich Rudi in verschiedenen Gangarten gehen und wiederholte einzelne Lektionen. Dann waren wir bereit.

Noch eine Viertelstunde bis zum Start.

Meine Teamkolleginnen hatten ihre Prüfungen bereits hinter sich. Doch ich wollte jetzt niemandem begegnen.

Ich konzentrierte mich. In Gedanken ging ich noch einmal den Ablauf durch, obwohl Ernst Hall mir die Lektionen vom Rand der Reitbahn aus ansagen würde. Das hatte er auch bei den anderen Reiterinnen getan. Wenn man während einer Prüfung mit dem Ablauf der Aufgabe durcheinander geriet, quittierten die Richter dies mit Punktabzug. Wir wollten jede Möglichkeit Fehler zu machen ausschließen.

Um fünf vor elf ritt ich hinüber zur Arena drei. Der warme Wind spielte mit einer Haarsträhne, die sich gelöst hatte. Ein niedriger weißer Zaun umsäumte das Areal. Davor stand unser Bundestrainer. Unmittelbar neben ihm würde eine Frau aus der olympischen Verwaltung darauf achten, dass Ernst Hall seinen Schützlingen nichts als die Lektionen zurief, kein einziges weiteres Wort war erlaubt. Die Richter saßen längst auf ihren Plätzen. Nur wenige Zuschauer hatten sich so früh auf der Tribüne eingefunden; sie nahmen sich ein wenig verloren aus in der Weite der Anlage. Ich ritt in die Reitbahn und nahm Aufstellung.

Der Rappe atmete ruhig. Ich senkte den Kopf und grüßte. Die Richter gaben das Startzeichen.

Ich ritt los.

Ließ Rudi antraben. Absolvierte eine Trabtraversale, eine Trabvolte. Führte eine Trabverstärkung vor. Ließ Rudi angaloppieren. Eine Galoppverstärkung. Ein einfacher Galoppwechsel. Ich hörte nichts um mich herum, alles, was ich wahrnahm, waren Rudis Bewegungen. Hochkonzentriert ritt ich durch die Prüfung.

Nach vier Minuten war alles vorbei. Ich hielt vor den Richtern, grüßte noch einmal und verließ die Arena.

In den folgenden sechs Tagen absolvierten alle Teilnehmerinnen des deutschen Teams ihre Prüfungen. Wechselweise fanden an einem Tag jeweils die Prüfungen für *Grade* eins und vier statt, am nächsten Tag die für *Grade* zwei und drei. So hatte immer die Hälfte unserer Mannschaft Gelegenheit, sich auf den bevorstehenden Tag vorzubereiten und zu trainieren. Ich hatte meine beiden Pflichtprüfungen bereits hinter mich gebracht und konzentrierte mich auf die Kür, als ich feststellte, dass Rudi nicht mehr sauber lief.

Immer wieder verlor er in den einzelnen Gangarten den Takt. Jetzt zeigte sich, dass er zu alt war. Die Anstrengung der vergangenen Tage hatte ihm zu stark zugesetzt. Rudi bemühte sich nach Kräften; doch ihm taten einfach die Knochen weh. Ich schonte ihn im Training und verzichtete auf den Nachmittagstermin. Doch es war aussichtslos. Bis zum Startermin würde Rudi sich nicht erholen. Dass er nicht sauber im Takt lief, würde bei der Benotung unweigerlich Punktabzug geben.

Am Ende fielen die Noten schlechter aus, als ich erwartet hatte. Zwar belegte ich in der ersten Prüfung den vierten Platz, doch in der zweiten landete ich auf Platz neun. In der Mannschaftswertung erkämpfte sich das deutsche Team Platz sechs. In der Kür wurden Rudi und ich zwölfte.

Martin Müller

Die Siegerehrungen waren beschämend. Sie fanden sozusagen im Vorbeigehen statt, eine sogar im Rahmen eines Barbecue. Nur die Siegerehrung im Anschluss an die erste Einzelprüfung fand an einem Weiher statt. Dort durfte Conny mit Rudi vorreiten, und ihm wurde die Schleife ans Zaumzeug geheftet. Aber glorreich war auch das nicht ...

Bis zuletzt hatte ich mitgefiebert. Immer hatte ich mit einem Auge zur Anzeigetafel geschielt und Punkte zusammengerechnet – jetzt liegt die Holländerin vorne, jetzt die Dänin ... Die ganze Zeit! Ich war total nervös. Und ich konnte nicht mal rauchen! Ganz Australien ist eine einzige Nichtraucherzone, es gibt nur zwei, drei kleine Planquadrate, in denen sich die letzten Raucher zusammendrängeln und hektisch ihre Zigaretten rauchen.

Am Ende war ich sehr stolz auf Conny. Obwohl ich meine, dass sie mit einem besseren Pferd auf besseren Plätzen gelandet wäre. Sie kann einfach mehr, als sie in Sydney zeigen konnte.

Ein bisschen ist ihr Erfolg auch mein Erfolg. Ich habe die Hausfrauenarbeit erledigt, die Arbeit im Hintergrund, die niemand sieht. Aber ohne die geht es nicht. Das müssten vor allem meine Geschlechtsgenossen wissen, schließlich sagt man doch, hinter jedem erfolgreichen Mann stehe ein Frau, die ihm den Rücken frei halte ...

Sydney war unser gemeinsamer Erfolg. Ein schönes, unvergessliches und sehr, sehr anstrengendes Erlebnis.

* * *

Wieder in Deutschland, kaufte ich als Erstes zwei Schokoladenüberraschungseier.

So wie wir in Sydney angekommen waren, flogen wir auch getrennt zurück, und Martin sollte erst einen Tag nach mir eintreffen. Bekannte holten mich vom Flughafen in Frankfurt ab, mit einem großen Blumenstrauß und vielen Glückwünschen. Als wir hinter der Gepäckausgabe an einem Kiosk vorbeikamen, rollte ich los, als gelte es, noch einen Preis zu gewinnen. Ich liebe Überraschungseier. Genießerisch wickelte ich mein erstes Ei aus der Folie und biss in die Schokolade. Wie hatte ich diesen Geschmack vermisst ...

Schon im Auto bestürmten unsere Bekannten mich mit Fragen, und ich ließ die aufregenden Ereignisse der vergangenen drei Wochen Revue passieren. Als wir an einer Autobahnraststätte vorbeifuhren, spürte ich einen sagenhaften Hunger. Ein deftiges deutsches Essen – auch das hatte ich vermisst. An der nächsten Raststätte hielten wir an und aßen.

Am nächsten Tag holten wir Martin vom Flughafen ab. Zu Hause stand das Telefon kaum still. Zahllose Freunde und Bekannte riefen an, erkundigten sich, gratulierten oder beschwerten sich, dass im deutschen Fernsehen kaum etwas von den Wettkämpfen der Dressurreiter zu sehen gewesen sei. Meine Mutter gratulierte auch dieses Mal nicht. Martin dagegen schlug beinahe unmittelbar nach seiner Ankunft zwei Nägel in die Wand und befestigte die Schleifen, die ich in Sydney gewonnen hatte.

Für Freitag hatte uns der Bürgermeister zu einem Empfang ins Rathaus eingeladen.

Vor dem Rathaus von Waldstetten hatte sich eine Blaskapelle postiert. Als Martin mich vom Beifahrersitz hob, setzten die Musiker zu einem breiten Tusch an. Den Weg über den Rathausplatz mussten wir uns bahnen, so viele Menschen hatten sich eingefunden. Das ganze Dorf und die halbe Reiterwelt schienen sich versammelt zu haben, um mit uns ein Fest zu feiern. Der Bürgermeister trug einen guten Anzug und seine allerbestes Stadtvatergesicht.

Gefolgt von einem Kamerateam kam er auf uns zu und reichte mir die Hand.

»Willkommen Cornelia!«, rief er, und der Kameramann filmte, und die Fotografen knipsten. Eine Reporterin streckte ihr Mikrofon zwischen den Köpfen hindurch und rief etwas, was ich nicht verstand. Der Bürgermeister schüttelte immer noch meine Hand und lächelte. Dann winkte er hinter sich in die Menge, und kurz darauf kam eine Gruppe Schüler hervor. Sie trugen ein großes Emailleschild vor sich her, auf dem stand: »Willkommen Cornelia in Waldstetten«. Feierlich übergab der Bürgermeister Martin und mir das Schild. Etwas abseits entdeckte ich Großmutter, und es sah aus, als wischte sie sich über die Wange.

Irgendwann öffnete sich ein Spalier und der Bürgermeister geleitete Martin und mich ins Rathaus. Drinnen hatte man ein großes Büfett aufgefahren, und es wurde Sekt ausgeschenkt. Die Kapelle baute sich in einer Ecke des Festsaales auf. Der Bürgermeister trat vor ein Mikrofon und hielt eine Rede. Nach ihm hielt Lothar Bäuerle, der es sich nicht hatte nehmen lassen dabei zu sein, ebenfalls eine Rede. Verschiedene Vorstände verschiedenster Reitvereine hielten Reden, und später stellten unzählige Reporter zahllose Fragen. Ich kam mir vor wie auf einem Jahrmarkt. Wie auf einer dieser Pressekonferenzen, die man manchmal im Fernsehen sieht.

Irgendwann kam Großmutter und strich mir übers Haar. »Kind«, sagte sie, »was bin ich stolz auf dich.«

Das Emailleschild befestigte Martin später bei uns im Flur, und dort hängt es noch heute.

Ich war froh, als wieder ein ruhigeres Leben einkehrte. Wir sammelten unsere Hunde und Pferde ein, die wir bei verschiedenen Bekannten und Verwandten untergebracht hatten. Wir kochten abends etwas Schönes zu essen, zündeten eine Kerze an, redeten und genossen unser Beisammensein. Wir kuschelten uns vor dem Einschlafen aneinander – ich glaube, diese vertrauten Momente hatte ich in den Wochen in Sydney am meisten vermisst.

In Zukunft werde ich mich wieder mehr auf den Regelsport konzentrieren. Auch nach der Teilnahme an den »Paralympics« ist es für mich ein Ansporn, mich mit gesunden Sportlern zu messen. Ich habe mein Ziel erreicht, ich habe allen gezeigt, dass ich auch als Behinderte noch eine gute Reiterin bin. Doch reizt es mich zu beweisen, dass Behinderte sogar bessere Leistungen erbringen können als manche gesunde Reiter.

Wie sich meine Krankheit weiterhin entwickeln wird, kann niemand sagen. Ich begreife sie inzwischen als einen lebenslangen Anpassungsprozess, in dem ich mich immer wieder auf eine neue Situation einstellen muss, und in dem ich immer wieder nach neuen Tricks und Kniffen suchen muss, um mich durchs Leben zu kämpfen.

Doch genau das werde ich tun.

Vor kurzem habe ich ein Schreiben bekommen, in dem man mir mitteilte, dass ich aufgrund meiner Turniererfolge in den Regionalkader Schwaben der gesunden Dressurreiter aufgenommen wurde.

ENDE

Die kleine Jule wird auf dem Schulweg von einem Auto erfasst. Noch im Rettungswagen stirbt die Siebenjährige – weil die Notärztin sie falsch behandelt. Ihre Mutter geht einen ganz eigenen Weg, um diesen tragischen Vorfall zu verarbeiten: Sie sucht das Gespräch mit der jungen Notärztin, entdeckt hinter der Maske der Medizinerin den verzweifelten Menschen und reicht ihr die Hand. Und trotz des Schmerzes um ihr geliebtes Kind beginnt Stefanie Bachstein mit viel Einfühlungsvermögen und Durchhaltekraft einen Kampf für sich, ihre Familie und die Ärztin gegen Versicherungen, Institutionen und Politiker – gegen ein System von Unwahrhaftigkeit und gegen das Mythos von der Unfehlbarkeit der Ärzte ...

ISBN 3-404-61480-1

BASTEI LÜBBE